大美城乡 安居中国

住房和城乡建设部编写组

中国城市出版社

本书编委会

序　言

　　"人民对美好生活的向往，就是我们的奋斗目标。"党的十八大以来，在以习近平同志为核心的党中央坚强领导下，全国住房和城乡建设系统坚持以习近平新时代中国特色社会主义思想为指引，深入贯彻习近平总书记关于住房和城乡建设工作重要论述和指示批示精神，认真落实党中央、国务院决策部署，担责于身、履责于行，真抓实干、埋头苦干，扎实推进住房和城乡建设事业高质量发展，为全面建成小康社会、实现第一个百年奋斗目标作出重要贡献。

　　这十年，我国建成了世界上最大的住房保障体系，累计建设各类保障性住房和棚改安置住房 5900 多万套，帮助 1.4 亿多困难群众改善住房条件，低保、低收入住房困难家庭基本实现应保尽保；城市发展成就举世瞩目，我国城镇化率从 52.6% 提高到 64.7%，城市数量从 657 个增加到 691 个，城市供水、燃气普及率和污水处理率均超过 97%，城市人居环境显著改善，人民群众在城市生活得更方便、更舒心、更美好；历史性地解决了农村贫困群众的住房安全问题，2341.6 万户建档立卡贫困户实现住房安全有保障；从建造大国迈向建造强国，建筑业增加值由 3.7 万亿元增长到 8 万亿元，港珠澳大桥、北京大兴国际机场等一批世界级标志性重大工程相继建成，"中国建造"展示了强大综合国力。非凡十年成就，根本在于以习近平同志为核心的党中央坚强领导，根本在于习近平新时代中国特色社会主义思想的科学指引。非凡十年成就，凝聚了新时代住建人的智慧和辛勤努力，凝聚了社会各方面和广大人民群众共建美好城乡的强大力量。

不忘本来才能开辟未来，善于继承才能更好创新。编写《大美城乡 安居中国》一书，旨在深入学习贯彻习近平总书记关于住房和城乡建设工作的一系列原创性新理念、新思想、新战略，总结展示新时代住房和城乡建设事业变革性实践、突破性进展、标志性成果。我们希望，通过此书，从历史中看清楚过去我们为什么能够成功、弄明白未来我们怎样才能继续成功，从而在新的征程上更加坚定、更加自觉地牢记初心使命，开创美好未来。

即将召开的党的二十大，将科学谋划未来 5 年乃至更长时期党和国家事业发展的目标任务和大政方针。新征程上，我国发展面临新的战略机遇、战略任务、战略阶段、战略要求、战略环境，需要应对新的风险和挑战，需要解决的矛盾和问题比以往更加错综复杂。征途漫漫，惟有奋斗。全国住房和城乡建设系统将深入学习贯彻党的二十大精神，紧紧围绕新时代新征程党的中心任务，研究提出新的思路、新的战略、新的举措，应变局、育新机、开新局，奋力谱写住房和城乡建设事业高质量发展新篇章，为全面建设社会主义现代化强国、实现第二个百年奋斗目标作出新的更大贡献。

倪 虹

2022 年 9 月 20 日

目　录

第一篇

建得广厦千万间
——让全体人民住有所居

习近平总书记指出，住房问题关系民生福祉。党的十八大以来，我国住房发展取得历史性成就、发生历史性变革。房子是用来住的、不是用来炒的成为社会共识，房地产市场保持平稳健康发展，我国建成了世界上最大的住房保障体系，低保、低收入住房困难家庭基本实现应保尽保。2020年，城镇、乡村家庭户人均住房建筑面积分别达到38.6平方米、46.8平方米，群众居住水平显著提升。

第 1 章

房子是用来住的
不是用来炒的

坚持房子是用来住的、不是用来炒的定位，加快建立多主体供给、多渠道保障、租购并举的住房制度，让全体人民住有所居。

习近平总书记《决胜全面建成小康社会 夺取新时代中国特色社会主义伟大胜利——在中国共产党第十九次全国代表大会上的报告》（2017 年 10 月 18 日）

2013 年 10 月，习近平总书记在主持中共中央政治局第十次集体学习时指出，"住房问题既是民生问题也是发展问题，关系千家万户切身利益，关系人民安居乐业，关系经济社会发展全局，关系社会和谐稳定。"各地区和有关部门按照中央决策部署，不断加强和改善房地产市场调控，针对市场运行中的矛盾问题，坚持分类调控、因城施策，努力促进房地产市场平稳健康发展。

2016 年是房地产市场调控历程上具有里程碑意义的一年。当年的中央经济工作会议提出，坚持房子是用来住的、不是用来炒的定位。定位一经提出，便成为房地产市场发展和调控的根本遵循，贯穿始终，毫不动摇，点亮了无数人的安居梦。定位背后，有何考量？房地产市场发展逻辑有何转变？

经过近 20 年的住房制度改革和发展，2016 年，我国城镇人均住房建筑面积达到 36.6 平方米，比 1998 年住房制度改革之初翻了近一番。多年来房地产迅猛发展，住房总量供不应求矛盾得到明显缓解，我国住房发展随之进入新的发展阶段。但同时，住房

中央经济工作会议明确楼市发展方向：

"房子是用来住的、不是用来炒的"

12月16日闭幕的中央经济工作会议明确了2017年中国楼市发展方向，强调要促进房地产市场平稳健康发展，坚持"房子是用来住的、不是用来炒的"的定位，综合运用金融、土地、财税、投资、立法等手段，加快研究建立符合国情、适应市场规律的基础性制度和长效机制，既抑制房地产泡沫，又防止出现大起大落

2017年　**将采取多项举措缓解住房供需矛盾：**

要落实人地挂钩政策，根据人口流动情况分配建设用地指标

要落实地方政府主体责任，房价上涨压力大的城市要合理增加土地供应，提高住宅用地比例，盘活城市闲置和低效用地

特大城市要加快疏解部分城市功能，带动周边中小城市发展

要加快住房租赁市场立法，加快机构化、规模化租赁企业发展

加强住房市场监管和整顿，规范开发、销售、中介等行为

2016 年首次提出房子是用来住的、不是用来炒的

发展不平衡不充分矛盾仍然突出，"高负债、高杠杆、高周转"房地产开发经营模式的底层逻辑亟待改变。

2016 年 12 月，习近平总书记在中央财经领导小组第十四次会议上指出，要准确把握住房的居住属性。房子是用来住的、不是用来炒的定位，正是基于对住房居住属性的回归和再认识，成为新发展阶段重塑和完善我国住房制度和房地产长效机制的根本遵循。

"努力让全体人民住有所居"是房地产市场发展的根本要义。住房和城乡建设系统情系广厦万千，心怀百姓忧乐，守住房子是用来住的、不是用来炒的定位，以"安居梦圆"绘出小康生活的幸福底色。

坚持房子是用来住的
不是用来炒的定位毫不动摇

　　党的十八大以来，以习近平同志为核心的党中央心系百姓安居冷暖，多次重申坚持房子是用来住的、不是用来炒的定位，把"实现全体人民住有所居目标"作为一项重要改革任务，全面部署，躬身推进，多主体供给、多渠道保障、租购并举的住房制度逐步完善，房地产市场发展的定位越来越清晰，房子是用来住的、不是用来炒的社会共识越来越广泛，夯实了亿万人民美好生活的根基。

　　房子是用来住的、不是用来炒的，既反映了党和政府对"人民日益增长的美好生活需要和不平衡不充分的发展之间的矛盾"的重视，更为满足人民群众住房需求指明了方向。住有所居，既是庄严的承诺，也是温暖的关怀。

近年来中央经济工作会议对房地产工作的表述

　　2012 年，要继续坚持房地产市场调控政策不动摇。要继续加强保障性住房建设和管理，加快棚户区改造。

　　2013 年，努力解决好住房问题，探索适合国情、符合发展阶段性特征的住房模式，加大廉租住房、公共租赁住房等保障性住房建设和供给，做好棚户区改造。

　　2015 年，要明确深化住房制度改革方向，以满足新市民住房需求为主要出发点，以建立购租并举的住房制度为主要方向，把公租房扩大到非户籍人口。要发展住房租赁市场，鼓励自然人和各类机构投资者购买库存商品房，成为租赁市场的房源提供者，鼓励发展以住房租赁为主营业务的专业化企业。要鼓励房地产开发企业顺应市场规律调整营销策略，适当降低商品住房价格，促进房地产业兼并重组，提高产业集中度。

2016 年，要坚持房子是用来住的、不是用来炒的定位，综合运用金融、土地、财税、投资、立法等手段，加快研究建立符合国情、适应市场规律的基础性制度和长效机制，既抑制房地产泡沫，又防止出现大起大落。

2017 年，要发展住房租赁市场特别是长期租赁，保护租赁利益相关方合法权益，支持专业化、机构化住房租赁企业发展。完善促进房地产市场平稳健康发展的长效机制，保持房地产市场调控政策连续性和稳定性，分清中央和地方事权，实行差别化调控。

2018 年，要构建房地产市场健康发展长效机制，坚持房子是用来住的、不是用来炒的定位，因城施策、分类指导，夯实城市政府主体责任，完善住房市场体系和住房保障体系。

2019 年，要坚持房子是用来住的、不是用来炒的定位，全面落实因城施策，稳地价、稳房价、稳预期的长效管理调控机制，促进房地产市场平稳健康发展。

2020 年，要坚持房子是用来住的、不是用来炒的定位，因地制宜、多策并举，促进房地产市场平稳健康发展。要高度重视保障性租赁住房建设，加快完善长租房政策，逐步使租购住房在享受公共服务上具有同等权利，规范发展长租房市场。

2021 年，要坚持房子是用来住的、不是用来炒的定位，加强预期引导，探索新的发展模式，坚持租购并举，加快发展长租房市场，推进保障性住房建设，支持商品房市场更好满足购房者的合理住房需求，因城施策促进房地产业良性循环和健康发展。

每年《政府工作报告》都会做出工作部署。国务院多次召开专题会议，推动构建房地产市场平稳健康发展长效机制工作，强调坚持从全局出发，进一步提高认识、统一思想，牢牢坚持房子是用来住的、不是用来炒的定位，坚持不将房地产作为短期刺激经济的手段，坚持稳地价、稳房价、稳预期，因城施策、一城一策，从各地实际出发，采取差异化调控措施，及时科学精准调控，确保房地产市场平稳健康发展。

近年来《政府工作报告》对房地产工作的表述

2014 年，针对不同城市情况分类调控，增加中小套型商品房和共有产权住房供应，抑制投机投资性需求，促进房地产市场持续健康发展。

2015 年，坚持分类指导，因地施策，落实地方政府主体责任，支持居民自住和改善性住房需求，促进房地产市场平稳健康发展。

2016 年，完善支持居民住房合理消费的税收、信贷政策，适应住房刚性需求和改善性需求，因城施策化解房地产库存，促进房地产市场平稳运行。

2017 年，坚持住房的居住属性，落实地方政府主体责任，加快建立和完善促进房地产市场平稳健康发展的长效机制，健全购租并举的住房制度，以市场为主满足多层次需求，以政府为主提供基本保障。加强房地产市场分类调控，房价上涨压力大的城市要合理增加住宅用地，规范开发、销售、中介等行为，遏制热点城市房价过快上涨。

2018 年，坚持房子是用来住的、不是用来炒的定位，落实地方主体责任，继续实行差别化调控，建立健全长效机制，促进房地产市场平稳健康发展。支持居民自住购房需求，培育住房租赁市场，发展共有产权住房。加快建立多主体供给、多渠道保障、租购并举的住房制度，让广大人民群众早日实现安居宜居。

2019 年，更好解决群众住房问题，落实城市主体责任，改革完善住房市场体系和保障体系，促进房地产市场平稳健康发展。健全地方税体系，稳步推进房地产税立法。

2020 年，坚持房子是用来住的、不是用来炒的定位，因城施策，促进房地产市场平稳健康发展。

2021 年，坚持房子是用来住的、不是用来炒的定位，稳地价、稳房价、稳预期。解决好大城市住房突出问题，通过增加土地供应、安排专项资金、集中建设等办法，切实增加保障性租赁住房和共有产权住房供给，规范发展长租房市场，降低租赁住房税费负担，尽最大努力帮助新市民、青年人等缓解住房困难。

2022 年，坚持房子是用来住的、不是用来炒的定位，探索新的发展模式，坚持租购并举，加快发展长租房市场，推进保障性住房建设，支持商品房市场更好满足购房者的合理住房需求，稳地价、稳房价、稳预期，因城施策促进房地产业良性循环和健康发展。

健全工作机制　形成工作合力

促进房地产市场平稳健康发展，是一项较为复杂的工作，其涉及面广，受多种因素影响。比如，住宅用地供应的规模直接决定住宅供应量，房地产金融政策的宽松程度直接影响住房需求，房地产相关税收政策的调整直接影响住房交易的成本，人口、教育等相关社会政策的调整也会影响住房供求关系，房地产相关舆情会影响市场预期。因此，加强房地产市场的管理，需要相关部门的紧密配合。

上海市科学编制住房发展规划

上海市科学编制住房发展规划，要求"平稳"发展商品住房，落实长效机制。落实"一城一策"要求，严格执行国家和本市关于房地产市场调控各项政策措施，实行房地联动机制，进一步加大市场监管力度，强化对房地产企业和中介机构等市场主体的监管，严格查处违法违规行为，房地产市场运行总体平稳。

建立政策协同机制。保持房地产调控政策的连续性稳定性，增强调控政策的协调性精准性，支持刚性和改善性住房需求，遏制投机炒房。加强住宅用地供应管理，建立住房和土地供应联动机制，优化供应规模、结构和时序。完善房地产金融宏观审慎管理，促进房地产与金融良性循环。

建立部省市联动机制。适应房地产市场的运行规律，建立健全部省市联动管控机制，夯实城市主体责任，强化省级政府监督指导责任，因城施策，分类指导，加强对城市"一城一策"的指导和监督，切实稳地价、稳房价、稳预期。

地方实践

深圳市率先建立二手房指导价制度

　　广东省深圳市以二手住房网签价格为基础，参考周边一手住房价格，形成全市住宅小区二手住房成交参考价格，按照市域全覆盖、区域网格化原则，以住宅小区为区域网格单元，发布全市 3595 个住宅小区二手住房成交参考价格，引导房地产经纪机构根据参考价发布挂牌价，引导商业银行根据参考价发放个人住房贷款，稳定市场预期。

　　建立监测预警机制。建立监测预警和评价考核机制，常态化开展月度监测、季度评价、年度考核。对超出调控目标的城市，开展提示提醒和调研督导，督促城市人民政府采取有效措施，切实稳定房地产市场。

加强市场监管　维护群众权益

　　整治规范市场秩序。2021 年 7 月，住房和城乡建设部、国家发展改革委、公安部、自然资源部、国家税务总局、国家市场监管总局、银保监会、国家网信办 8 部门联合印发《关于持续整治规范房地产市场秩序的通知》，并联合开展房地产市场秩序三年整治行动，重点整治房地产开发、交易、租赁、物业服务中的违法违规行为。《中国建设报》、中国建设新闻网开辟专栏，对各地好的经验做法进行宣传报道，形成浓厚整治氛围，为整治工作创造良好舆论环境。

　　加强预售资金监管。根据房地产市场出现的新情况新问题，按照"管住不管死"的原则，指导各地优化商品房预售资金监管。

地方实践

广东省高位协调整治规范房地产市场秩序

省委书记多次作出指示批示、省长多次召开省政府常务会议、分管副省长多次召开专题会议，研究部署具体工作。省住房和城乡建设厅会同有关部门印发专项整治工作方案，建立工作专班，聚焦突出问题、明确整治重点、全面排查线索、查处违法违规行为，定期曝光违法违规典型案例。房地产开发销售、房地产中介服务、住房租赁、物业服务等环节的市场乱象得到了有效遏制。

2022年1月，住房和城乡建设部会同最高人民法院、中国人民银行印发《关于规范人民法院保全执行措施 确保商品房预售资金用于项目建设的通知》，指出商品房预售资金要保障用于项目建设，法院不得随意划转。住房和城乡建设部会同中国人民银行、银保监会进一步规范商品房预售资金监管，要求地方通过招标方式确定监管银行，合理确定监管额度，实行资金全过程监管，保障资金专款专用，按工程进度及时拨付资金。

防范化解市场风险。2021年下半年以来，恒大等个别头部房地产企业因债务违约出现房地产项目逾期交付问题。住房和城乡建设部会同中国人民银行等部门，以"保交楼、保民生、保稳定"为首要目标，以法治化、市场化为原则，压实企业主体责任，落实属地政府管理责任，坚决有力处置房地产项目逾期交付风险，切实维护购房群众合法权益，维护社会大局稳定。

加强融资监管　防范金融风险

对重点房企开展"三线四档"融资规则管理。2020 年 8 月，中国人民银行、住房和城乡建设部在北京召开重点房地产企业座谈会，研究有序压降房地产企业负债问题。会议指出，为进一步落实房地产长效机制，实施好房地产金融审慎管理制度，增强房地产企业融资的市场化、规则化和透明度，中国人民银行、住房和城乡建设部会同相关部门在前期广泛征求意见的基础上，形成了重点房地产企业资金监测和融资管理规则，即"三线四档"。

从政策实施的情况和各界反应来看，试点企业资产负债率、净负债率、现金短债比三项核心经营财务指标明显改善，负债规模稳步下降，经营融资行为更加审慎自律。2021 年末，房地产开发贷款余额同比增长 0.9%，增速比上年末低 5.2 个百分点；个人

"三线四档"

"三道红线"是指，房企剔除预收款后的资产负债率不得大于70%，房企的净负债率不得大于 100%，房企的"现金短债比"小于 1。

根据"踩线"情况，房企将被划分为红、橙、黄、绿四档，所在档位将直接影响房企的融资额度。

"踩线"三条的房企列为"红档"，有息负债规模不得增加；"踩线"两条的房企列为"橙档"，有息负债规模年增速不得超过5%；"踩线"一条的房企列为"黄档"，有息负债规模年增速不得超过 10%；零"踩线"房企列为"绿档"，有息负债规模年增速不得超过 15%。

住房贷款余额同比增长 11.3%，增速比上年末低 3.3 个百分点。

实施房地产贷款集中度管理。2020 年 12 月，中国人民银行、银保监会印发《关于建立银行业金融机构房地产贷款集中度管理制度的通知》，建立了房地产贷款集中度管理制度，对银行业金融机构分类别确定房地产贷款、个人住房贷款占全部贷款的比重设置上限要求。对于超出上限要求的，超出 2 个百分点以内的，业务调整过渡期为自本通知实施之日起 2 年；超出 2 个百分点及以上的，业务调整过渡期为自本通知实施之日起 4 年。

房地产贷款集中度管理要求

银行业金融机构分档类型		房地产贷款占比上限	个人住房贷款占比上限
第一档：中资大型银行	中国工商银行、中国建设银行、中国农业银行、中国银行、国家开发银行、交通银行、中国邮政储蓄银行	40%	32.5%
第二档：中资中型银行	招商银行、农业发展银行、浦发银行、中信银行、兴业银行、中国民生银行、中国光大银行、华夏银行、进出口银行、广发银行、平安银行、北京银行、上海银行、江苏银行、恒丰银行、浙商银行、渤海银行	27.5%	20%
第三档：中资小型银行和非县域农合机构 [1]	城市商业银行 [2]、民营银行	22.5%	17.5%
	大中城市和城区农合机构		
第四档：县域农合机构	县域农合机构	17.5%	12.5%
第五档：村镇银行	村镇银行	12.5%	7.5%

注：1. 农合机构包括：农村商业银行、农村合作银行、农村信用合作社。
2. 不包括第二档中的城市商业银行。

房地产贷款集中度管理制度出台后，中国人民银行会同银保监会指导省级分支机构合理确定地方法人银行房地产贷款集中度管理要求，督促集中度超过上限的商业银行制定过渡期调整方案。政策实施以来，银行业金融机构房地产贷款、个人住房贷款集中度稳步降低，2021 年 6 月末，银行业金融机构房地产贷款、个人住房贷款集中度较上年末分别下降 0.6 个、0.2 个百分点。

严查经营贷违规流入房地产领域。2021 年 3 月，中国银保监会办公厅、住房和城乡建设部办公厅、中国人民银行办公厅印发《关于防止经营用途贷款违规流入房地产领域的通知》，从加强借款人资质核查、加强信贷需求审核、加强贷款期限管理、加强贷款抵押物管理、加强贷中贷后管理、加强银行内部管理等方面，督促银行业金融机构进一步强化审慎合规经营，严防经营用途贷款违规流入房地产领域。通知印发后，银保监会会同住房和城乡建设部、中国人民银行成立了专门工作组，赴部分热点城市进行现场指导，督促各地开展专项排查，做好违规问题的整改问责。经过各地的积极工作，经营用途贷款违规流入房地产领域的问题得到有效遏制。

优化房地产金融政策。一方面，指导金融机构准确把握和执行"三线四档"。2021 年下半年，个别大型房企风险暴露后，金融机构对房地产行业的风险偏好明显下降，出现一致性收缩行为，在一定程度上造成了一些企业资金链紧绷。针对这些情况，中国人民银行、银保监会于 2021 年 9 月底召开房地产金融工作座谈会，指导主要银行准确把握和执行好房地产金融审慎管理制度，保持房地产信贷平稳有序投放，维护房地产市场平稳健康发展。另一方面，优化房贷集中度管理。2021 年 12 月、2022 年 2 月，中国人民银行、银保监会联合印发《关于做好重点房地产企业风险处置项目并购金融服务的通知》《关于保障性租赁住房有关贷款不纳入房地产贷款集中度管理的通知》，对兼并收购出险和困难房地产企业项目的并购贷款、保障性租赁住房有关贷款，暂不纳入房地产贷款集中度管理。

优化土地供应　促进供需平衡

2021年2月，自然资源部召开住宅用地供应分类调控会议，提出重点城市要合理安排招拍挂出让住宅用地的时序，实行"两集中"政策，即集中发布出让公告、集中组织出让活动，且2021年发布住宅用地出让公告不能超过3次，同时要求试点城市单列租赁住房用地占比一般不低于10%。

2022年以来，部分城市针对政策执行中反映的问题和市场的需求，结合土地市场客观实际，适时优化调整了土地供应计划和竞拍规则。济南、武汉、青岛等城市近期公布了2022年住宅用地

北京市创新住宅用地出让方式

北京市探索建立"限房价、控地价、提品质"住宅用地出让方式。在住宅用地出让时，限房价、控地价、提品质，将房价调控由预售环节前置到土地出让环节，根据宗地情况逐一确定竞买条件和交易方式。综合宗地周边房价水平，确定宗地房价上限，防止非理性竞价；在给企业预留合理利润空间基础上，合理确定地价上限。针对热点区域地块，采取竞政府持有产权份额、竞高标准建设方案、竞现房销售面积等竞拍方式，稳定地价房价预期。

供应计划，将集中供地次数由 3 次增加为 4 次。从 2022 年已开展第一轮集中供地的城市情况看，部分城市对竞拍规则进行了优化，如青岛、成都取消了配建人才房的要求，武汉、厦门取消了配建保障房的要求，郑州、苏州下调了保证金比例，重庆、郑州适度放宽土地出让金付款进度要求。

房子是用来住的、不是用来炒的成为共识
市场调控成效明显

近年来，住房和城乡建设部会同有关部门坚决贯彻落实党中央、国务院决策部署，围绕"一个定位、两个体系、三稳目标"（即坚持房子是用来住的、不是用来炒的定位，完善住房市场体系和住房保障体系，实现"稳地价、稳房价、稳预期"目标）要求，稳妥实施房地产长效机制，因城施策、分类指导，努力促进房地产市场平稳健康发展。

长沙市房地产市场平稳健康发展

湖南省长沙市坚持精准调控，持续实施供求双向调控和全过程精准调控，率先取消二套住房契税优惠，增加炒房成本。坚持稳控地价，严格实行"限房价、控地价"住宅用地出让方式，基本实现"稳地价、稳房价、稳预期"调控目标。

房子是用来住的、不是用来炒的定位深入人心，地方政府、金融机构、开发企业和购房者的信心发生积极变化。投机炒房明显减少，自住和改善性购房成为主体，北京、深圳、长沙、杭州、成都等城市首套房购房比例超过了80%。

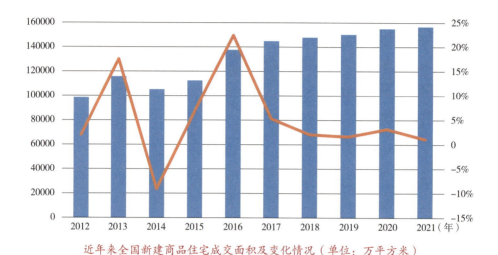

近年来全国新建商品住宅成交面积及变化情况（单位：万平方米）

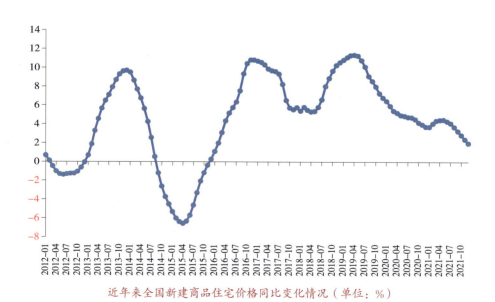

近年来全国新建商品住宅价格同比变化情况（单位：%）

责任机制逐步健全。城市对本地房地产市场平稳健康发展负主体责任，省级政府负监督和指导责任，中央有关部门负顶层设计和监督考核责任。

房地产市场运行保持在合理区间，房地产金融化和泡沫化得到遏制，基本实现"稳地价、稳房价、稳预期"目标。

坚持房子是用来住的、不是用来炒的定位，把房地产发展的落脚点放在民生上，绘出了安居梦想的幸福底色，诠释着住有所居的幸福分量，这是看得见的民心、摸得着的民心，是引发幸福指数不断攀升的民心。房子是用来住的、不是用来炒的定位，让百姓的住房消费心态也更加理性，对未来更有信心。

第 2 章

为群众安居托底

加快推进住房保障和供应体系建设，是满足群众基本住房需求、实现全体人民住有所居目标的重要任务，是促进社会公平正义、保证人民群众共享改革发展成果的必然要求。各级党委和政府要加强组织领导，落实各项目标任务和政策措施，努力把住房保障和供应体系建设办成一项经得起实践、人民、历史检验的德政工程。

习近平总书记在主持十八届中共中央政治局第十次
集体学习时的讲话（2013 年 10 月 29 日）

党和国家历来高度重视解决人民群众住房问题。经过不懈努力，我国住房保障体系不断完善，保障性住房建设稳步推进，住房保障能力持续增强，住房保障工作取得了历史性成就。累计建设各类保障性住房和棚户区改造安置住房 9000 多万套，帮助 2 亿多困难群众改善了住房条件，建成了世界上最大的住房保障体系。其中，党的十八大以来建设各类保障性住房和棚户区改造安置住房 5900 多万套，帮助 1.4 亿多困难群众改善了住房条件。

2019 年 10 月，住房和城乡建设部配合中央电视台制作的《安居中国》专题片，在中央电视台综合频道国庆黄金时段播出后，引起社会各界强烈反响。

《安居中国》海报

加快完善住房保障体系
让"住有所居"走入现实

完善住房保障体系是满足群众基本住房需求极为重要的举措。新中国成立 73 年来，我国住房保障体系从无到有，从不完善到逐渐完善，浇铸了亿万人民美好生活的根基。

"为中国人民谋幸福""让全体人民住有所居"，彰显着大国领袖深切的为民情怀，凝结着中国共产党人始终不变的初心和使命。党的十八大以来，习近平总书记作出一系列重要指示批示，为完善住房保障体系指明了前进方向、提供了根本遵循。

2013 年 10 月，习近平总书记主持十八届中共中央政治局第十次集体学习，主题是"加快推进住房保障和供应体系建设"。2015 年 12 月，习近平总书记在中央城市工作会议上指出，要深化城镇住房制度改革，继续完善住房保障体系，加快城镇棚户区和危房

住房保障是什么？

住房保障体系以公租房、保障性租赁住房和共有产权住房为主体。

公租房主要解决住房和收入"双困"城镇家庭住房问题，实行实物保障和货币补贴并举，对城镇户籍低保、低收入住房困难家庭应保尽保。

保障性租赁住房主要解决符合条件的新市民、青年人等群体的住房困难问题，坚持小户型、低租金，由政府给予土地、财税、金融等政策支持，充分发挥市场机制作用，引导多主体投资、多渠道供给。

共有产权住房主要帮助有一定经济承受能力但又买不起商品住房的住房困难家庭拥有产权住房，由地方政府因地制宜发展，原则上不作硬性要求，供应范围以面向户籍人口为主，逐步扩大到常住人口。

改造，加快老旧小区改造。2018年12月，习近平总书记在中央经济工作会议上指出，完善住房市场体系和住房保障体系。

住房和城乡建设部深入贯彻落实习近平总书记关于加快完善住房保障体系的重要讲话和指示批示精神，按照党中央、国务院有关决策部署，坚持以人民为中心的发展理念，加快完善住房保障体系。

2019年6月，住房和城乡建设部印发《关于认真学习贯彻习近平总书记重要批示精神 完善住房保障体系专项工作方案》，对全国公租房、经济适用住房和共有产权住房进行摸底调查，对新市民住房问题开展专题调研。围绕完善住房保障体系，对全国71个大中城市特别是22个房地产长效机制试点城市开展书面调研；组织行业专家、有关地方部门等各方骨干力量，对广州、深圳、长沙等9个城市开展解剖"麻雀式"调研。

在深入广泛调研的基础上，住房和城乡建设部充分吸纳地方政府、行业专家和有关部委等多方面的意见建议，提出了构建国家住房保障体系基本制度的明确工作思路。2019 年 12 月，经国务院同意，住房和城乡建设部印发《完善住房保障体系工作试点方案》，在沈阳、南京、苏州、杭州、合肥、福州、济南、青岛、郑州、长沙、广州、深圳、重庆 13 个城市开展试点。

住房和城乡建设部认真总结试点经验，科学研判住房保障工作面临的新形势、新任务，客观分析新情况、新问题，研究提出有前瞻性、可操作性的意见建议，向国务院领导呈报了专题报告，起草了加快发展保障性租赁住房的意见文稿。

2021 年 6 月，国务院办公厅正式印发《关于加快发展保障性租赁住房的意见》，第一次明确了国家层面住房保障体系顶层设计，即加快完善以公租房、保障性租赁住房和共有产权住房为主体的住房保障体系。

在党中央、国务院的坚强领导下，住房和城乡建设部在加快完善住房保障体系的同时，主动担当作为，积极协调推动，建立了一套较为完善的住房保障政策和管理制度，主要包括财税、金融、土地配套政策，准入、使用、退出、运营管理机制等，为住房保障提供了有力支撑。

保障性租赁住房
助圆新市民、青年人"安居梦"

2021 年末，我国常住人口城镇化率达 64.72%，流动人口 3.85 亿，人口向经济发达地区和城市群集聚趋势明显，目前在北京、上海、广州、深圳、杭州等大城市，租房人口占常住人口的比例达 40%

数说

有关调查显示，我国2亿多新市民、青年人中，约70%在市场租房居住，市场租赁住房以个人散租为主，个人散租房源约占房源总量的90%以上。

以上。与庞大的租房需求相比，这些城市的住房租赁市场总体结构性供给不足，新市民、青年人买不起房、租不好房的问题比较突出。为促进解决新市民、青年人等群体住房困难，党中央、国务院部署加快推进保障性租赁住房建设。

2020年10月，党的十九届五中全会通过的《中共中央关于制定国民经济和社会发展第十四个五年规划和二〇三五年远景目标的建议》明确指出，扩大保障性租赁住房供给，首次提出"保障性租赁住房"的概念。同年12月，中央经济工作会议要求"要高度重视保障性租赁住房建设""土地供应要向租赁住房建设倾斜，单列租赁住房用地计划，探索利用集体建设用地和企事业单位自有闲置土地建设租赁住房，国有和民营企业都要发挥功能作用"。

2021年6月，国务院常务会议审议并原则通过《关于加快发展保障性租赁住房的意见》；同月，由国务院办公厅印发，明确了

知识速递

什么是保障性租赁住房？

保障性租赁住房由政府给予政策支持，充分发挥市场机制作用，引导多主体投资、多渠道供给，主要利用存量土地和房屋建设，适当利用新供应国有建设用地建设，坚持小户型、低租金，主要解决符合条件的新市民、青年人等群体的住房困难问题。

保障性租赁住房的基础制度和支持政策。保障性租赁住房主要有以下几方面特征：

主要面向新市民、青年人。保障性租赁住房主要面向符合条件的新市民、青年人等群体，准入和退出的具体条件由城市人民政府结合实际确定。这是保障性租赁住房制度设计的出发点，其核心门槛是住房困难，特别针对无房户，一般可不设收入门槛，就是为了帮助新市民、青年人等群体在进入大城市的初期，能够以相对合理的租金价格满足基本居住需求，更加公平地享受到住房保障的权利和经济社会发展成果，进而更好地实现自身的全面发展，是一种发展型的保障。

小户型、低租金。保障性租赁住房以建筑面积不超过 70 平方米的小户型为主，租金低于同地段同品质市场租赁住房租金，小户型的具体面积由城市人民政府按照保基本的原则合理确定。这是保障困难群众基本住房需求的一贯理念。新市民、青年人等群体大多是刚毕业参加工作的大学生或外来务工人员，有的单身、有的刚组建家庭，小户型、低租金房源既能够满足其基本居住需要，也能够最大限度地降低其租金支出负担，更加适应新市民、青年

北京市大兴区创业之家保障性租赁住房内景图

人等群体的承受能力。同时，以小户型为主的制度设计，能够在公共资源有限的条件下，尽可能多地增加房源供给，从而保障更多符合条件的新市民、青年人，做到有限资源的公平善用。

充分发挥市场机制作用，引导多方参与。保障性租赁住房由政府给予土地、财税、金融等政策支持，充分发挥市场机制作用，引导多主体投资、多渠道供给，积极运用市场化办法和手段实现保障目标。保障性租赁住房的建设运营主体是多元的，除了政府以外，农村集体经济组织、企事业单位、园区企业、房地产开发企业、住房租赁企业等各类市场主体，均可以在政府的政策支持下参与保障性租赁住房建设和运营管理，并且将成为发展保障性租赁住房的"主力军"。

主要利用存量土地和房屋建设。保障性租赁住房主要利用存量土地和房屋建设，包括利用农村集体经营性建设用地、企事业单位自有闲置土地、产业园区配套用地和非居住存量房屋建设，适当利用新供应国有建设用地建设。这是一种不同于以往保障性住房建设的新发展思路。从有关部门的调查情况看，大城市存量土地和房屋资源较多，并且区位较好，将其用于建设保障性租赁住房，不仅能盘活闲置资源，更能有效降低保障性租赁住房建设的土地成本，更有利于实现职住平衡，可谓一举多得。

各地区、各部门，特别是一些人口净流入的大城市认真贯彻落实党中央、国务院决策部署，采取有力措施加快发展保障性租赁住房。2021年、2022年，全国建设筹集的330万套（间）保障性租赁住房，可解决近1000万新市民、青年人住房困难。"十四五"期间，40个重点城市计划建设筹集650万套（间），可解决近2000万新市民、青年人住房困难。从2021年各省份监测评价结果看，新市民、青年人对当地发展保障性租赁住房工作给予好评。

"安居才能留人"。一个城市，青年人有希望，城市才有未来。加快发展保障性租赁住房，让住房困难的新市民、青年人看到了希望，让更多的新市民、青年人留在城市、奉献城市，必将提高城市竞争力和可持续发展。

公租房为低保、低收入住房困难家庭兜底保障

2013 年 10 月，习近平总书记在十八届中共中央政治局第十次集体学习时指出，要综合运用政策措施，吸引企业和其他机构参与公共租赁住房建设和运营。2015 年 12 月，习近平总书记在中央经济工作会议上指出，以满足新市民住房需求为主要出发点，以建立购租并举的住房制度为主要方向，把公租房扩大到非户籍人口。

按照党中央、国务院有关决策部署，住房和城乡建设部会同有关部门指导督促各地加大力度规范发展公租房。在各方面共同努力下，公租房"兜底"保障作用愈发显著。

推动公共租赁住房和廉租住房并轨运行。2013 年 12 月，住房和城乡建设部会同有关部门印发《关于公共租赁住房和廉租住房并轨运行的通知》，明确从 2014 年起，各地公共租赁住房和廉租住房并轨运行，并轨后统称为公共租

什么是公租房？

公租房，即公共租赁住房，是指限定建设标准和租金水平，面向符合规定条件的城镇中等偏下收入住房困难家庭、新就业无房职工和在城镇稳定就业的外来务工人员出租的保障性住房，是列入国家基本公共服务标准的内容。

赁住房。同时对各地公共租赁住房年度建设计划、政府资金渠道、租金定价机制、分配管理制度等方面进行了明确。

进一步规范发展公租房。2019年5月，住房和城乡建设部会同有关部门印发《关于进一步规范发展公租房的意见》，重点对继续做好城镇中等偏下及以下收入住房困难家庭的保障工作、加大对新就业无房职工和城镇稳定就业外来务工人员的保障力度、加强建设运营管理、落实各项支持政策等方面予以规范。

持续加强公租房建设运营管理。逐步推动建立"企业建房、居民租房、政府补贴、社会管理"的新型公租房投资建设和运营管理模式，有效提高公租房服务质量和管理效率。督促地方建立健全常态化申请受理机制，对城镇低保、低收入住房困难家庭应

南宁市大力推进公租房建设

截至2021年底，广西壮族自治区南宁市累计开工建设公租房项目45个、6.3万套，解决了近15万困难群众的住房问题。所建小区配备社区管理、物业服务等用房和小超市等便民

南宁市仙葫苑公租房小区配套设施完善

设施，小区外就近有学校、集贸市场、医院等，生活便利；坚持小户型低租金，深受租住群众的欢迎。

保尽保，对城镇中等偏下收入住房困难家庭在合理轮候内给予保障，加快公租房信息系统建设，开展公租房需求摸底调查。有序开展政府购买公租房运营管理服务，在浙江、安徽、广西等 8 个省份政府购买公租房运营管理服务，吸引企业和其他机构参与公租房运营管理。

公租房实物供给数量显著增加。多年来，各地以政府投资建设或由政府提供政策支持、社会力量投资建设等多种方式，通过集中新建、配建、收购、长期租赁等多渠道筹集公租房房源，切实提升公租房保障能力。

数说

截至 2021 年底，全国列入国家计划开工建设的公租房 1600 多万套，其中，已分配 1500 多万套，分配比例 93.4%。

累计超过 2500 万困难群众领取租赁补贴，正在领取补贴的有 390 多万困难群众。

3800 多万困难群众住进公租房，其中，低保低收入住房困难群众约 1176 万。

公租房租赁补贴制度不断完善。在大力推进公租房实物建设的同时，积极推进公租房货币化，实行实物保障与租赁补贴并举，更好地满足群众多样化的住房需求。住房和城乡建设部指导各地将租赁补贴范围从原来面向低收入住房困难家庭扩大到城镇住房保障家庭，原则上租赁补贴申请家庭的人均可支配收入应低于当地城镇人均可支配收入的一定比例，中央给予补助支持。

公租房保障力度不断加大。针对最低生活保障家庭和分散供养的特困人员建立住房救助制度，明确城镇住房救助对象属于公租房制度保障范围。通过公租房实物保障和租赁补贴，低保、低收入住房困难家庭基本实现应保尽保，中等偏下收入家庭住房条件得到有效改善，新就业无房职工和稳定就业外来务工人员等新市民群体的住房问题得到加快解决。

对特殊困难、特殊贡献群体实施精准保障。明确各地可在每年新增或腾退的公租房房源中，优先或确定一定数量的公租房，面向符合条件的住房困难群众以及环卫、公交等住房困难职工较多的用人单位集中配租，稳定其住房解困预期。各地在扩大公租房保障覆盖面的同时，进一步提升保障的精准度，加大对环卫、公交等行业住房困难职工的保障力度。

数说

截至 2021 年底，通过公租房，保障了 16 万环卫工人、7 万公交司机、44 万青年教师、21 万青年医生、508 万 60 岁以上老年人、71 万残疾人、26 万优抚对象、4 万户计划生育特殊困难家庭、0.2 万户见义勇为人员等各类先进模范人物，进一步增强了困难群众的获得感。

2022 年杭州市环卫专项公租房
银海公寓首批选房活动现场

公租房管理信息化水平进一步提升。截至 2021 年底，已有 336 个城市接入公租房信息系统，初步实现数据共享。引导更多城市使用公租房信息系统办理公租房业务。结合"我为群众办实事"实践活动，持续扩大公租房 App 覆盖面，加快实现"让数据多跑路、群众少跑腿"。

共有产权住房
改善中等偏下收入家庭住房条件

从 2014 年起，"共有产权住房"频频出现在中央经济工作会议、《政府工作报告》中。

2021 年 4 月，习近平总书记在中央政治局会议上强调，要坚持房子是用来住的、不是用来炒的定位，增加保障性租赁住房和共有产权住房供给。

2014 年、2018 年的《政府工作报告》提出，增加共有产权住房供应。2021 年的《政府工作报告》提出，切实增加保障性租赁住房和共有产权住房供给，规范发展长租房市场，降低租赁住房税费负担，尽最大努力帮助新市民、青年人等缓解住房困难。

知识速递

什么是共有产权住房？

共有产权住房，是指由政府引导并给予政策支持，面向符合条件的住房困难群体供应，实行购房人与政府按份共有所有权的住房。

按照中央深化改革领导小组及经济体制和生态文明体制改革专项小组关于"探索发展共有产权住房工作"的要求，2014 年 4 月，住房和城乡建设部启动发展共有产权住房试点，确定在北京、上海、深圳、成都、淮安、黄石 6 个城市率先展开。2014 年 12 月，住房和城乡建设部、国家发展改革委、财政部等 5 部委出台《关于试点城市发展共有产权性质政策性商品住房的指导意见》，规范和促进试点城市发展共有产权性质政策性商品住房。

2017 年 9 月，住房和城乡建设部印发《关于支持北京市、上海市开展共有产权住房试点的意见》，支持北京市、上海市开展共有产权住房试点，鼓励两市以制度创新为核心，结合本地实际进行大胆探索，力争形成可复制、可推广的经验。

上海市放宽共有产权房准入标准

上海市根据经济社会发展情况和市民群众的意见要求，自 2009 年开始发展至今，连续五次放宽户籍居民申请共有产权保障住房的准入标准。2018 年起，将符合条件的非户籍常住人口纳入保障范围，共有产权保障住房受益面逐步扩大。截至 2021 年底，上海市已累计签约 13.6 万户。

上海市金山区共有产权房选房现场

共有产权住房供应范围以面向户籍人口为主，逐步扩大到常住人口，帮助一批有一定经济承受能力但又买不起商品住房的住房困难群体拥有了产权住房。住房和城乡建设部指导地方做好与国家住房保障体系的衔接，因地制宜发展共有产权住房。一些城市探索出了符合本地实际的共有产权住房发展模式。截至 2021 年底，北京市已累计筹集共有产权住房房源约 8.3 万套，上海市已累计签约 13.6 万户，南京市已供应 4000 多套，广州市累计签约 2000 套。

拥有能够写上自己名字的住房，几乎是城市每一个中低收入家庭的梦想。共有产权住房帮助居民以较低门槛拥有产权住房，让他们在心理上有一种家的归属感和精神上的幸福感。

让全体人民住有所居，是一部波澜壮阔的改革史，更是中国共产党始终心系人民、不断书写奇迹的奋斗史！

14 亿人民的安居，是人类历史上从未有过的挑战，前路漫漫艰辛，但一代代中国共产党人不忘初心、牢记使命的接续奋斗，必将带领亿万中国人民共同创造出美好新生活，书写壮丽新时代！

第 3 章

出棚进楼 告别"忧"居

棚户区改造事关千千万万群众安居乐业。我们的城市不能一边是高楼大厦，一边是脏乱差的棚户区。

习近平总书记在湖北省考察时的讲话

（2018 年 4 月 26 日）

千百年来，"住有所居"承载着百姓最朴实的期待、最真切的渴望。随着城镇化进程不断加快，城市经济发展水平不断提升，人民对美好生活的向往更加强烈。在不少城市，房屋年久失修、居住空间狭窄、基础设施不完善、安全隐患较多的棚户区依然存在，群众改造意愿尤为强烈。

民之所望，政之所向。从 2008 年开始，我国大规模组织开展实施城镇保障性安居工程；2013 年，棚户区改造进入"加速度"。2008 年至 2021 年底，全国棚户区改造累计开工 5200 多万套，帮助约 1.3 亿棚户区居民"出棚进楼"。

大国领袖最深沉的牵挂

"人民对美好生活的向往，就是我们的奋斗目标。"党的十八大以来，习近平总书记始终心系百姓安居。2019 年 2 月，习近平总书记在北京看望慰问基层干部群众时强调，党中央十分关心老城区和棚户区改造，就是要让大家居住更舒适、生活更美好，解决好大家关心的实际问题，让大家住在胡同里也能过上现代生活。

2014 年 1 月，习近平总书记冒着零下 30 多摄氏度的严寒，来到地处边陲的内蒙古兴安盟阿尔山市，看望生活在林业棚户区的群众。当看到群众住房还比较困难，他叮嘱当地干部要加快棚户区改造，排出时间表，让群众早日住上新房。

8 年多来，阿尔山市沿着习近平总书记指引的方向砥砺前行，累计投入 42 亿元，改造棚户区房屋 10400 户，棚户区改造全部完成。

阿尔山市落实习近平总书记重要指示精神
大力推进棚户区改造

内蒙古自治区阿尔山市持续完善道路、管网、垃圾处理等基础设施，新建居民广场、加大绿化等，城市功能和人居环境显著提升。曾经，阿尔山市棚房区"夏天

阿尔山市伊尔施镇棚改项目改造后实景图

雨水倒灌，冬天四壁白霜"；如今，通过实施棚户区改造，既改出了城市的如画风景，更改出了老百姓的幸福生活。

据统计，棚改惠及该市一半以上居民，超过 3 万人实现了安居乐业。

2018 年 4 月，习近平总书记来到湖北省武汉市青山区工人村街青和居社区，考察棚户区项目建设和居民生活情况。习近平总书记指出，棚户区改造事关千千万万群众安居乐业。我们的城市不能一边是高楼大厦，一边是脏乱差的棚户区。目前全国棚户区改造任务还很艰巨。只要是有利于老百姓的事，我们就要努力去办，而且要千方百计办好。

青山区在 20 世纪 50 年代因兴建国家"一五"重点工程武钢而建区，曾经是华中地区最大的老工业区棚户区。如今，青山区 1.3 万余户、4 万多人的棚户

武汉市青山区棚户区改造后实景

家庭迁入新居。这个曾供养数万人生活的工人村，现在又成为武汉最大棚改社区，已经与整座城市并肩而立，迎来新生。

2018 年 9 月，习近平总书记专程来到辽宁省抚顺矿业集团西露天矿，并乘车来到东华园社区，实地了解抚顺市采煤沉陷区避险搬迁安置情况。习近平总书记指出，党中央投入大量资金解决棚户区和采煤沉陷区综合治理问题，很有必要，也很值得。资源枯竭城市在转型发展中首先要解决好民生问题、保障好困难群众生活。

抚顺市是一座因煤而兴的城市，也是典型的资源枯竭型城市。采煤为其带来巨大经济效益，也造成 23.29 平方千米的采煤沉陷区，影响区达 74.73 平方千米。生活于此的人面临居住简陋、地表沉陷、地势低洼潮湿等困境。为保障居民生命财产安全，抚顺在国家利好政策的激励下，大力实施沉陷区避险搬迁，建成安置小区 6 个，已有近 3 万户居民住进了新房。

悠悠百姓事，枝叶总关情。在习近平总书记直接关心和推动下，全国各地的棚户区改造工作百尺竿头更进一步。2017 年 12 月，习近平总书记在新年贺词中指出："各类棚户区改造开工数提前完成 600 万套目标任务。"2018 年 12 月，习近平总书记在新年贺词中指出："解决棚户区问题的住房开工了 580 万套，新市民有了温暖的家。"

党的十八大以来，我国进入了历史上保障性安居工程规模最大、投资最多的建设时期，截至 2021 年底，棚户区改造累计开工 4200 多万套，帮助上亿居民从"盼居""忧居"到"安居""优居"。

科学把握棚改节奏和规模

党的十八大以来，党中央、国务院实施强有力的领导，接连印发文件，部署各地稳步推进棚户区改造。2013 年至 2015 年，国家每年出台一个关于棚改的文件，对改造数量、配套建设等提出明确要求。2015 年的棚改文件明确 2015 年至 2017 年改造包括城市危房、城中村在内的各类棚户区住房 1800 万套。2017 年 1 月，国务院印发《"十三五"推进基本公共服务均等化规划》，明确 2016 年至 2020 年城镇棚户区住房改造 2000 万套。

在这场举国上下、合力攻坚的棚改之战中，中央各个部委密切配合，持续跟进，密集出台一系列强有力的财政补助、土地优先供应等政策，形成了强大的政策合力，为稳步推进棚户区改造指明了方向，明确了路径，提供了保障。

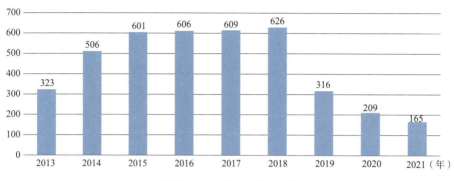

2013—2021年棚户区改造开工情况（单位：万套）

支持地方政府发行棚改专项债券。2018年10月，国务院常务会议明确支持地方政府发行棚改专项债券。2018年、2019年分别发行4288亿元、7176亿元，支持新开工项目及续建项目建设。按照国务院领导批示要求，2020年以来，财政部、国家发展改革委继续将棚改纳入地方政府专项债券支持范围，2020年、2021年分别发行棚改专项债券4342亿元、4441亿元。

支持应保尽保棚改安置住房用地。《国务院办公厅关于保障性安居工程建设和管理的指导意见》《国务院关于加快棚户区改造工作的意见》等文件规定，棚户区改造安置住房用地纳入当地土地供应计划优先安排、单列指标，做到应保尽保。

支持减免有关税费。《国务院关于加快棚户区改造工作的意见》《财政部、国家税务总局关于棚户区改造有关税收政策的通知》等文件规定，对棚户区项目，免征城市基础设施配套费等各种行政事业性收费和政府性基金。对棚改安置住房免征城镇土地使用税、印花税、土地增值税、契税等。

相关部门安排中央资金补助支持。2008年开始，国家发展改革委、财政部每年安排中央补助资金支持城镇保障性安居工程建设。2013年至2021年，全国城镇保障性安居工程建设中央补助资金约 1.8 万亿元，其中，用于支持棚改的约 1.2 万亿元。国家发展改革委、财政部在安排资金时，考虑到地方财政困难程度、区域差异等因素，对中西部等困难地区给予了一定倾斜。

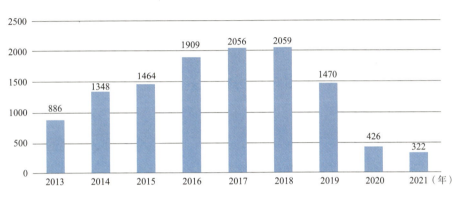

2013—2021 年棚户区改造中央补助资金下达情况（单位：亿元）

银行业金融机构提供开发性、政策性金融支持。2014 年及以前，国家开发银行、农业发展银行主要通过地方政府融资平台向棚改项目发放贷款。2015 年至 2018 年，允许国家开发银行、农业发展银行以政府购买服务方式向棚改项目发放贷款。2018 年 10 月，国务院常务会议明确，2019 年新开工棚改项目，不得再以政府购买服务方式贷款。

数说

截至 2021 年底，国家开发银行、农业发展银行累计发放棚改贷款分别为 4.5 万亿元、1.7 万亿元。

与此同时，住房和城乡建设部会同有关部门，指导各地坚持既尽力而为、又量力而行的原则，不搞"一刀切"、不层层下指标、不盲目举债铺摊子，严控范围和成本，加大配套基础设施建设力度，严格工程质量监管，让更多困难群众早日搬进生活方便舒适的新居。

推动各地落实棚改年度计划。住房和城乡建设部会同有关部门部署各地方从实际出发，科学安排年度棚改计划，严格把握棚改范围和标准，督促各地及早开工新建项目，加快建设续建项目；提前谋划下一年度棚改计划，研究相关支持政策，做好项目前期工作，确保棚改工作早安排、早开工、早见效。

做好回迁安置工作。住房和城乡建设部要求各地在推进棚改过程中，依法依规实施征收，做好政策宣传解读，切实维护群众合法权益；对经济困难、无力购买安置住房的居民，纳入当地住房保障体系统筹解决。

抓好续建棚改项目建设。住房和城乡建设部针对部分地方棚改居民回迁安置问题开展专项整治，督促加快建设续建项目，加大棚改配套基础设施建设力度，抓好工程质量安全，让入住群众享受更好的居住环境。

圆上亿群众"安居梦"

由于历史的原因，在我国一些城市、工矿、林区和垦区等形成了一定数量的棚户区。这些棚户区的住房结构简易、房屋破损严重、居住条件简陋，供水、排水、供电、供热、道路、消防等公共设施不全，生活环境恶劣。居住在棚户区的居民，大多属于中低收入家庭，有不少是下岗失业人员、退休职工和低保户，其住房困难问题很难通过市场解决。

家是最小国，国是千万家。棚改工作，如同一面镜子，照出了棚户区居民对美好生活的向往，更折射着党和政府改善群众住房困难的坚定决心。

在棚户区改造中，各地坚持政府主导、市场运作、群众参与的原则，调动多方面积极性。针对城市、国有工矿、国有林区、国有垦区等各类棚户区的不同特点，住房和城乡建设部会同有关部门分别制定了相应的指导意见和管理办法，对各类棚户区改造工作进行分类指导。

城市棚户区改造占了很大比重。各个城市政府加大棚改进程，既有速度，更有温度，百姓居住条件有了很大的跨越，真正过上有品质的生活。截至 2021 年底，全国城市棚户区实际开工 4487 万套，约 1 亿群众"出棚进楼"。

棚户区改造同步在国有工矿、国有林区、国有垦区中全面铺开。截至 2021 年底，林区、垦区、国有工矿棚户区（危旧房）改造合计开工 700 多万套。职工们告别了潮湿阴暗的棚户区、简易房，住进了宽敞明亮的新居。

国有工矿棚户区改造。20 世纪六七十年代，400 多万名来自祖国各地的建设者，响应国家"三线"建设号召，将自己的最美年代倾注在深山峡谷、大漠荒野。随着时间的推移，山外日新月异，城市高楼林立，而他们却生活在当年亲手建造的宿舍楼内。党和政府没有忘记这些忠诚奉献于祖国的人们。2009 年，工矿棚户区改造正式启动。2013 年，国家特别加大"三线"地区工矿棚改力度，许多在大山里驻扎了 50 年的企业得到易地搬迁。

国有林区棚户区改造。国有林区是我国重要的生态屏障，也是重要的木材生产基地。

数说

截至 2021 年底，全国国有工矿棚户区实际开工 309 万套，重点改造了资源枯竭型城市、独立工矿区和"三线"企业集中地区的国有企业棚户区，约 800 万职工改善了住房条件。

随着森林资源过度消耗，绝大部分森工企业效益下滑，国有林区逐渐陷入资源危机、经济危困的"两危"境地，形成"不城不乡、不工不农"现状。特别是国有林区内"干打垒""板夹泥""泥草房"和危旧房占职工住宅总面积近50%。这些住房规划选址不当，地处位置偏远、建筑标准低、安全隐患大、配套设施不完善。党中央、国务院高度重视国有林区职工住房难、条件差的问题，2007年在吉林省松江河林业局率先启动国有林区棚户区改造试点，2009年全面启动国有林区棚户区改造工程。截至2021年底，全国国有林区（场）棚户区实际开工166万套，近500万职工住进了满意新居，形成了许多面貌一新的林区小城镇和林业小区。

伊春市大力推进国有林区棚户区改造

位于黑龙江省小兴安岭腹地的"中国林都"伊春市，抓住棚改机遇，对218个林场所重新进行规划，将1.4万户居民、3.5万人搬迁到中心场所。

黑龙江森工集团兴隆局址改造前后对比图

国有垦区棚户区改造。截至2021年底，全国国有垦区棚户区实际开工250万套，700多万职工喜迁新居。

地方
实践

江西省国有农垦棚户区改造取得积极成效

1957 年成立的江西国有农垦拥有 100 万垦民，多年来农垦被边缘化，濒危的土坯房、破旧的木板房、低矮的旧平房散落在赣鄱大地 155 个垦殖场，这些搭建于 20 世纪 50 年代的狭小旧房里"蜗居"

安义县万埠垦殖场棚户区改造后小区居民娱乐场景

着三代甚至四代农垦人。从 2011 年开始，江西省在国家保障性安居工程的推动下，逐年加大所辖国有农垦系统棚户区改造力度，覆盖率达 80% 以上。

让城市品质和人居环境双提升

　　大面积的棚户改造，不仅提高了个体幸福指数，还极大地改善了城市面貌。曾经破烂不堪的棚户区改造后，变成了一幢幢崭新建筑的新区。

　　促进了以人为核心的新型城镇化。通过棚户区改造，优化了城市功能，城市政府将棚户区改造与发展商贸产业有机结合，同时配建商业、幼儿园、地下车库、物业用房等设施，改善了老城区人居环境；引导部分人口从中心城区向外有序疏解，推动了新老城区协调发展，提升了城市综合承载力；帮助一些城中村农民就地转化为市民，住进了配套完善的安置房小区；城市新区迅速

徐州市把棚户区改造作为"头号民生工程"

　　江苏省徐州市坚持尊重民意、量力而行的原则，大力开展棚户区改造，一批批普通市民居住条件获得跨越式改善，整个城市功能面貌也实现全方位转变，市区 5000 平方米以上的公园就有 177 个。老百姓形象地说，老工业基地徐州从以前的"一城煤灰半城土"变为如今的"一城青山半城湖"。2018 年至 2020 年，徐州市连续三年获得国务院棚户区改造督查激励支持。

新生里棚改项目改造前后对比图

聚集人气，土地资源得到充分利用，对发展产业起到了重要牵引作用。

　　随着棚户区改造的推进，搬迁腾出的空间，不少被建成公共服务设施、绿地、公园，逐步解决了群众居住、供电、给水排水、医疗、教育、交通等一系列长期以来未能解决的难题。从 2015 年开始，住房和城乡建设部配合国家发展改革委安排补助资金，积极推进黑龙江"四煤城"采煤沉陷区棚改，2017 年底 14 万户采煤沉陷区居民的生活环境得到彻底改善。

抚顺市变采煤沉陷区为美丽社区

辽宁省抚顺市顺城区东华园社区的 5293 户入住居民，均来自采煤沉陷区。昔日房屋破败、楼体变形、尘土飞扬，通过棚改搬迁安置，采煤沉陷区的居民如今住进了红墙掩映、鸟语花香、设施齐全的现代化小区，家家新房窗明几净、宽敞明亮、水电气一应俱有。

助力经济发展迈出新步伐

棚户区改造改善了民生，更迈开了稳增长的经济步伐。

促进了房地产市场平稳运行。房价上涨较快的城市，通过新建棚改安置住房，增加了住房供应，避免房地产市场过热；房地产库存过多的城市，通过棚改货币化安置去库存，一定程度上化解和防范了房地产市场风险。

带动了投资消费和经济增长。截至 2021 年底，城市棚户区改造完成投资 1.2 万亿元，国有工矿棚户区改造完成投资 3370 亿元，国有林区棚户区改造完成投资 1113 亿元，国有垦区棚户区改造完成投资 1716 亿元。

带动了有效投资和建材、装修、家电等消费，对经济稳增长发挥了积极作用。2008 年至 2021 年，全国棚改完成投资约 13 万亿元，按 1.25 的拉动系数测算，可带动相关产业投资 16.25 万亿元。

从"忧居""盼居"变"宜居""优居"，棚户区改造让亿万群众喜圆安居梦、过上好日子，让城市面貌焕然一新、充满活力。这是中国共产党执政为民的生动体现，是世人为之赞叹的中国故事。

一间间温馨的新居，呵护着亿万群众梦想，他们朝着美好的明天砥砺前行，汇成磅礴力量共同建设幸福中国！

第4章

让百姓租得起房租得好房

要高度重视保障性租赁住房建设，加快完善长租房政策，逐步使租购住房在享受公共服务上具有同等权利，规范发展长租房市场。

习近平总书记在中央经济工作会议上的讲话

（2020 年 12 月 16 日）

改革开放以来，我国城镇住房发展取得巨大成就，居民住房条件得到极大改善，住房绝对短缺问题已基本解决。但是，城镇住房结构性矛盾凸显，销售和租赁"一条腿长、一条腿短"，租赁关系不稳定、市场秩序不规范、承租人权益保护不充分等问题仍比较突出，难以满足城镇居民特别是新市民和青年人的居住需求。

近年来，住房和城乡建设部会同相关部门，以建立租购并举的住房制度为主要方向，完善住房租赁体制机制，多渠道筹集租赁房源，大力发展保障性租赁住房，促进专业化、机构化住房租赁企业发展，建立住房租赁管理服务平台，规范住房租赁市场秩序，逐步使租购住房在享受公共服务上具有同等权利，切实提升租房群众的获得感、幸福感、安全感。

部门联动聚合力　重拳出击治乱象

虚假房源信息、恶意克扣押金租金、违规收费、违规开展住房租金贷款业务、"黑中介"威胁恐吓承租人……这些乱象已成为住房租赁市场的顽疾，扰乱了市场秩序，侵害了当事人的合法权益。

2013 年，住房和城乡建设部会同国家工商行政管理总局开展房地产中介市场专项治理，针对住房租赁中存在的发布虚假房源信息、违规"群租"、赚取租金差价、泄露或不当使用委托人信息等突出问题，严肃查处房地产中介机构和经纪人员违法违规行为。

2019 年以来，住房和城乡建设部会同国家发展改革委、公安部、国家市场监管总局、银保监会、中央网信办成立工作专班，集中力量开展住房租赁中介机构乱象专项整治，严厉查处住房租赁中介机构的违规违法行为，切实维护群众的合法权益。

住房和城乡建设部建立部、省、市三级联动工作机制，并与40 个重点城市建立直联工作机制，层层压实责任。各级住房和城乡建设部门开通投诉举报专线，建立工作台账，对各类投诉举报分类登记、认真调查、快速处理、及时反馈，重点典型案件紧盯不放，确保处置到位。从各地查处的案件中，筛选问题线索反映集中的典型案例分批予以通报曝光，帮助群众了解住房租赁过程中的"套路"和"陷阱"。

2019 年 12 月，住房和城乡建设部等 6 部门出台《关于整顿规范住房租赁市场秩序的意见》，将整治工作制度化、常态化。2021年4月，住房和城乡建设部等5部门出台《关于加强轻资产住房租赁企业监管的意见》，严禁住房租赁企业通过"高进低出""长收短付"等方式违规建立资金池，严厉打击住房租赁企业控制房源、哄抬租金、利用承租人信用套取信贷资金、变相从事金融业务等违法违规行为。

立法树规建体制　强管优服搭平台

随着长租公寓、租金贷、短租房等以"租赁＋互联网＋金融"为特色的新业态、新模式的不断出现，现有法律文件层级和内容与现实需要不匹配的问题日益突出，住房租赁立法万众期盼。

2020年9月，住房和城乡建设部、司法部对《住房租赁条例》公开征求意见。条例从推动形成稳定的租赁关系、保障租赁双方合法权益、规范住房租赁企业行为、完善住房租赁服务与监督等方面进行了规定。

住房租赁管理与服务需要信息化技术来强本固基。2017年，住房和城乡建设部办公厅印发《住房租赁信息服务与监管平台技术规范（试行）》《住房租赁信息服务与监管平台基础数据标准（试行）》，通过规范业务系统建设基础标准，构建以管理服务平台为基础的住房租赁管理体制，督促指导试点城市以及其他租赁需求旺盛的城市搭建管理服务平台。引导各城市行

数说

截至2021年，24个中央财政支持住房租赁试点城市累计纳管联网企业3463家，纳管房源1927.4万套，累计网签备案量1059.95万份。

武汉市打造特色住房租赁综合服务平台

湖北省武汉市探索创新监管和金融融合的政银合作模式，打造以"互联网＋住房租赁＋金融"为特色的住房租赁综合服务平台。发布房屋出租信息前要申请房源核验码，保证了发布房源的真实性；个人发布房源需要人脸识别，保证平台注册用户的真实性；第三方网络平台展示房源必须提供机构或中介二维码、中介人员编码和房屋核验编码，"三码齐全"确保租赁信息真实。

业主管部门打通不动产数据库和网签备案数据库，建立房屋基础数据库。

多个城市搭建官方住房租赁平台，探索信息化管理"新模式"。成都提出建立住房租赁信息发布和审核标准，建立经纪机构、住房租赁企业及从业人员等各类市场主体的信用管理体系，建立"红名单"和"黑名单"制度。"广州智慧阳光租赁平台"规定成交价格不得高于放盘价格，对中介佣金标准明码标注。杭州引入"信用租房"，可租房源、租客、房东以及中介服务人员都将对应一套完善的信用体系，信用好的租客不仅可以免交押金，还可以按月缴纳房租，如果在租房过程中有恶意失信行为，会影响其信用评估。

多措并举增供给　降税惠企促融资

2015 年 1 月，住房和城乡建设部印发《关于加快培育和发展住房租赁市场的指导意见》，要求积极推进租赁服务平台建设，大力发展住房租赁经营机构，拓宽融资渠道，推动房地产开发企业转型升级。

2016 年 5 月，国务院办公厅印发《关于加快培育和发展住房租赁市场的若干意见》，提出以建立购租并举的住房制度为主要方向，健全以市场配置为主、政府提供基本保障的住房租赁体系。

中国建设银行在同业中率先提出住房租赁战略，凭借自身在住房领域的专业、品牌和技术优势，主动承担住房租赁市场发展的推动者和服务者，配合住房和城乡建设部形成住房租赁企业、房地产开发企业、中介机构、金融机构等多类从业主体供给模式。

在土地供应方面，增加纯租赁用地整体成交面积。

在税收支持方面，2018 年 12 月，国务院印发《个人所得税专项附加扣除暂行办法》，明确个人所得税住房租金专项附加扣除标准。在促进房地产平稳健康发展长效机制政策措施中，明确

近年来纯租赁用地整体成交情况

将现行企业向个人出租住房减按 4% 征收房产税政策，扩大到企业向专业化规模化住房租赁企业出租住房，经批准的"商改租""工改租"住房比照适用。住房租赁企业向个人出租住房适当降低增值税征收率。2021 年 7 月，财政部、国家税务总局、住房和城乡建设部联合发布《关于完善住房租赁有关税收政策的公告》，明确住房租赁企业增值税、房产税税收优惠政策。

在金融支持方面，2018 年 4 月，住房和城乡建设部联合证监会印发《关于推进住房租赁资产证券化相关工作的通知》，支持住房租赁企业发行住房租赁资产证券化产品，解决融资问题。住房和城乡建设部主动引导银行业金融机构参与住房租赁市场发展。中国建设银行、国家开发银行等积极开发金融产品支持住房租赁市场发展。武汉、肇庆等城市推动银企合作，为构建租购并举的住房体系提供金融支持。截至 2021 年底，中国建设银行住房租赁贷款授信 938.81 亿元；国家开发银行支持北京、深圳、苏州等城市的 68 个项目，授信 430 亿元、投放 108 亿元。

先行先试促改革　开展试点攒经验

集腋成裘，积微成著。开展试点工作是探索住房租赁市场发展道路的"指南针"。2017 年至今，住房和城乡建设部先后组织开展住房租赁试点、利用集体建设用地建设租赁住房试点、中央财政支持住房租赁市场发展试点等工作，全面推进住房租赁市场发展，积累了一批可推广可复制的经验。

开展住房租赁发展试点。2017 年 7 月，住房和城乡建设部等 9 部门出台《关于在人口净流入的大中城市加快发展住房租赁市场的通知》，选取广州、深圳、南京、厦门、合肥、成都、沈阳、郑州、

地方
实践

深圳市推进城中村规模化租赁改造

广东省深圳市通过"政府、村集体股份公司、租赁企业"合作方式推进城中村规模化租赁改造，把一个个老旧城中村改造成青年人喜爱的高颜值新社区。以元芬村为例，住房租赁企业与村股份合作公司开展战略合作，按照统一租金标准向村民收储房源，签订13年的长期收储合同；区政府、街道办对改造工程实施安全监管；住房租赁企业按照不同需求设计产品，提供专业的物业管理和商业运营服务，投资建设社区食堂、社区综合服务中心等便民服务设施，配建自习室、图书室、休闲广场、篮球场等。

佛山、肇庆、武汉、杭州12个人口净流入、租赁需求旺盛的大中城市，在培育机构化规模化住房租赁企业、建设住房租赁管理服务平台、增加租赁住房有效供应、创新住房租赁管理和服务体制等方面开展试点，支持专业化、规模化住房租赁企业发展。

开展集体土地建设租赁住房试点。2017年8月，住房和城乡建设部会同国土资源部出台《利用集体建设用地建设租赁住房试点方案》，确定在北京、上海、成都、厦门、郑州、沈阳等13个城市开展利用集体建设用地建设租赁住房试点，拓展集体土地用途。2019年1月，进一步扩大试点范围，在福州、南昌、青岛、海口、贵阳5个城市开展试点。

宁波市兴建园区租赁房　产业工人安新家

浙江省宁波市前湾新区建成运营及在建的类似租赁社区项目达110 万平方米，户型包括合租宿舍、单身公寓、LOFT 公寓和套式公寓等，可满足 7 万名职工居住生活，有效解决了大众、吉利等 400多家企业产业工人的差异化住房需求。

位于园区内的众汽佳苑小区，主要为上汽大众公司和附近一些企业的
员工提供租住服务，租金相对较低，配套设施齐全

开展中央财政支持住房租赁市场发展试点。2019 年 7 月，住房和城乡建设部会同财政部出台《关于开展中央财政支持住房租赁市场发展试点的通知》，确定北京、长春、上海、南京、杭州等 16 个试点城市，在培育机构化规模化住房租赁企业、建设住房租赁管理服务平台、增加租赁住房有效供应、创新住房租赁管理和服务体制等方面开展试点，支持专业化、规模化住房租赁企业发展。2020 年 7 月，确定天津、石家庄、太原、沈阳、宁波、青岛、南宁、西安 8 个城市开展第二批试点。截至 2022 年 6 月，24 个试点城市共收到资金 600 亿，其中，第一批 402 亿元，第二批 198 亿元。

加快发展保障性租赁住房
破解新市民、青年人住房难题

党中央、国务院高度重视解决新市民、青年人住房问题。2020 年 12 月，中央经济工作会议指出，要高度重视保障性租赁住房建设。2021 年 3 月，《政府工作报告》中提出，切实增加保障性租赁住房和共有产权住房供给，规范发展长租房市场，降低租赁住房税费负担，尽最大努力帮助新市民、青年人等缓解住房困难。

中华人民共和国国民经济和社会发展第十四个五年规划和 2035 年远景目标纲要

同时，扩大保障性租赁住房供给也作为一项重点工作列入了《中华人民共和国国民经济和社会发展第十四个五年规划和二〇三五年远景目标纲要》。2021 年 6 月，国务院常务会议审议并原则通过《关于加快发展保障性租赁住房的意见》，并由国务院办公厅印发，明确了保障性租赁住房的基础制度和支持政策。7 月，国务院召开电视电话会议，对发展保障性租赁住房工作作出部署。

住房和城乡建设部会同国家发展改革委、财政部、自然资源部、中国人民银行、国家税务总局、银保监会等部门，认真贯彻落实党中央、国务院决策部署，指导督促地方加快发展保障性租赁住房。

确定发展目标。各地把发展保障性租赁住房作为"十四五"时期住房建设的重点任务，坚持因城施策、供需匹配，组织摸清需求，合理确定发展目标，着力补齐租赁住房建设相对滞后的短板。人口净流入的大城市新市民、青年人多，保障性租赁住房需求量大，这些城市努力提高保障性租赁住房在住房供应总量中的比重。

建立基础制度。各地结合实际制定实施办法及一系列配套措施，注重把握好保障性租赁住房工作的政策导向。在保障对象上，主要面向无房新市民、青年人特别是从事基本公共服务人员，不设收入门槛；在面积标准上，坚持以建筑面积不超过 70 平方米的小户型为主，弥补租赁市场结构性供给不足；在职住平衡上，重视利用存量土地和房屋

数说

"十四五"期间，北京、上海、广州、深圳分别计划新增保障性租赁住房 40 万、47 万、60 万、40 万套（间），均占新增住房供应总量的 45% 左右；40 个重点城市计划新增 650 万套（间），约占新增住房供应总量的 26%，可解决近 2000 万新市民、青年人住房困难问题。

建设，主要建在中心城区或交通便捷区域；在租金水平上，按照"租户可负担、企业可持续"的原则，确定租金低于市场租金的比例，合理管控未来租金涨幅。住房和城乡建设部印发《关于集中式租赁住房建设适用标准的通知》，在工程建设标准方面为保障性租赁住房设计、施工、验收等提供依据。

推动多方参与。住房和城乡建设部通过视频远程培训、城市政府负责同志培训班、印发可复制可推广经验等方式，引导地方从"要我干"转为"我要干"；协调各主要媒体对《国务院办公厅关于加快发展保障性租赁住房的意见》和国务院电视电话会议精神及落实情况进行持续报道，社会反响良好；支持教育部、国资委、

国防科工局、中国融通集团等行业系统组织建设保障性租赁住房。各地加大政策宣传，引导园区企业、企事业单位、农村集体经济组织、住房租赁企业等各类主体积极发展保障性租赁住房。

西安市利用闲置土地建设保租房

陕西省西安市高新区工业园引入的比亚迪公司，从业人员从最初的 1 万余人猛增至 6 万余人，亟须解决从业人员特别是青年职工的住房困难问题。2021 年，西安市住房和城乡建设部门指导比亚迪公司，将比亚迪西安研发中心及配套设施建设项目中部分低效利用的旧厂房拆除，腾出土地用于建设宿舍型保障性租赁住房，缓解员工住房困难。该项目充分利用产业园区配套设施用地建设宿舍型保障性租赁住房，可建设宿舍型保障性租赁住房约 4416 套（间），预计解决 1 万多名员工的住房问题，受到青年职工的广泛好评。

落实支持政策。国家发展改革委、财政部安排补助资金。国家发展改革委将保障性租赁住房纳入基础设施领域不动产投资信托基金（REITs）试点。财政部、国家税务总局明确了保障性租赁住房税收优惠政策。中国人民银行、银保监会明确保障性租赁住房有关贷款不纳入房地产贷款集中度管理。截至 2022 年 6 月底，中国建设银行、国家开发银行、中国农业发展银行合计向 652 个保障性租赁住房项目授信 2449 亿元，发放贷款 851 亿元。各地基本落实了将产业园区配套用地面积占比上限由 7% 提高到 15% 等土地支持政策，基本建立了政府牵头、部门联合审批机制，落实税收优惠和民用水电气价格政策。

江苏省南京市政府、银行、企业合作发展保障性租赁住房签约仪式

加强监督管理。各地加快建设住房租赁管理服务平台，将保障性租赁住房项目纳入平台统一管理；将保障性租赁住房项目作为工程质量安全监管和监督检查的重点；加强出租和运营管理，坚决防止上市销售或变相销售，严禁以保障性租赁住房为名违规经营或骗取优惠政策。住房和城乡建设部会同有关部门指导省级人民政府对城市发展保障性租赁住房情况开展监测评价。国务院办公厅印发通报，对 2021 年发展保障性租赁住房成效明显的 9 个城市（区）予以督查激励。

通过近几年的努力，多主体、多渠道发展保障性租赁住房的格局基本形成。其中，利用存量土地和房屋建设的约占 70%，如北京、济南、福州等引导农村集体经济组织利用集体经营性建设用地建设，上海、西安、成都等积极支持科研单位、高校、国有企业等企事业单位利用自有闲置土地建设，长沙、青岛、合肥等支持园区企业提高配套用地面积占比上限建设，广州、厦门、天津等支持住房租赁企业等利用非居住存量房屋改建，深圳、重庆、杭州、武汉等利用城中村规模化改造和老旧住房改建。利用新供应国有建设用地建设的约占30%，主要在产业园区周边、轨道交通站点附近和城市建设重点片区等区域建设，如成都、济南在轨道交通建设发展项目中优先建设保障性租赁住房。

浙江省加快发展保障性租赁住房

浙江省将加快发展保障性租赁住房作为推进高质量发展建设共同富裕示范区的重要内容，在摸清需求、科学测算的基础上，确定全省"十四五"时期主要利用存量土地和房屋建设筹集120万套（间）保障性租赁住房，力争到"十四五"期末基本解决新市民、青年人的住房困难。

第 5 章

惠民公积金　助圆安居梦

健全符合国情的住房保障和供应体系，建立公开规范的住房公积金制度，改进住房公积金提取、使用、监管机制。

《中共中央关于全面深化改革若干重大问题的决定》

（2013 年 11 月 12 日）

民以食为天，居以房为先。古往今来，"房"在某种程度上就是家的代名词，拥有一个温暖的家，是千千万万人的梦想。1991 年率先在上海建立的住房公积金制度，正是为解决广大职工住房问题而创建的一项资金筹集、使用和管理的制度，也是伴随我国城镇住房制度改革应运而生、富有特色的政策安排。

住房公积金制度，根基于"积"，核心在"金"，目的为"房"。党的十八大以来，住房公积金制度稳步发展，惠及群体逐步扩大，制度红利持续释放，保障基本住房需求的功能日益凸显。住房公积金制度已成为解决缴存人基本住房问题的"垫脚石"，房地产市场和住房保障的"压舱石"。

涓涓细流　百川入海　汇集资金为安居

积跬步以至千里，积小流以成江海。作为职工缴存的长期住房储金，"积"是住房公积金制度的基础。住房公积金万亿资金规模，正是源于广大缴存职工"涓涓细流"的汇集。党的十八大以来，从国有企事业单位全面落实制度，到持续推动在民营企业中建制缴存，再到开展灵活就业人员参加住房公积金制度试点，住房公积金覆盖面不断扩大，资金规模稳步增长，缴存单位结构持续优化。

过去十年来，全国住房公积金实缴人数从 1.02 亿人增长至 1.64 亿人，缴存总额从 5.05 万亿元增长至 22.5 万亿元，缴存余额从 2.68 万亿元增长至 8.19 万亿元。与 2012 年相比，缴存职工中，城镇私营企业及其他城镇企业、外商投资企业、民办非企业单位和其他类型单位等非公有制缴存单位职工占比进一步提高，2021 年末达到 52.14%。

一花独放不是春，百花齐放春满园。十年来，住房公积金制度惠及的群体更加多元。特别是进入新时期，随着我国新就业形态的不断发展，以"外卖小哥""网络主播"为代表的灵活就业人员数量越来越多，规模已达到

2012—2021 年实缴单位数和实缴职工人数

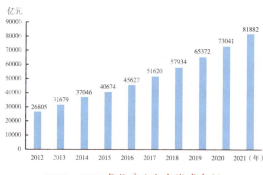

2012—2021 年住房公积金缴存余额

2亿人。将灵活就业人员逐步纳入住房公积金制度覆盖范围，使其享受到住房公积金制度的红利，可以更好地帮助他们解决住房问题。

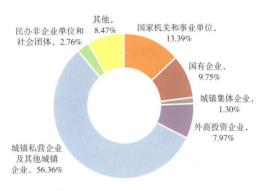

2021 年按单位性质分新开户职工人数占比

民办非企业单位和社会团体，2.76%
其他，8.47%
国家机关和事业单位，13.39%
国有企业，9.75%
城镇集体企业，1.30%
外商投资企业，7.97%
城镇私营企业及其他城镇企业，56.36%

在住房和城乡建设部的指导下，重庆、成都、广州、深圳、苏州、常州被确定为灵活就业人员参加住房公积金制度首批试点城市，全国其他城市也先后开展了相关工作。截至 2021 年末，试点城市共有 7.29 万名灵活就业人员缴存住房公积金 2.92 亿元。"党的政策好，灵活就业公积金政策贴心实用，手机操作便捷，缴多少用多少自己说了算。"一名快递小哥如是说。还有网络主播称赞"广州的公积金政策覆盖面广，很适合年轻人，在广州工作有更强的归属感、安全感和幸福感"。

地方实践

常州市稳步推动灵活就业人员参加住房公积金制度试点

江苏省常州市住房公积金管理中心聚焦群众诉求，稳步推动灵活就业人员参加住房公积金制度试点。深挖灵活就业人员基本特征，量身定制缴存使用政策，吸引了大批灵活就业人员的关注和参与。

灵活就业夫妻办理住房公积金贷款

　　"2021年，在住房公积金贷款的支持下，我在广州拥有了第一套住房。"在广州一家金融机构工作的中国香港籍职工何女士表示，很多香港朋友都羡慕她通过住房公积金贷款买到房，并十分看好内地发展前景，希望来内地工作生活。何女士住房问题的解决得益于2017年住房和城乡建设部联合多部门出台的《关于在内地（大陆）就业的港澳台同胞享有住房公积金待遇有关问题的意见》。越来越多港澳台同胞在内地（大陆）享受到就业、生活的便利，更好地融入内地（大陆）的经济社会发展，已有近2万名港澳台同胞在内地缴存住房公积金。有香港青年表示"住房公积金制度对我们港澳人员的覆盖着实给力，让我幸福感满满"。

　　好雨知时节，纾困渡难关。住房公积金制度不仅能积累资金，也能助企纾困。面对突如其来的新冠肺炎疫情带来的冲击和影响，住房公积金系统认真贯彻落实党中央、国务院关于统筹疫情防控和经济社会发展的决策部署，2020年和2022年先后两次出台实施住房公积金阶段性支持政策，支持受疫情影响的企业缓缴、停缴或降低缴存比例，缓解企业支出压力。

　　在疫情面前，住房公积金制度显示出强大的韧性，它一头连着缴存企业，一头连着缴存人，不仅是百姓住房资金的"蓄水池"，也是助推经济平稳发展的"稳定器"和"调节器"，彰显了这项制度的温度和暖情。

数说

2020年，全国共支持13.2万个受疫情影响的企业缓缴、停缴或者降低缴存比例，占实缴企业数量的5.4%，减少缴存资金274.3亿元。对77.5万笔受疫情影响无法正常偿还的住房公积金贷款不作逾期处理，涉及贷款余额1879.4亿元。为56.6万名受疫情影响职工提高租房提取额度，增加提取资金10.2亿元。

取之于民　用之于民　便利服务暖人心

喜得广厦千万间，九州百姓尽欢颜。住房公积金资金来源于人民，必将服务于人民群众的住房需求。住房公积金系统坚持房子是用来住的、不是用来炒的定位，落实稳地价、稳房价、稳预期要求，着力发挥住房公积金制度作用，通过优化使用政策，助力解决百姓住房问题。

过去十年，全国累计提取住房公积金 12.44 万亿元，发放住房公积金贷款 10.28 万亿元，支持 3700 万缴存人贷款购房，其中首套住房贷款占比超过 80%，40 岁（含）以下职工贷款占比超过 70%，住房公积金制度为解决群众住房问题发挥了重要作用。住房公积金贷款因贷款利

2012—2021 年个人住房公积金贷款金额及个人住房贷款率

2012—2021 年住房公积金提取额及提取率

数说 截至 2021 年末，累计向 373 个保障性住房试点项目发放贷款 872.15 亿元，累计回收试点项目贷款 868.90 亿元，试点项目贷款余额 3.25 亿元。全国住房公积金增值收益累计为公租房（廉租房）建设提供补充资金 5533.09 亿元。

率低、服务方便快捷，已成为缴存职工购房贷款首选。

开展住房公积金贷款支持经济适用住房、公共租赁住房和棚户区改造安置房建设试点工作，发挥住房公积金对"夹心层"职工的住房保障作用。

租房与购房"双翼齐飞"。住房公积金系统坚持实行"租购并举"住房政策，2014 年、2015 年住房和城乡建设部会同相关部门先后印发《关于发展住房公积金个人住房贷款业务的通知》《关于放宽提取住房公积金支付房租条件的通知》，加大租房提取支持力度，支持缴存人贷款购买首套普通自住住房特别是共有产权住房。"您于 2021 年 4 月 25 日入账住房公积金 9000 元……"看着刚刚收到的短信，缴存职工张先生满脸笑意，因为房租已经"到位了"，按季提取的住房公积金是支付房租的"绝对主力"。31 岁的张先生认为，在北京这座大城市解决住房问题，不是只有买房一条路，租房也是一个合适的选择。

新疆阿克苏地区住房公积金管理中心地直管理部工作人员为缴存职工艾尔肯·吾甫尔、苏比努尔·喀哈尔夫妇办理租房提取住房公积金业务，获得办事群众好评。

我国城市发展已经进入城市更新的重要时期。各地住房公积金管理部门普遍出台政策，支持城镇老旧小区居民提取住房公积金用于加装电梯等自住住房改造，助力缴存人实现住有宜居。

近年来，区域协调发展版图加快绘就，住房和城乡建设部顺势而为，指导城市积极推进住房公积金一体化发展，积极推进贷款等住房公积金业务异地办理，让发展成果更多更公平更大范围惠及于民。据统计，截至 2021 年底，全国累计发放异地贷款 4477.4 亿元，支持约 190 万缴存人在异地购房安居，有力地促进了劳动力要素流动。

广州市创设"按月还房租"新模式

广东省广州市住房公积金管理中心创设保障性租赁住房"按月还房租"新模式，着力解决新市民、青年人住房问题。住房公积金缴存人可按月提取住房公积金直接支付房租，合作的住房租赁机构积极提供租房免押金、租金打折等优惠。

工作人员向租客介绍按月付房租业务

随着社会经济的发展，人们跨区域工作、全天候办事越来越普遍。换了新的工作、来到新的城市，原来缴存的住房公积金怎么办？周末才有空去办理住房公积金业务，服务大厅不上班怎么办？杭州买的房，在上海工作缴的住房公积金，就在当地申请提取使用住房公积金可以吗？这些都是人民群众所思所急所盼的问题。

住房公积金全系统想群众之所想、急群众之所急，以信息技术为手段，构建数据标准规范体系，打破信息孤岛林立的状况，跨越数字信息鸿沟，建设全国住房公积金监管服务平台，架起全国各城市住房公积金管理中心协同服务桥梁，"让数据多跑路，让群众少跑腿"。

全国341个设区城市住房公积金管理中心已建成包括线上服务渠道的综合服务平台，统一使用"12329"全国住房公积金服务热线，缴存单位和职工业务办理更加多样化，更多住房公积金高频服务事项实现跨省通办、不见面办、全天候办。疫情期间更是保障了住房公积金业务不间断、服务不打烊，群众关心的"关键小事"迎刃而解。

2017年7月，住房公积金异地转移接续平台上线运行，住房公积金在全国范围内实现了"账随人走，钱随账走"。2021年5月，全国住房公积金小程序上线，转移接续业务在手机端轻轻一点即可办理。已累计办理385.94万笔住房公积金转移接续业务，金额958.65亿元，极大地方便了住房公积金缴存人。

地方实践

积极推进"跨省通办"

各地住房公积金管理中心扎实推进"跨省通办"工作，均设置了"跨省通办"专窗，为职工提供"跨省通办"服务。

在上海中心青浦管理部柜面的电子设备上，缴存人曹先生按下了对业务"非常满意"的按键

为改变全国各地住房公积金服务没有统一标准、办事要件"五花八门"、服务水平参差不齐的现状，住房公积金系统以标准化为抓手，推动住房公积金服务更加规范，上线运行了全国住房公积金小程序，建成了全国住房公积金监管服务平台，制定出台全国住房公积金提取、贷款等业务标准，促进了住房公积金服务的标准化、规范化、便利化。

图为全国住房公积金小程序二维码，用微信或者支付宝"扫一扫"登录就可以查询本人住房公积金缴存、提取、贷款等信息，办理异地转移接续等业务。

在住房公积金制度建立 30 周年之际，经过专家遴选、网上投票、征求意见、方案优化等环节，以"手与房"为主体确定全国住房公积金服务标识，并于 2021 年 7 月 1 日启用，至此，全国有了统一的住房公积金服务标识。

住房公积金服务标识寓意是什么？

住房公积金全国统一服务标识整体设计上采用红色印章表现方式，以体现权威性，红色也代表热情主动与事业发展。指向上方的"屋顶"，表明住房公积金立足解决缴存人基本住房问题，也象征住房公积金服务不断提升。下方相扣的"手"有两层寓意：一是住房公积金管理机构提供贴心周到的服务；二是缴存人通过全国住房公积金小程序等线上渠道，实现业务"掌上办""指尖办"。

防范风险 阳光运行 守好职工钱袋子

防隐患强化监管，严自律实心为民。住房公积金，从本质上来讲，是属于广大缴存人的"血汗钱"和"安居钱"，安全性是住房公积金管理必须守牢的底线，一分一厘都要管好。如何守护好全国 1.64 亿缴存人住房公积金"钱袋子"，这是全社会关注的重点。

住房公积金系统坚持底线思维，以"互联网＋监管"模式，充分利用大数据、区块链等技术，建立完善全国住房公积金监管服务平台功能，通过电子稽查工具，实现线上实时动态监管。目前，从住房和城乡建设部、省级住房公积金监管部门到地方住房公积金管理中心，共同构筑起内部风控和外部监管相结合，线上发现问题和线下核查处置相衔接的住房公积金风险防控"铜墙铁壁"，有效保障了资金安全。

阳光是最好的防腐剂，要使住房公积金在阳光下运行。2015 年，《关于健全住房公积金信息披露制度的通知》出台，明确住房和城乡建设部会同财政部、人民银行每年面向社会发布上一年全国住房公积金"账本"，晒一晒住房公积金的家底。上一年收了多少钱，用了多少钱，还剩余多少钱，解决多少人住房需求，让广大住房公积金缴存人清清楚楚、明明白白。同时，全国各地住房公积金管理中心通过官方网站、报刊、电视等多种渠道向社会披露本辖区内住房公积金年度账单。

坚持以人民为中心，在对住房公积金年度报告披露的同时对年度报告进行解读，围绕人民群众关心的热点问题，积极回应社会关切，用通俗的语言、客观的分析、灵活多样的形式，进一步阐释年度相关数据，提高年度报告的可读性，让广大缴存职工和社会各界全面、准确了解住房公积金相关政策、业务运行情况和制度发挥的作用。这既是主动接受全社会的监督，也为住房公积金制度发展营造了良好社会氛围。

　　心系百姓安居梦，俯首甘为孺子牛。住房公积金系统是管钱的部门，而管好缴存人每一分钱的背后，是全国 4.51 万住房公积金从业人员的默默付出。他们来自全国 341 个住房公积金管理中心、115 个分支机构以及 3416 个住房公积金服务网点。住房公积金系统以党建引领，牢记初心使命，坚持清廉奉公，不断提升住房公积金党员干部务实为民、履职尽责能力。

数说

　　2021 年，全系统共获得地市级以上文明单位 243 个，青年文明号 110 个，五一劳动奖章、三八红旗手等先进集体和个人荣誉称号 1044 个。一代代住房公积金人"甘把青春献事业，换得百姓居无忧"。

天津市住房公积金管理中心南开管理部
连续 6 年获得共青团中央及省级
青年文明号称号

　　源源活水，汇成浩瀚"金海"；互助低息，惠泽万户千家。实践证明，住房公积金制度符合中国实际，助力解决城镇居民住房问题，是中国特色社会主义住房制度的重要组成部分。住房公积金制度走过探索的十年，迈过起步的十年，经历发展的十年，现在正意气风发迎来改革完善的下一个十年。"民之所忧，我必念之；民之所盼，我必行之。"住房公积金制度将持续创新发展，惠企利民，为助圆百姓安居梦贡献新的力量。

第二篇

人间城郭繁似锦
——城市让生活更美好

习近平总书记指出，城市在党和国家工作全局中具有举足轻重的地位。党的十八大以来，住房和城乡建设系统秉持"人民城市人民建、人民城市为人民"理念，认真践行"一个尊重、五个统筹"工作思路，城市发展取得新的巨大成就，城市整体性、系统性、生长性和承载力、包容度、宜居性显著提升，人民群众在城市生活得更方便、更舒心、更美好。

第 6 章

人民城市人民建
人民城市为人民

城市工作是一个系统工程。做好城市工作，要顺应城市工作新形势、改革发展新要求、人民群众新期待，坚持以人民为中心的发展思想，坚持人民城市为人民。这是我们做好城市工作的出发点和落脚点。

习近平总书记在中央城市工作会议上的讲话

（2015 年 12 月 20 日）

城市是人民的城市。"人民城市人民建，人民城市为人民。在城市建设中，一定要贯彻以人民为中心的发展思想，合理安排生产、生活、生态空间，努力扩大公共空间，让老百姓有休闲、健身、娱乐的地方，让城市成为老百姓宜业宜居的乐园。"

党中央、国务院高度重视城市工作。党的十八大以来，习近平总书记作出一系列重要讲话和指示批示，以马克思主义政治家的深刻洞察力、敏锐判断力、理论创造力，提出了关于城市工作的一系列新理念新思想新战略，深刻揭示了城市建设发展为了谁、依靠谁的根本问题，深刻回答了建设什么样的城市、怎样建设城市的重大命题，为推动城市高质量发展提供了根本遵循和实践方向。

2015 年 12 月 20 日，在时隔 37 年之后，中央城市工作会议在北京胜利召开。习近平总书记作了重要讲话，明确城市工作在党和国家全局中举足轻重的地位，提出城市发展的总体思路和目标任务。2016 年 2 月，党中央、国务院印发《关于加强城市规划建设管理工作的若干意见》，是指导城市规划建设管理的纲领性文件。中央城市工作会议是在我国经济发展进入新常态、全面建成小康社会进入决胜阶段召开的一次重要会议，对于城市工作具有里程碑的意义。我国城市发展由此掀开历史性的一页。

"一个尊重、五个统筹"

习近平总书记在中央城市工作会议上强调，要尊重城市发展规律；统筹空间、规模、产业三大结构，提高城市工作全局性；统筹规划、建设、管理三大环节，提高城市工作系统性；统筹改革、科技、文化三大动力，提高城市发展持续性；统筹生产、生活、生态三大布局，提高城市发展的宜居性；统筹政府、社会、市民三大主体，提高各方推动城市发展的积极性。

住房和城乡建设部始终坚持以人民为中心的发展思想，顺应人民群众对城市美好生活的新期待，集中力量解决群众"急难愁盼"问题，努力为人民群众创造高品质的生活空间。

建设人民向往的城市

党的十八大以来，在以习近平同志为核心的党中央坚强领导下，在各部门的通力合作、各地各城市的努力下，我国城市发展质量显著提升，城市功能不断完善，城市面貌日新月异，人民群众获得感、幸福感、安全感明显增强，城市成为群众追求高品质生活的重要载体。

人民城市是健康的城市。习近平总书记指出，城市是生命体、有机体，要敬畏城市、善待城市，树立"全周期管理"意识。在城镇化快速推进过程中，我国城市发展注重追求速度和规模，导致城市的整体性、系统性、宜居性和包容性不足，一些地方"城市病"问题突出。把全生命周期管理理念贯穿城市规划、建设、管理全过程，及时发现、系统治理"城市病"，是推动城市高质量发展的内在要求。

江西省以城市体检助推城市发展

江西省实现县级及以上城市体检"全覆盖"。从百姓需求出发，建立"以城市体检发现问题、以城市更新诊疗问题"的成果转化机制。针对发现的问题，扎实推进公共服务和基础设施补短板，大力推进完整居住社区，加快老旧小区改造，深入推进城郊接合部、城中村、背街小巷、市场和商圈以及"三线六边"区域环境整治，开展园林绿化提升、生活污水处理提质增效、黑臭水体治理等专项行动，走出一条彰显江西特色的革命老区城市高质量发展新路。

　　住房和城乡建设部以解决"城市病"问题为引领，推动开展城市体检工作，查找城市发展和城市规划建设管理存在的问题，补齐城市建设短板和不足，着力建设没有"城市病"的城市，推动城市健康发展。2018 年以来，围绕生态宜居、健康舒适、安全韧性、交通便捷、风貌特色、整洁有序、多元包容、创新活力等 8 方面，建立了由 69 项内容构成的城市体检指标体系。通过城市体检，了解城市的健康状况，为各地找准城市发展"病灶病根"提供了有力支撑。

　　建设健康城市的内涵十分丰富，主要包括：人口密度合理、开发强度适中，城市的生态功能、服务功能、发展功能不断增强，生产、生活、生态空间承载能力系统提升；城市基础设施建设运行安全高效，医院、学校、养老等公共服务设施布局合理、配备完善，综合交通体系安全、便捷、高效、绿色、经济；"城市病"等突出问题得到有效治理，历史文化保护传承不断加强，城市风貌彰显特色；社区服务设施配套齐全，社区治理体系完善。

　　人民城市是韧性的城市。防灾减灾、抗灾救灾是人类生存发展的永恒课题。习近平总书记在中央城市工作会议上强调，无论规划、建设还是管理，都要把安全放在第一位，把住安全关、质量关，并把安全工作落实到城市工作和城市发展各个环节各个领域。当前，伴随着城镇化进程加快、城市功能日趋复杂，城市尤其是大中城市的基础设施、资源、生态承受着更大压力，人口、建筑、生产、财富的聚集也对各种灾害风险产生放大效应，进一步加剧着城市的脆弱性。

　　针对特大城市存在的风险和不足，坚持统筹城市经济需要、生活需要、生态需要、安全需要，守住城市发展的规模、密度、强度等底线，增强城市安全韧性，提高城市防灾减灾能力。

　　开展城市治理风险清单管理制度试点，围绕基础设施、建筑施工、自然灾害等方面的各类风险，研究制定具体可操作的措施，分门别类制定风险防控方案。

　　开展城市基础设施安全运行监测试点，在全国确定两个省和22个城市（区）作为城市基础设施安全运行监测工作试点省市，建设综合性的城市基础设施安全运行监测系统，完善城市基础设施管理数据库，全面掌握城市基础设施运行状况。

合肥市建设城市生命线安全工程

　　安徽省合肥市通过"风险定位—前端感知—专业评估—预警联动"等手段，透彻感知桥梁、燃气、供水、排水、地下管廊等地下管网城市生命线运行状况，实时监测城区51座桥梁、822千米燃气管网、760千米供水管网、58千米综合管廊，构建"1+2+3+N"城市生命线安全运行监测系统，实现城市生命线系统风险的及时感知、早期预测预警和高效处置应对，确保城市安全的主动式保障。

合肥市城市生命线安全运行监测系统

2020 年 4 月，习近平总书记在中央财经委员会第七次会议上强调，要坚持以人民为中心的发展思想，坚持从社会全面进步和人的全面发展出发，在生态文明思想和总体国家安全观指导下制定城市发展规划，打造宜居城市、韧性城市、智能城市，建立高质量的城市生态系统和安全系统。

城市基础设施安全运行监测工作要点

《关于进一步加强城市基础设施安全运行监测的通知》对加强城市基础设施安全运行监测工作作出部署。

• 完善城市基础设施管理数据库。

• 加快推动燃气、供水、排水、供电、热力、桥梁等管理信息系统整合，建设综合性的城市基础设施安全运行监测系统，实现城市基础设施运行监测"一网统管"。

• 积极开展试点示范，支持城市创新管理模式，强化科技创新和应用，推进智能化感知设施建设，构建监测标准体系。

• 推动长效机制建设，落实城市政府主体责任，构建统一领导、统筹调度、部门联动的工作体系。

住房和城乡建设部坚决贯彻落实党中央决策部署，着力打造韧性城市。韧性城市具有在逆变环境中承受、适应和快速恢复能力强等特点，是城市安全发展的新范式。韧性社区、韧性街区和新型基础设施建设可以大幅提高城市抵御重大灾害能力、适应能力和快速恢复能力。灾害监测预警、风险评估、灾情管理等各环节各平台互联互通、信息共享，共同加固城市"生命线"。

　　人民城市是宜居的城市。居住社区是城市居民生活和城市治理的基本单元。习近平总书记指出，城市是人集中生活的地方，城市建设必须把让人民宜居安居放在首位，把最好的资源留给人民。

　　我国城市居民平均约 75% 的时间在居住社区中度过，到 2035年，我国约有 70% 的人口生活在居住社区。居住社区也越来越成为提供社会基本公共服务、开展社会治理的基本单元。加强居住社区建设，是党和政府联系、服务人民群众的"最后一公里"，也是建设宜居城市的必由之路。

　　为深入贯彻习近平总书记关于更好为社区居民提供精准化、精细化服务的重要指示精神，住房和城乡建设部等 13 部门出台

上海市大力推进完整社区建设

　　上海市以"小规模、低影响、渐进式、适应性"模式构建"15 分钟生活圈"，引导社区规划师、设计师与居民共同推进社区公共服务设施、公共空间的微更新、小改善，推动建设安全健康、设施完善、管理有序的完整居住社区。

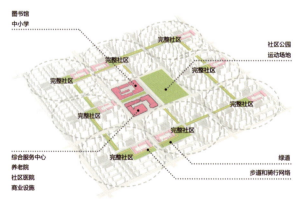

"15 分钟生活圈"结构及配建设施示意图

《关于开展城市居住社区建设补短板行动的意见》，印发《完整居住社区建设标准（试行）》，涵盖基本公共服务设施完善、便民商业服务设施健全、市政配套基础设施完备、公共活动空间充足、物业管理全覆盖，以及社区管理机制健全等方面的建设要求，建

厦门市构建完整社区指标体系

福建省厦门市以《美丽厦门战略规划》为引领，以群众参与为核心，以培育精神为根本，秉承国家治理能力与治理体系现代化，着力共谋、共建、共管、共评、共享，探索社区治理创新路径，凝聚包容性发展新合力。开展"美丽厦门共同缔造"行动，推动完整社区建设，形成了"六有、五达标、三完善、一公约"的完整社区指标体系，探索了创新基层社会治理的方法和路径，改善了社区环境和服务品质。

体系	指标	备注
六有	一个综合服务站	提供基本的社区服务、卫生服务、养老服务，提供图书等文化资源，设立社区快递点等
	一个幼儿园	考虑儿童出行的交通安全性，避免大门出入口直接面对车流量大的公路
	一个公交站点	尽量在居民步行区 500 米范围内，综合设置自行车停车设施
	一片公共活动区	利用街头巷尾、闲置地块改造为公共活动空间，在老龄化社区注重无障碍设施，建设友邻中心，在北方社区注重增加室内公共空间
	一套完善的市政设施	建设海绵城市与绿色基础设施，配备消防设施、分类垃圾桶、公共厕所等；在老旧小区解决上下水排放、电力漏损等，农村社区推广雨污分流、生活污水再利用等
	一套便捷的慢行系统	包括步行和自行车道。慢行系统与车行道分离，串联社区公共节点与主要居民区
五达标	外观整治达标	没有不符合要求的广告牌，建筑外观整洁
	公园绿地达标	公园绿地开放，配备良好的休憩设施、简易的健身设施
	道路建设达标	保持消防通道畅通，与外部联系的路网便捷，停车位管理规范
	市政管理达标	排水、电力系统完善，实行雨污分流、污水集中收集处理，实行生活垃圾分类处理
	环境卫生达标	倡导垃圾分类，配备垃圾桶，细化门前"三包"要求，定期保洁
三完善	组织队伍完善	社区党组织、居委会和居民自治组织完善，培养专业化、高素质的社区工作者队伍
	社区服务完善	群众公益性设施完善，鼓励开展社区特色活动，培育社区共同精神
	共建机制完善	社区居民广泛参与社区管理实务，实现社区居民共建共管
一公约	形成社区居民公约	社区居民通过共同商议，达成共识，拟定社区环境卫生、停车管理、自治公约、物业管理公约等社区公约，形成保障居民参与、相互监督与约束的共识性条例

设了一批安全健康、设施完善、管理有序的完整社区。

各个城市都有大量的老旧小区,这些小区建成年代较早、失养失修失管、市政配套设施不完善、社区服务设施不健全、居民改造意愿强烈。住房和城乡建设部会同相关部门全面推进城镇老旧小区改造,回应群众改善老旧小区居住条件和生活环境的期盼,重点改造完善小区配套和市政基础设施,提升社区养老、托育、医疗等公共服务水平,努力让人民群众生活更方便、更舒心、更美好。

我国是世界上老年人口规模最大的国家,也是世界上老龄化速度最快的国家之一。为积极应对人口老龄化,让城市对老年人更友好,针对老年人的适老化需求,亟须建立完善发展适老化住房的体制机制和政策措施。

依靠人民建设城市

坚持广大人民群众在城市建设和发展中的主体地位,大力发挥群众的首创精神。习近平总书记在中央城市工作会议上强调,要提高市民文明素质,尊重市民对城市发展决策的知情权、参与权、监督权,鼓励企业和市民通过各种方式参与城市建设、管理,真正实现城市共治共管、共建共享。城市建设要靠广大人民群众辛勤劳动,城市发展要靠广大人民群众合力推动,城市治理要靠广大人民群众共同行动。让人民参与城市建设、发展、治理,尊重群众的知情权、参与权、监督权,做到问需于民、问计于民、问效于民,发挥人民群众的主体作用,调动群众积极性、主动性、创造性,汇聚起共治共管、共建共享美好城市的磅礴力量。

建设人民城市，必须坚持党建引领。办好中国的事情，关键在党。推进城市治理体系和治理能力的现代化，要以党建为引领，带动基层群众自治组织、社区社会组织建设，瞄准并打通影响基层治理效率的痛点、堵点，推动城市基层社会治理落实到"最后一米"。

住房和城乡建设部部署开展城市管理执法队伍"强基础、转作风、树形象"专项行动，重点加强基层队伍党的建设工作。广州、杭州、泰州等地城市管理部门在专项行动中，坚持以党建引领城市管理工作，通过设立"党员组织生活馆""城管之家"，加强队伍党性教育，关心一线执法人员，实现了系统党务、城管业务、民生服务"三务"融合，取得较好成效。

泰州市城市管理探索"党建＋路长制"模式

　　江苏省泰州市城管实行一线工作法，倡导"行走城管"，组织党员干部"用脚步丈量城市"。由挂钩基层党组织书记牵头，每月对挂钩街道区域内的主要道路进行 1 次"行走"，多渠道收集群众反映强烈的疑难问题。定期召开"圆桌对话"，邀请属地社区负责人、"两代表一委员"、商户业主、群众代表等进行面对面沟通，及时收集意见建议，让每条道路一起管，每个问题早发现，发现问题快处置，有效解决了"一店多招""乱停车""乱堆放"等老大难问题。

　　社区是基层基础，只有基础坚固，国家大厦才能稳固。当前，城市管理重心下移，社区管理服务作用越来越重要，社区党组织堡垒聚合作用更加凸显。2020年新冠肺炎疫情发生以来，在以习近平同志为核心的党中央坚强领导下，在各级党组织统筹部署下，城市基层党建工作在实战中经受住了考验和锤炼。700多万物业服务人员积极参与社区联防联控，全国市政公用行业200多万职工全力保障城市供水、排水、供气、供热正常运行，180多万环卫工人认真开展城市保洁消杀工作，全系统广大干部职工在疫情防控中爱岗敬业、无私奉献，有力保障了人民群众的生产生活。

成都市城市管理委员会组成党员突击队积极投身疫情防控工作

　　建设人民城市，必须坚持共同缔造。城市工作是系统工程，建设人民城市，要在统筹主体、重心和目标的基础上，推动政府、社会、市民同心同向行动，在共建共治共享大格局中，使有形之手、无形之手、勤劳之手协同发力，不断提升城市治理效能和现代化水平，以"城市之治"助力"中国之治"。

　　提升人民群众获得感，创新治理，就要让人民群众更多参与进来。城市治理工作涉及千家万户，事关群众切身利益。每一项工作，大到社区改造，小到垃圾分类，都坚持走群众路线，宣传教育在先，了解需求在先，深入动员在先，共同谋划在先，在充分达成共识的基础上再付诸实施，这就是"共同缔造"。2019 年，住房和城乡建设部印发通知，深入开展美好环境与幸福生活共同缔造活动，以改善群众身边、房前屋后人居环境的实事、小事为切入点，发动群众共谋、共建、共管、共评、共享，共同创造美好环境和幸福生活。

　　通过"共同缔造"，广大人民群众依法开展自治的积极性、主动性、创造性充分调动起来，基层群众的自治意识、自治能力和自治文化在"共同缔造"中培育发展，党在基层的组织领导方式也在与基层群众的共同实践中探索完善，实现了从"指挥员"到"辅导员"的转变。"共同缔造"成为创新党领导下基层群众充分有效自治的实践途径。

"幸福沈阳共同缔造"在行动

辽宁省沈阳市以"核心是共同、基础在社区、党建为根本、群众为主体、创新为动力"的基本原则，推动社会治理重心下移到城乡社区，基本建立起"纵向到底、横向到边、协商共治"的社会治理体系，持续扩大群众参

新园文欣社区共同缔造宣传栏

与共同缔造的覆盖面，提升了群众的认同感、归属感和自豪感。

建设人民城市，必须坚持人民评价。时代是出卷人，我们是答卷人，人民是阅卷人。城市规划建设做得好不好，最终要用人民群众满意度来衡量。金杯银杯不如百姓口碑，老百姓说好才是真的好。

城市建设哪里有短板、哪里需要改造，最知情、最有话语权的就是长期生活在这里的人民群众。近年来，住房和城乡建设部在各项工作中积极开展社会满意度调查，听民声、访民情、聚民意，将社会满意度调查结果作为推动工作的重要参考。

在城镇老旧小区改造中，充分尊重居民的参与权、决策权，"改不改""改什么""怎么改""改后怎么管"，都由居民商量着定。"改不改"，需要居民对小区改造达成共识。"改什么""怎么改"，要摸排小区设施短板，区分轻重缓急，科学合理确定改造方案。"改后怎么管"，要引导居民协商，根据小区及居民的实际情况，合理确定改造后小区的管理模式，将改造后的小区管理好，维护改造效果。

在城市体检工作中，通过问卷调查、实地走访等方式，调查分析群众对城市建设发展的满意度，查找群众感受到的突出问题和短板，调查结论和有关建议纳入城市体检评估报告，帮助城市全面摸清家底、合理确定发展方向。

为加强对城市市容市貌管理工作的指导、监督和评价，住房和城乡建设部印发《城市市容市貌干净整洁有序安全标准（试行）》。标准坚持以"管结果"为导向，注重感观评价，通过指标的设定，能够让人民群众直接感知城市是否"干净整洁有序安全"，也能够直接对城市市容市貌管理进行考核和评价。

在国家园林城市、中国人居环境奖等评选中明确规定，将社会满意度调查结果作为重要参考。在创建全国无障碍建设示范城市（县）中，规定对包括残疾人、老年人在内的社会成员开展满意度调查，满意度达到80%以上的才可以参评。

人民共享城市发展成果

人民对美好生活的向往，就是我们的奋斗目标。住房和城乡建设部坚持"为人民管理城市"的理念，牢记为人民谋幸福的初心和使命，谋划"接地气"的项目，实施"有温度"的举措，落实"暖民心"行动，城市发展成果普惠人民，切实提高了人民群众的获得感、幸福感、安全感。

守住底线，让人民群众生活得更放心。安全是发展的前提，发展是安全的保障。习近平总书记指导我们增强忧患意识，树立底线思维，坚决防范和化解风险，不断增强发展的安全性。当前，我国城市安全发展面临的风险和挑战增多，亟须提高城市防范和应对自然灾害、生产安全事故、公共卫生事件等能力，提升城市安全治理现代化水平。我们坚决贯彻总体国家安全观，把人民生命安全和身体健康作为城市建设的基础目标，坚决防范化解城市建设领域重大风险，为城市高质量发展夯实基础。

城市基础设施是保障城市安全有序运行和高质量发展的物质基础。党的十八大以来，大力推进城市基础设施体系化建设，加快推进新型城市基础设施建设，统筹推动城市地下空间和市政基础设施建设，加快推进城市市政基础设施普查、综合管理信息平台建设，加大老旧设施改造力度，着力提高基础设施供给和服务能力，城市抵御自然灾害、应对突发事件的能力显著增强。

完善功能，让人民群众生活得更舒心。城市工作做得好不好，老百姓满意不满意、生活方便不方便，是重要评判标准。要坚持以人为本，不断完善城市功能。

坚持人与自然和谐共生，持续实施城市生态修复和功能完善工程，修复城市生态系统，完善城市功能，大力推进海绵城市建设，系统化全域推进海绵城市建设，有效降低城市内涝风险。

城镇老旧小区改造直接关系人民群众获得感、幸福感、安全感，是提升人民生活品质的重要工作。2019—2021 年，全国累计开工改造城镇老旧小区 11.5 万个，惠及居民超过 2000 万户。改造后小区的水、电、气等生活设施更加齐备，养老、托育等服务更加便捷，家门口的"幸福感"更强了。在辽宁省沈阳市皇姑区三台子街道牡丹社区，大家告诉习近平总书记，社区经过改造冬天屋里暖和多了，道路积水问题也解决了，环境好、心情也好。

加快推动城市建设适老化转型。大力推进适老化城市基础设施、适老化社区、适老化住房的建设和改造。系统梳理城市建设在适老化方面存在的问题，结合居民的意愿，引入社会资本，重点关注适老化改造、设施增补和物业管理。

北京市劲松北社区适老化改造

劲松北社区是北京市改革开放后的第一批成建制居住区，住宅楼龄普遍超过 40 年。社区中年龄超过 60 岁的老年人占比超过 40%，亟待进行适老化改造。改造前，设计师细  致观察社区内老年人的活动习惯，充分听取居民意愿，住宅单元出入口进行适老化改造制定改造方案。在住宅单元出入口和人行道设置了无障碍坡道，公共活动场地中的座椅旁边增设了起身扶手，椅面材质采用了冬暖夏凉的防腐木，方便社区老年人和残疾人。

提升品质，让人民群众生活得更美好。习近平总书记指出，要更好推进以人为核心的城镇化，使城市更健康、更安全、更宜居，成为人民群众高品质生活的空间。

重庆市完善山城步道网络 "慢"享美好生活

重庆市以解决市民出行需求为导向，依托城市特有的自然山水、人文资源和地形地貌条件，把山城特色步道打造成为绿色出行便民道、山水游憩休闲道、乡愁记忆人文道、城市体验风景道，使其成为彰显重庆山水特色、人文风俗的重要空间载体。

创造优良人居环境，努力把城市建成为人与人、人与自然和谐共处的美丽家园，是城市工作的中心目标。党的十八大以来，持续推进城镇污水处理提质增效，深入开展城市黑臭水体治理，系统治理城市内涝，深入推进城市生活垃圾分类，加大城市园林绿化建设力度，全面加强历史文化保护传承，坚决打好蓝天、碧水、净土保卫战，城市人居环境显著改善，城市品质不断提升。

到 2021 年，城市建成区绿地面积达到 249.25 万公顷，比 1981 年增长了 21.65 倍；建成区绿化覆盖率达到 42.42%，比 1986 年提高 25.5 个百分点；全国已建成 384 个国家园林城市、19 个国家生态园林城市。城市生活垃圾处理能力显著提高，城市水环境

地方实践

福州市推行智慧水务系统

为守好供水"旅程"，让约2000千米的市政管网健康，在输配水安全保障方面，福建省福州市在国内首创采用窄带物联网NB-IoT远传技术，推行智慧水务系统，大幅降低管网漏损率，城市供水全普及、水质达标率99%以上，漏损率为全省最低。

治理成效显著，地级及以上城市建成区黑臭水体基本消除。城市空气环境质量明显改善，2020年全国地级及以上城市空气质量优良天数比例达到87%，PM2.5未达标的地级及以上城市平均浓度比2015年下降28.8%。

征程万里风正劲，重任千钧再扬帆。进入新发展阶段，完整、准确、全面贯彻新发展理念，必须坚持以人民为中心，让发展成果更多更公平惠及人民群众；建设更美好的人民城市，让城市更好地服务于中华民族永续发展的千秋大计，必须依靠全体人民汇聚团结奋斗的磅礴伟力。我们将更加紧密地团结在以习近平同志为核心的党中央周围，牢记嘱咐嘱托，鼓足士气干劲，以高质量发展描绘人民城市新蓝图，在新的赶考之路上续写新的发展奇迹、创造新的历史伟业！

第7章

筑牢城市运行和
群众生活"生命线"

要加强城市基础设施建设，打造高品质生活空间，推进城市群交通一体化，建设便捷高效的城际铁路网，发展市域（郊）铁路和城市轨道交通，推动建设城市综合道路交通体系，有序推进地下综合管廊建设，加强城市防洪排涝、污水和垃圾收集处理体系建设，加强防灾减灾基础设施建设，加强公共卫生应急设施建设，加强智能道路、智能电源、智能公交等智慧基础设施建设。

习近平总书记在中央财经委员会第十一次
会议上的讲话（2022 年 4 月 26 日）

城市是满足人民群众美好生活需要的幸福家园。水、气、热、交通、环卫、综合管廊等基础设施与城市运转、人民工作生活密切相关，是现代城市的"生命线"。维护城市"生命线"的正常运行，对保证正常生活生产和社会发展等具有重大现实意义。

习近平总书记在中央城市工作会议上强调，要提升建设水平，加强城市地下和地上基础设施建设；城市交通、能源、供排水、

数说

截至 2021 年底，全国城市道路长度 53.2 万千米。

轨道交通建成和在建总里程达 1.37 万千米。

供水普及率、燃气普及率、污水处理率、生活垃圾无害化处理率分别达到 99.38%、98.04%、97.92%、99.88%。

城市集中供热面积达到 106 亿平方米。

全国供水和排水管道总长度达到 193 万千米。

全国累计开工建设综合管廊 5888 千米。

城市建成区绿地面积达到 249.25 万公顷，城市建成区绿地率达到 38.7%，人均公园绿地面积达到 14.87 平方米。

60 个排水防涝设施补短板重点城市，排查出的 1116 个易涝积水区段已完成整治。

供热、污水、垃圾处理等基础设施，要按照绿色循环低碳的理念进行规划建设。

党的十八大以来，各地着力补短板、强弱项、提质量、破难题，城市基础设施建设持续提质增效，城市整体性、系统性、生长性和承载力、包容度、宜居性显著提升，城市发展成果更多更公平惠及全体人民，群众获得感、幸福感、安全感不断增强。

构建与城市"共生共长"的现代化基础设施体系

城市基础设施建设是扩内需补短板、推动经济增长动能切换的主引擎，是促就业保民生、建设共同富裕的主阵地，更是调结构促转型、实现高质量发展的主战场。

2022 年 4 月，习近平总书记在中央财经委员会第十一次会议讲话中指出，基础设施是经济社会发展的重要支撑，要统筹发展和安全，优化基础设施布局、结构、功能和发展模式，构建现代化基础设施体系，为全面建设社会主义现代化国家打下坚实基础。这次会议，是站在新的历史起点上，对标促进全体人民共同富裕和建设社会主义现代化国家作出的前瞻性、战略性、系统性安排，城市基础设施建设迎来了高质量发展的历史性机遇。

当前，我国已开启全面建设社会主义现代化国家新征程，面向第二个百年奋斗目标，城市基础设施建设应坚持通过体系化提升效率，坚持绿色、智能、系统、安全的发展要求，坚持存量提质改造与增量结构调整并重，适度超前进行基础设施建设，在高水平建设中统筹安全发展，在高品质供给中提升民生福祉，在高质量发展中促进共同富裕，为建设社会主义现代化强国提供坚实支撑。

安不忘危　久久为功
为"生命线"编织"防护网"

面对前进道路上的各种风险挑战，必须始终保持高度警惕，既要高度警惕"黑天鹅"事件，也要防范"灰犀牛"事件；既要有防范风险的先手，也要有应对和化解风险挑战的高招；既要打好防范和抵御风险的有准备之战，也要打好化险为夷、转危为机的战略主动战。

坚持守住城市安全的底线。对城市供水、排水、燃气、公园、垃圾处理设施等重点领域，持续开展风险隐患排查整治行动，

数说

> 2021 年底调度数据显示，全国已有 301 个地级城市和 587 个县级城市启动了设施普查工作，其中 41 个地级城市和 118 个县级城市完成了普查；有 232 个地级城市和 297 个县级城市启动综合管理信息平台建设，其中 61 个地级城市和 70 个县级城市完成了平台建设。实施各类建设项目 2 万余个，总投资约 3278 亿元，完成投资 1310 亿元。

实行台账管理、逐项整治到位，坚决遏制重特大事故发生。结合实施城市燃气管道老化更新改造工程，着力构建燃气安全标本兼治长效机制。做好城市风险监测预警，做好对城市内涝的跟踪监测和极端天气、突发风险的预警工作。推动城市综合防灾救灾能力体系建设，建立和完善全链条、社会化协同的多级防灾救灾减灾与应急保障体系，全面提升城市应对安全风险的综合防范能力。

2020 年 12 月，经国务院同意，住房和城乡建设部印发《关于加强城市地下市政基础设施建设的指导意见》，提出了开展普查、掌握设施实情，加强统筹、完善协调机制，补齐短板、提升安全韧性，压实责任、加强设施养护 4 个方面 10 项工作。要求到 2023 年底前，各地要基本完成设施普查，掌握存在的隐患风险点并同步消除。

坚持系统观念，在统筹上下功夫。坚持从城市的整体性、系统性、完整性谋划推动工作，改变就水论水、就路论路的做法，将城市作为巨型复杂系统统筹安排各项工作。坚持大处着眼、小处着手，既仰望天空，又脚踏大地，做到全局性谋划，战略性布局。

北京市开展市政交通基础设施信息化建设试点

2021 年 12 月，北京市启动市政交通基础设施信息化建设工作先行先试示范。顺义区建设地下管线信息化系统，阶段性完成全区范围地下管线普测更新及信息系统建设、管理、应用相关工作，可直观显示地下管线空间层次和位置，实现数据更新、信息阅览、规划编审辅助、统计分析等功能，项目前期测绘投资减少约 30%~50%，测绘时间节省约 2/3。

顺义区综合管网数据管理系统

把全生命周期管理理念贯穿城市规划、建设、管理全过程各环节，统筹城市工作的各个方面，整合各类资源，调动各方力量，提高城市工作水平，不断增强城市的整体性、系统性、生长性，提高城市的承载力、宜居性、包容度。不断提高人民城市全生命周期管理与治理的科学化、精细化和智能化水平，让广大人民群众自觉贯彻人民城市重要理念，深入参与到推进人民城市建设的进程中，充分发挥广大人民建设城市的主动权。

清洁低碳 安全利用
守护城市能源生命线

城市供气、供热，事关人民群众切身福祉，党中央高度重视。住房和城乡建设部坚持以人民为中心的发展思想，统筹发展与安全，指导各地持续提高供热、供气水平，让人民群众住得更舒心、更安心。

燃气普及率持续提高。我国燃气事业发展经历了人工煤气、液化石油气、管道天然气三个阶段，1990 年，我国人工煤气、天然气、液化石油气的用气人口比例为 27%、16% 和 58%，到 2021 年底，三者的比例已变更为 1%、80%、19%，城市燃气普及率已经达到 98.04%，用气人口 5.48 亿、燃气管道总长达到了 94.11 万千米。

着力推动老旧燃气设施改造。习近平总书记亲自决策部署、亲自推动城市燃气管道等老化更新改造工作。2022 年 6 月，国务院办公厅印发《城市燃气管道等老化更新改造实施方案（2022—2025 年）》，要求各地在全面摸清城市燃气、供水、排水、供热等管道老化更新改造底数的基础上，马上规划部署，抓紧健全适应更新改造需要的政策体系和工作机制，加快开展城市燃气管道等老化更新改造工作，彻底消除安全隐患。2022 年抓紧启动实施一批老化更新改造项目。2025 年底前，基本完成城市燃气管道等老化更新改造任务。

提高集中供热质量，让老百姓身暖、心暖。2013 年到 2021 年，全国集中供热面积由 57.2 亿平方米增加到 106 亿平方米，增长率达 85.3%。在 2021 年的集中供热面积中，住宅供热面积为 80.57 亿平方米，占供热面积的 76%；公共建筑供热面积为 23.66 亿平方米，占供热面积的 22%。

河北省大力推进供热设施改造

河北省各地优化调整城市热源和供热管网布局，加大建设和改造力度。新建一批大吨位燃煤供热锅炉，新建长距离输热管线引热入市，完成了城区供热管网互联互通工作，全面提升城市供热保障能力。维修更新二次管网，逐步消除城市供暖薄弱区域。清洁取暖持续推进，拆除 3423 台小型燃煤锅炉，现有的供暖燃煤锅炉全部按环保要求进行了提标改造，河北省城市清洁供暖水平全面提升。

人水和谐　健康循环
保障城市水循环系统生命线

城市因水而生、因水而兴、因水而美。习近平总书记指出，解决城市缺水问题，必须顺应自然。比如，在提升城市排水系统时要优先考虑把有限的雨水留下来，优先考虑更多利用自然力量排水，建设自然积存、自然渗透、自然净化的"海绵城市"。住房和城乡建设部以习近平生态文明思想为指导，着力构建更加自然、更加和谐的"人—水—城"的关系，提高供水品质，增强城市水资源涵养、蓄积、净化能力，增加城市内自然蓄水空间，构建城市健康水循环。

让人民群众喝上"放心水"。截至 2021 年底，全国城市供水综合生产能力已达到 3.2 亿立方米/天、年供水总量 673.4 亿立方米，供水普及率高达 99.38%。随着供水服务水平的提高，城市供水保障能力也得到持续加强，在华北、华东、华中、华南、东北、西南、西北、新疆建立 8 个国家供水应急救援基地，国家供水应急救援体系基本形成。国家供水应急救援中心华中基地在 2020 年的湖北恩施应急供水救援中产生了显著的社会效益。

应急救援保障恩施土家族苗族自治州应急供水

2020 年 7 月，湖北省恩施州清江上游屯堡乡马者村沙子坝发生山体滑坡，大量泥沙注入水源地，致使城区供水受到影响。住房和城乡建设部立即调度国家供水应急救援中心华中基地火速前往救援，组建专家团队派往现场。

节水即是开源，节水即是增效。从 2012 年到 2021 年，全国城市节水量累计达到 527 亿立方米，相当于 5 个南水北调中线工程的年调水量。截至 2021 年底，全国共有 130 个城市创建成为节水型城市，这些城市用水总量占全国城市用水总量的 58.5%，有力带动了全国城市节水工作。

2021 年 1 月，住房和城乡建设部等 10 部委联合印发《关于推进污水资源化利用的指导意见》，推进污水资源化利用，促进解决水资源短缺、水环境污染、水生态损害问题，要求到 2025 年全国地级及以上缺水城市再生水利用率达到 25% 以上。2022 年 2 月，印发《关于组织开展公共供水管网漏损治理试点建设的通知》，根据公共供水管网漏损现状水平、治理目标、重点工程、管控机制等，选择部分地区开展公共供水管网漏损治理试点。

深入推进污水处理提质增效。截至 2021 年底，全国城市和县城污水处理能力达 2.5 亿立方米 / 日、污水管网长度达 64.6 万千米，分别较 2012 年增长 70%、72%。针对部分地方暴露出的重厂轻网、盲目提标等问题，住房和城乡建设部等 3 部委联合发布《城镇污水处理提质增效三年行动方案（2019—2021 年）》，围绕污水管网的建设和管理，明确了主要目标、基本原则、重点任务、长效机制等内容，为提升人民群众的获得感、幸福感、安全感打下坚实基础。

2012—2021 年全国城市和县城污水收集处理设施建设情况

坚决打赢黑臭水体治理攻坚战。2015 年以来，住房和城乡建设部会同生态环境部等部门积极指导督促各地推进城市黑臭水体治理，实施清单化管理，落实城市人民政府主体责任，"一河一策"科学治理，积极争取资金支持，加强治理效果的监督检查。通过上下共同努力，城市黑臭水体治理工作取得显著成效，全国地级及以上城市建成区黑臭水体基本消除，形成了一批水畅水清、岸绿景美的休闲滨水景观带，促进了人居环境改善和城市品质提升。

深圳市变黑臭水体为水清岸绿

　　广东省深圳市以流域为单位，科学设定目标，通过按流域统筹调度城市流域水务工作、点线面协调（精准管控污染源，贯通从用户、管网到污水处理厂全过程分片施策）、厂网河系统改造（小区、城中村正本清源改造）3 种方式系统推进管网、污水处理厂、河道一体化改造，全市 159 个黑臭水体、1467 个小微黑臭水体得到治理，再现碧波清流、鸟掠芳洲的美丽景象。

整治后的深圳市深圳河水清岸绿

　　治理城市内涝，既是重大民生工程，又是重大发展工程。2020 年 4 月，国务院办公厅印发《关于加强城市内涝治理的实施意见》，明确了内涝治理顶层设计。住房和城乡建设部会同有关部门制定《城市内涝治理系统化实施方案编制大纲》《"十四五"城市排水防涝体系建设行动计划的通知》《室外排水设计标准》等一系列政策、标准，用统筹的方式、系统的方法解决城市内涝问题。

　　自 2017 年起，住房和城乡建设部开始开展城市排水防涝设施补短板工作，主要针对城市管网、泵站等排水防涝设施和易涝积

武汉市内涝治理取得积极成效

2016 年汛后，湖北省武汉市委市政府紧抓国家排涝治理试点机遇，统筹区域流域生态环境治理和城市建设、统筹城市水资源利用和防灾减灾、统筹城市防洪和排涝，坚持"给雨水留出路、给雨水找出路、必要时给雨水让路"，系统推进城市内涝治理工作。

2020 年，在长江水位、城市降雨量与 2016 年相当的情况下，积水点从 2016 年的 162 个降低到 30 个，积水时间从 2016 年的最长 14 天减少到绝大多数积水点 1 小时内退水，城市正常运行和人民群众生产生活基本未受影响。

水点进行彻底整治，2019—2021 年累计下达排水设施建设中央预算内投资 131.4 亿元。"十三五"期间，60 个内涝灾害严重、社会关注度高的城市累计排查易涝点 1116 个，已基本完成治理。2016 年以来，全国城市新建雨水管网 12.92 万千米，共建成雨水管网 33.48 万千米，有效保障了城市排水安全。

海绵城市理念深入人心。2015 年中央城市工作会议明确提出，建设海绵城市。"十三五"期间，全国 30 个海绵城市建设试点城市效果显著，共完成海绵城市建设项目 4979 个，消除黑臭水体 76 个、易涝积水区段 384 个。在试点城市带动下，全国 538 个设市城市编制实施海绵城市建设专项规划，累计建成各类海绵城市建设项目 4 万余个。通过海绵城市建设，城市防灾减灾能力明显提高，相关城市在应对多次强台风登陆中，有效避免大面积内涝现象；城市水生态环境明显改善，黑臭水体基本得到消除；城市品质和功能明显提升，绿地及滨水空间得到扩展，人居环境得到改善，

四川省泸州市酒城中心小区的
海绵城市建设项目

群众获得感、幸福感、安全感明显增强。

2021年以来，住房和城乡建设部与财政部、水利部遴选出45个海绵城市建设示范城市，抓好系统化全域推进海绵城市建设示范工作。印发《关于进一步明确海绵城市建设工作有关要求的通知》，进一步明确了海绵城市建设的实施路径，推动全国海绵城市建设迈上新台阶。

绿色智能　高效便捷
保障城市交通生命线

城市交通联系千家万户，老百姓都很关心"路上堵不堵""出行方便不方便"。安全、便捷、畅行的交通环境成为衡量城市发展水平的重要标志。住房和城乡建设部指导各城市不断完善交通基础设施，大力发展道路交通、轨道交通、绿色交通、智能交通，持续改善出行环境，为城市发展赋能。

道路网密度稳定增长。根据2022年度《中国主要城市道路网密度与运行状态监测报告》，通过2018—2022年连续5个年度的城市道路网密度持续监测，随着各城市道路设施建设工作的推进，全国36个主要城市平均道路网密度指标保持稳定的增长态势，从2017年底的5.89千米/平方千米提升至2021年底的6.3千米/平方千米，体现出近5年来部分城市的道路网密度提升工作取得了较好的进展。

轨道交通飞速发展。我国城市轨道交通建设里程大幅提升。

2012 年至今，我国建成城市轨道交通线路的城市由 16 座增加到
50 座，建成线路里程由 2005.5 千米增长到 2021 年底的 8571.4 千
米。"十三五"期间，城市轨道交通建设呈快速上涨态势，累计新
增运营线路长度 4528.71 千米，年均新增建成线路长度 905.7 千米，
创历史新高。随着城市群、都市圈经济的快速发展，高铁、城际、
市域（郊）、地铁四网融合的推进，区域一体化、站城融合、多层
次立体交通网络正逐步形成。

杭州市快速推进地铁建设

2012 年 11 月 24 日 14 时，浙江省杭州市地铁 1 号线开通试运营，
通车里程 48 千米，成为浙江省第一条开通运营的地铁线路。2022 年
2 月，杭州地铁 3 号线首通段、4 号线二期、10 号线首通段同步开通，杭州市轨道交通达到 10 条，运营里程突破 400 千米。十线同频共振，让城市运行更高效，市民出行更便利。

杭州地铁指挥中心

绿色交通快速发展。聚焦群众步行和自行车出行"走不通、
不安全、不舒适"等突出问题，2020 年初部署全国开展人行道净
化和自行车专用道建设，要求完善城市步行和非机动车交通系统，
改善群众绿色出行环境，引导居民绿色低碳出行，让步行和自行
车回归城市。

图说

　　北京市昌平回龙观至海淀上地软件园自行车专用路，全长 6.5 千米，日均通行量超 4000 辆次，有效提升了回龙观至上地的通勤出行效率。

　　智慧交通蓬勃发展。随着 5G、大数据、人工智能等新型基础设施加快建设，"新基建"已然成为突破传统基建、迈向高质量发展的重要抓手。2020 年，住房和城乡建设部联合工业和信息化部发布《关于组织开展智慧城市基础设施与智能网联汽车协同发展试点工作的通知》，加快推进形成智慧城市基础设施与智能网联汽车协同发展、相互促进的良好局面。自 2021 年以来，先后确定北京、上海、广州、武汉、重庆、深圳等 16 个城市为试点城市，越来越多"聪明"的车，跑在越来越"智能"的道路上。

　　"双智试点"工作还为改善市民出行、切实解决道路交通拥堵提供了新思路。试点城市正推动智慧城市服务、自主代客泊车、智慧交通、智能公交、无人配送和自动驾驶出租车等应用的测试与落地，随着这些应用的推广，将有效解决传统汽车带来的交通拥堵、安全事故、环境污染、停车难等问题，更好地服务居民出行和美好生活需求。

探索开展"双智试点"

在北京，市民可以体验商业化运营的自动驾驶出租车。北京市在亦庄核心区域，部署 150 余辆自动驾驶乘用车，率先开放自动驾驶车辆商业化试点，社会响应十分热烈。

长沙打造了全国首条面向通勤场景的智慧定制公交线路。2020 年，长沙智慧公交 315 线路正式开通，经智能化、网联化改造后，行程时间可减少 10.1%~15.7%，车速可提高 9.7%~17.2%，有效提升市民出行效率。

统筹协调　集约节约
建设城市地下综合管廊

有序开展综合管廊建设，统筹管理地下管线，是解决"马路拉链"、架空线"蜘蛛网"等问题的重要举措。2015 年、2016 年，住房和城乡建设部会同财政部在沈阳、广州、厦门等 25 个城市开展中央财政支持地下综合管廊试点工作。试点城市地下综合管廊规划和项目纳入"全国城市地下综合管廊建设项目信息系统"管理，以试点示范推动地下综合管廊科学有序建设。

什么是城市地下综合管廊？

城市地下综合管廊是建于城市地下用于容纳两类及以上城市工程管线的构筑物及附属设施，由干线综合管廊、支线综合管廊和缆线综合管廊组成的多级网络衔接的系统。

加强规划管控。2015 年 5 月，住房和城乡建设部印发《城市地下综合管廊工程规划编制指引》，明确规划建设地下综合管廊的区域入廊要求，并在 2016 年、2017 年连续两年对全国 29 个省份 485 个城市开展了管廊规划巡查辅导，指导各地加强地下综合管廊规划编制。

2017 年 5 月，住房和城乡建设部印发《全国城市市政基础设施规划建设"十三五"规划》，提出要集约利用城市地下空间，逐步提高地下综合管廊配建率，在交通流量较大、地下管线密集的城市道路、轨道交通、地下综合体等地段，城市高强度开发区、重要公共空间、主要道路交叉口、道路与铁路或河流的交叉处，以及道路宽度难以单独铺设多种管线的路段，优先建设地下综合管廊。

明确标准和管理要求。自 2015 年开始，住房和城乡建设部不断完善管廊标准体系，大力推进立法工作，规范地下综合管廊建设。2015 年 5 月，发布《城市综合管廊工程技术规范》，明确了新建、扩建、改建城市综合管廊工程的规划、设计、施工及验收、维护管理等内容。2017 年 12 月，发布《城镇综合管廊监控与报警系统工程技术规范》，规范了综合管廊监控与报警系统工程设计、施工及验收、维护要求。

建立长效运行机制。探索加强管线入廊收费指导，破解入廊管线有偿服务难题，提高综合管廊建设效益。2015 年 11 月，住房和城乡建设部会同国家发展改革委印发《关于城市地下综合管廊实行有偿使用制度的指导意见》，对综合管廊有偿使用费标准及付费方式、计费周期、费用标准定期调整机制等事项作出明确规定。2018 年 8 月，印发《城市地下综合管廊工程投资估算指标》，为城市地下综合管廊建设工程投资估算编制提供参考依据。

浙江省内首个地下综合管廊不动产证落地杭州

2020 年 9 月，杭州市颁发了首个地下综合管廊不动产证。

地下综合管廊是近年来兴建的新型基础设施，为明晰产权，保障运营安全，杭州市以德胜路地下综合管廊项目为试点，围绕产权登记主体、登记规则、办理程序等方面进行制度政策探索创新，形成地下综合管廊项目审批、监管、登记相关制度，最终顺利完成了省内第一本综合管廊不动产权证办理。在登记过程中，对综合管廊进行全截面、三维测量，实现了综合管廊权属的完整确权。

杭州综合管廊和综合管廊不动产证

2015—2020 年，各地结合道路建设与改造、新区建设、旧城更新、河道治理、轨道交通、地下空间开发等，累计建成地下综合管廊 3903 千米。到 2020 年底，全国城市道路综合管廊综合配建率已经达到 1.25% 左右，25 个综合管廊建设试点城市已经建成一批具有国际先进水平的地下综合管廊并投入运营。以综合管廊建设为抓手，统筹推动了存在事故隐患的供热、燃气、电力、通信等地下管线的维修、更换和升级，推动了城市电网、通信网架空线入地改造工程，消除城市上空"蜘蛛网"，改善了城市风貌，

推动老旧小区水电气热设施改造，打通了市政基础设施建设的
"最后一公里"。

　　住房和城乡建设部将坚决以习近平新时代中国特色社会主义
思想为指导，坚持以人民为中心的发展思想，完整、准确、全面
贯彻新发展理念，统筹发展和安全，紧紧围绕健全体系、优化布局、
完善功能、管控底线、提升品质、提高效能、转变方式，加强市
政基础设施体系化建设，保障安全运行，提升城市安全韧性，坚
决守住不发生系统风险的底线要求，使城市更健康、更安全、更
宜居，让人民群众生活更安全、更舒心、更美好。

第 8 章

老旧小区变身幸福家园

老旧小区改造是提升老百姓获得感的重要工作，也是实施城市更新行动的重要内容。要聚焦为民、便民、安民，尽可能改善人居环境，改造水、电、气等生活设施，更好满足居民日常生活需求，确保安全。

习近平总书记在辽宁省考察时的讲话

（2022 年 8 月 17 日）

小区是人民群众日常生活的家园，承载着老百姓的"幸福梦"。近年来，随着城市的快速发展，一大批建设年代相对早的小区经历成长、辉煌，渐渐变得老旧，管理服务缺失、设施失养失修、环境脏乱等问题突出，老旧小区改造成为提升人民生活品质和提高城市建设和管理水平的迫切需要。

党中央、国务院高度重视城镇老旧小区改造工作。2015 年 12 月，习近平总书记在中央城市工作会议上强调，要加快老旧小区改造。2022 年 8 月，习近平总书记在辽宁省沈阳市皇姑区三台子街道牡丹社区考察调研时指出，老旧小区改造是提升老百姓获得感的重要工作，也是实施城市更新行动的重要内容。

住房和城乡建设部等相关部门、地方各级人民政府认真贯彻落实党中央、国务院决策部署，始终将城镇老旧小区改造作为重大民生工程和发展工程，紧紧围绕改善居住环境和生活设施，构建共建共治共享的社区治理体系，用心用情用力做好城镇老旧小区改造，努力解决困扰广大老旧小区居民的"急难愁盼"问题，不断提高人民群众的获得感、幸福感、安全感。

民之所盼　政之所向
全面部署推进老旧小区改造

党中央多次作出重要部署。2019年起，中共中央政治局会议多次强调，实施城镇老旧小区改造等补短板工程，加快补齐老旧小区在卫生防疫、社区服务等方面的短板，积极扩大有效投资。

城镇老旧小区改造改什么？

改善居住环境——整治绿化、照明环境、改造适老化无障碍设施，从"脏、乱、差"变成"净、畅、美"，使一个个老社区"靓"起来；

改优房屋功能——楼顶防水、外墙保温、安装电梯、更换管网，一栋栋旧房子"新"起来；

改造基础设施——修建道路、增设车位、配置充电桩，老街坊的生活品质"提"起来；

改建生活设施——养老、托育、便利店、便民市场等公共服务设施纷纷建起来，万千家庭"笑"起来。

2019 年中央经济工作会议提出，要加大城市困难群众住房保障工作，加强城市更新和存量住房改造提升，做好城镇老旧小区改造。2020 年中央经济工作会议再次提出，要实施城市更新行动，推进城镇老旧小区改造。2018—2022 年《政府工作报告》连续 5 年提出了城镇老旧小区改造工作要求。

住房和城乡建设部会同相关部门狠抓落实。2017 年底，住房和城乡建设部在秦皇岛等 15 个城市开展了为期一年的城镇老旧小区改造试点；2019 年 10 月，在山东、浙江 2 省和上海等 8 个城市开展深化试点。自 2019 年起，城镇老旧小区改造纳入保障性安居工程，中央财政每年安排补助资金和专项债券额度予以支持，已累计下达中央补助资金 3300 亿元。

2020 年 7 月，住房和城乡建设部会同相关部门报请国务院办公厅印发了《关于全面推进城镇老旧小区改造工作的指导意见》，提出到"十四五"末，力争基本完成 2000 年底前建成需改造城镇老旧小区的改造任务。

各地区认真落实指导意见要求，结合实际出台具体实施意见或方案、技术导则、审批流程等配套文件，建立省级人民政府负总责，市、县人民政府负主体责任的工作机制，形成政府统筹、条块协作、各部门齐抓共管的工作格局。各类市场主体、金融机构支持参与改造的积极性明显提高，涌现出一批示范项目和典型案例。

数说

2019—2021 年，全国累计开工改造城镇老旧小区 11.5 万个，惠及居民超过 2000 万户，各地在老旧小区改造中，共提升和规整水电气热信等各类老旧管线 15 万千米，加装电梯 5.1 万部，增设养老托育等各类社区服务设施 3 万多个。

实践证明，城镇老旧小区改造切实改善了居民的居住条件和生活环境，不仅让老旧小区旧貌换新颜，更重要的是找回了老旧小区的"烟火气"，让老旧小区焕发生机和活力。城镇老旧小区改造既惠民又暖心，成为党的十八大以来最受城市居民拥护的民心工程之一。

情系百姓　实事办实
坚持以人民为中心实施改造

习近平总书记强调，坚持人民主体地位，充分调动人民积极性，始终是我们党立于不败之地的强大根基。各地在改造中，充分激发居民的"主人翁"精神，探索出党建引领、居民主体、政府支持、社会参与、法治保障的工作方法，让改造工作落实落地。

党建为引领，改造有方向。各地将城镇老旧小区改造与加强

长沙市将支部建在小区里

2019 年以来，湖南省长沙市 599 个改造小区均成立了党组织、业委会。长沙县泉塘街道星悦社区 3614 小区改造中，70 岁的老党员王莲喜被推选为小区第三党支部书记，谈到小区改造，她感触良多："我真心觉得太不容易了。改造前，家家户户走访，反反复复商量，工作做得扎实，居民才愿参与，才能满意。"

王莲喜（左一）向居民征求
老旧小区改造意见和建议

基层党组织建设、居民自治机制建设、社区服务体系建设有机结合,充分发挥了社区党组织的领导作用,统筹协调社区居民委员会、业主委员会、产权单位等共同推进改造,更好地发挥党员先锋模范作用,通过走访入户宣传、讲解政策等方式,把居民真正组织发动起来,有力促进了改造工作顺利推进。

居民为主体,改造有热情。老旧小区哪里有短板、哪里需要改造,最知情、最有话语权的就是长期生活在这里的居民。在改造中充分尊重居民的参与权、决策权,改造全过程都由居民商量着定,引导居民实现从"旁观者"到"参与者"、从"要我改"到"我要改"的转变。居民参与到制定改造方案、配合施工、工程监督、评价

地方实践

广州市三眼井社区倡导社区共同缔造

广东省广州市充分激发居民的"主人翁"意识,通过决策共谋拓宽政府与居民交流的渠道,开展"微改造工作坊"等活动,引导居民共同设计改造方案。"原来街心公园只有楼梯,家里老人家或者残疾人坐着轮椅车去公园很费劲,后来居民提出了修改意见,经过改造,现在修了斜坡通道,轮椅车能方便进出了,"居民赞道。

洪桥街艺术介入微改造工作坊　　　　广州市三眼井社区居民议事会

效果等工作中，逐渐形成自发推动、自下而上、因地制宜的推进方法，制定出最符合居民需求的"一小区一方案"。

政府支持，改造有效率。各地政府及住房和城乡建设部门从传统的决策者、包办者转变为引导者、辅导者和激励者，在改造项目

地方实践

山东省优化城镇老旧小区改造项目审批环节

山东省把老旧小区改造项目分为简易低风险类和加装电梯、新增建筑面积等其他类，将审批流程简化为立项用地规划许可、工程许可、竣工验收 3 个阶段，分阶段提出优化措施，两类项目的全流程审批分别不超过 10 个、20 个工作日。同时，建立联合审批机制，相关部门采取联合勘查、并联审批，简化审批程序，实现全流程网上办理，切实提高了老旧小区改造效率。

山东省简单低风险类老旧小区改造项目优化审批流程

全过程审批用时（10天）	立项用地规划许可阶段（2日）①招标投标；②政府投资项目建议书审批；③政府投资项目可行性研究报告审批。注：根据投资规模，简化项目建议书、可行性研究报告、初步设计审批	工程许可阶段（2日）①招标投标；②市政设施建设设计文书编制；③施工图设计文件编制；④报建单位将施工图设计文件和相关承诺报建设主管部门（即办）；⑤建筑工程施工许可证核发（质量安全监管手续）	竣工验收阶段（6日）①建设工程消防验收或备案；②建设工程档案验收；③建设工程竣工验收备案

山东省其他类老旧小区改造项目优化审批流程

全过程审批用时（20天）	立项用地规划许可阶段（6日）①招标投标；②政府投资项目建议书审批；③建设项目用地预审和地址意见书核发；④政府投资项目可行性研究报告审批；⑤建设用地规划许可证核发（仅新增用地项目）。注：1.根据投资规模，简化项目建议书、可行性研究报告、初步设计审批。2.加装电梯项目，无需办理建设用地预审与选址意见书、用地规划许可等用地许可	工程许可阶段（8日）①招标投标；②市政设施建设设计文书编制；③建设工程规划放线；④政府投资项目初步设计编制，岩土工程勘察报告编制、施工图设计文件编制；⑤初步设计文件审查；⑥建设工程规划许可证核发和政府投资项目初步设计审批（建筑工程施工许可证核发）	竣工验收阶段（6日）①用地规划房产验收；②建设工程消防验收或备案；③建设工程档案验收；④建设工程竣工验收备案

杭州市多渠道筹措改造资金

- 向上争取一点。2019 年以来，积极争取中央补助、专项债券、抗疫特别国债等资金 44.1 亿元。

- 市级补助一点。对 2000 年前建成的老旧小区改造提升，按照不超过 400 元 / 平方米的标准，由市级财政给予补助。

- 居民出资一点。通过归集住宅专项维修资金、小区公共收益、个人捐资等渠道落实居民出资。

- 社会资本投一点。通过明确投资建设者的产权，实现投资、建设、所有、受益及运营责任统一，逐步形成投资盈利模式。

杭州市河畔新村小区改造项目改造前后对比图

审批、资金筹措、项目管理、存量资源整合利用、资金共担等方面，推动形成适应改造工作需要的政策制度框架、政策体系和工作机制。

社会参与，改造有力量。小区是一个大家庭，大家的事情大家办。设计师、工程师等专业力量走进社区，用专业的方式将居民的改造意愿落到改造方案中；志愿者服务队伍积极开展发动居民、组织施工、小区管理等方面的志愿服务活动；小区相关联单位和社会企业主动投资，参与改造公共服务和配套设施的设计、改造、运营，挖掘项目潜在收益，获得可持续的合理投资回报，实现共赢。

北京市社工组织协助社区治理

北京市通州区中仓街道引入专业社工机构，联合社区居委会，成立"6组1队"，包括通知宣传组、意见征集组、秩序引导组、矛盾调解组、文明施工组、质量监督组和志愿服务队，以"社会动员协商式服务"为手段，精准识别小区中老人小孩户、残疾人户、退役军人户、需求待回应户等，主动回应合理需求，参与老旧小区改造全过程。

依法实施，改造有保障。由于居民诉求不一致、改造资金有限等客观条件限制，无法一一满足所有居民意愿，在居民充分表达改造意愿、进行民主协商的基础上，根据有关法律法规，依法推进改造工作顺利推进。

最高人民法院发布典型案例
民主决策加装电梯备受瞩目

2022年2月，最高人民法院发布第二批人民法院大力弘扬社会主义核心价值观典型民事案例，其中经民主决策以合理方式在老旧小区加装电梯受法律保护案例备受瞩目。

老旧小区加装电梯

江河安澜　人民安居
满足人民群众对美好生活的向往

　　各地坚持以人民为中心，抓住人民最关心、最直接、最现实的利益问题，从修房子、铺路，到更新改造老化管道、建口袋公园，再到配建养老驿站、便利店。老百姓欣喜地看到，改造后的小区环境更加整洁、设施更加完备、管理更加规范、生活更加便利，基层治理水平明显提升，居民住得更方便、更舒心、更美好。

地方实践

九江市湖滨花园中心区"改"出幸福生活

　　江西省九江市湖滨花园中心区改造项目围绕功能完善、解决突出问题、环境提升，改造小区绿化修复、路面翻新、屋顶防水、外墙防水翻新、加装电梯、智能安防等。

"硬件""软件"双向提升改造

　　居民梁严胜连连称赞："现在停车位规范了，还有健身器材和绿地，看着心情都变好了。改造还利用闲置的空地和空房，建设了社区食堂、老年人活动中心、未成年人活动中心等，住着真是舒心！"

　　群众居住条件和生活环境明显改善。通过改造，老旧小区水电气热设施老化及失修失管、建筑物本体维修养护不到位、公共区域失管失序、社区服务不便利等一批长期困扰居民生活、影响小区环境的难题得到解决。改善的是环境，凝聚的是民心，房前屋后的人居环境变好了，社区公共服务跟上了，居民的幸福指数大大提升。

通化市消除小区安全隐患

吉林省通化市东庆花园小区居民每年最发愁的事就是过冬，大雪纷飞的冬天不但寒冷，而且存在安全隐患。

小区改造屋面防水 2.8 万平方米，将原有彩钢瓦更换为树脂瓦，有效解决冬季落雪安全隐患及漏雨问题；更换破损楼宇门 81 扇，保证楼道保温及日常安全。

通化市东庆花园小区改造前后对比图

基层社会治理得到加强。各地积极搭建沟通平台，发动居民参与改造，通过党建引领的多种基层协商机制，促进居民达成共识。既推动了改造工作顺利进行，又密切了党员群众关系，增强了政府公信力、社会凝聚力，提升了群众对党组织的认同感、信赖感。改造后居民参与社区治理的主动性大大增强，邻里感情更加和谐温馨，社区治理体系更加完善。

开封市党员群众心连心

河南省开封市结合改造建立项目党支部 235 个，收集居民意见建议 4980 余条，采纳 4347 条，收获居民点赞。金康苑小区将改造中建设的纳凉亭定名"初心亭"，以纪念广大党员、干部、群众上下同心、排除困难，实现家园旧貌换新颜的宝贵经历。

老旧社区焕发了生机和活力。通过城镇老旧小区改造，小区配套服务设施条件和环境明显改善，促进了养老、托育、餐饮、便利店等社区服务业发展，拉动居民在户内改造装修、购置家电

重庆市老片区变身新"网红"

重庆市南岸区南坪正街新街片区改造，增添了带有 20 世纪 80 年代特色的 25 处文化休闲景观设施、9 处文创商业设施。吸引社会资本共计 8000 多万元投资养老、托幼等服务设施，带动居民出资 350 余万元用于加装电梯、室内装修等改善型生活需求。改造后的新街片区成了网红街，曾经搬走的老居民又搬了回来。

家具、增加社区生活服务等方面的消费，很多居民又重新搬回老旧小区居住，或将房屋出租。老小区呈现新气象、焕发新活力，居民开启新生活。

为实施城市更新行动作了有益探索。各地在推进城镇老旧小区改造中，精简审批流程，完善技术标准体系，明确建设用地再利用和存量设施转换用途的政策。这些改革探索和创新实践，为构建城市更新体制机制和政策体系提供了宝贵经验。

湘潭市整合利用存量资源

湖南省湘潭市和平美好社区改造中，拆除区域内 1271 平方米闲置多年的老食堂、锅炉房及低矮工棚，新建 1 座 3058 平方米集社区综合服务用房、生活超市、休闲健身、餐饮娱乐等于一体的邻里中心，完善

了充电桩、快递柜等便民设施，有效补齐了社区的功能短板，盘活了闲置资产资源，提升了居民生活品质。

老旧小区改造直接关系人民群众的获得感、幸福感、安全感，是提升人民生活品质的重要工作。下一步，住房和城乡建设部将会同相关部门，聚焦为民、便民、安民，继续扎实有序推进城镇老旧小区改造，不断改善居住环境和生活设施，加强社区服务、提高服务水平，和人民群众共同把家园建设得更加幸福美好。

第 9 章

"新城建"增添新动能

运用大数据、云计算、区块链、人工智能等前沿技术推动城市管理手段、管理模式、管理理念创新，从数字化到智能化再到智慧化，让城市更聪明一些、更智慧一些，是推动城市治理体系和治理能力现代化的必由之路，前景广阔。

习近平总书记在浙江省考察时的讲话

（2020 年 3 月 31 日）

城市是人类文明的标志，科技是推动文明进步的重要力量。党的十八大以来，在以习近平同志为核心的党中央坚强领导下，我国科技加速跨越，城市发展阔步前进，既为城市建设提供了更为有利的条件，也对城

2021 年 4 月，住房和城乡建设部在第四届数字中国建设峰会布设"新城建·新发展"展览

市高质量发展提出新要求。为加速推进宜居、绿色、韧性、智慧、人文城市建设，把"城市让生活更美好"愿景变为现实，"新型城市基础设施建设"应运而生。

以"新城建"对接"新基建"

"求木之长者，必固其根本。"立足新发展阶段，完整、准确、全面贯彻新发展理念，构建新发展格局，无论是服务国家重大战略，还是支撑经济社会高质量发展，基础设施都事关根本和长远。

2018 年，中央经济工作会议首次提出，加强人工智能、工业互联网、物联网等新型基础设施建设。新型基础设施是以新发展理念为引领，以技术创新为驱动，以信息网络为基础，面向高质量发展需要，提供数字转型、智能升级、融合创新等服务的基础设施体系，为扩大内需、激发经济发展潜能开足马力。

"新基建"概念一经提出，就被赋予诸多期望。其中，城市是重要用武之地。过去 40 多年高速度、大规模建设，粗放式的发

什么是新基建？

覆盖三大主要方向：信息基础设施、融合基础设施、创新基础设施。

具备四大战略意义：拉动有效投资的关键力量、实现创新引领的现实基础、释放经济活力的强劲引擎、提高发展质量的重要支撑。

包括七大领域：5G 基站建设、特高压、城际高速铁路和城市轨道交通、新能源汽车充电桩、大数据中心、人工智能、工业互联网。

展导致城市整体性、系统性、宜居性和包容性不足。一些城市基础设施老旧破损问题严重，存在不少安全隐患，一些城市不同程度存在交通拥堵、停车难、出行难等问题。当前，我国已经步入城镇化较快发展的中后期，城市发展由追求"有没有"的大规模增量建设，转为解决"好不好"的存量提质改造和增量结构调整并重的新历史阶段。我们要对城市基础设施进行数字化、网络化、智能化建设和更新改造，提高城市基础设施建设质量，提升城市运行效率，系统解决"城市病"，让城市更聪明、更安全、更宜居。

2020 年 8 月，住房和城乡建设部会同 6 部门印发指导意见，首次提出"新城建"概念，即以城市提质增效为引领，以新一代信息技术应用创新为驱动，充分运用"新基建"发展成果，面向城市高质量转型发展需要，构建提升城市品质和人居环境质量、提升城市管理水平和社会治理能力的智能化城市基础设施体系。

2020 年 10 月，住房和城乡建设部在重庆、济南、成都等 16 个城市开展首批"新城建"试点。2021 年，试点范围进一步扩大，天津滨海新区、烟台、温州、长沙、常德等被纳入试点范围。

2022 年 1 月，住房和城乡建设部批复同意广州、济南、烟台创建"新城建"产业与应用示范基地。

与众多投入应用的前沿技术一样，"新基建""新城建"是新名词、新概念，但深入了解中国城市发展和世界发展潮流后不难看出，这是一场新时代中国城市建设方式

"新城建"七大重点任务

的巨大变革，是推动住房和城乡事业高质量发展的关键一招——"新基建"提供强有力的技术支撑，"新城建"提供广阔的应用场景和创新空间；"新基建"为城市发展注入新活力，"新城建"为城市提质增效和转型升级带来新动能，给古老而年轻的城市带来新期待。

给城市安装"三维数字底座"
全面推进城市信息模型（CIM）平台建设

城市治理是复杂而多元的"巨系统"。当一座城市被精确数字化，在信息平台上建立起虚拟"分身"，城市管理者就可以超越时空界限，实时掌握城市变化各方面信息，同时还能为平台导入数据，通过模拟来预测未来事件对城市的影响。这不是科幻故事里的情节，而是城市信息模型（CIM）平台应用后的现实。

城市信息模型（CIM）平台以建筑信息模型（BIM）、地理信息系统（GIS）、物联网（IoT）等技术为基础，整合城市地上地下、室内室外、历史现状未来多维多尺度信息模型数据和城市感知数据，将现实物理城市在计算机上进行虚拟建模，形成数字孪生城市。

城市信息模型（CIM）平台功能多种多样，例如在数字空间中精准刻画城市的细节和体征，建筑物、地下管线等城市设施都可直观真实呈现；关联展现设施的各种相关属性，开展分析模拟，推演未来趋势。对接城市信息模型（CIM）平台，也可以加快推进工程建设项目审批三维电子报建，完善国家、省、城市工程建设项目审批管理系统，加快实现全程网办便捷化、审批服务智能化，提高审批效率，确保工程建设项目快速落地。

城市信息模型（CIM）平台让城市成为有机整体

中新天津生态城城市信息模型（CIM）平台以实现全生命周期治理为目标，深度融合城市多元数据，建设了技术先进、数据完整、标准统一的基础数据库，

中新天津生态城公用事业运行维护中心调度大厅

搭建共享共用共管的数据服务体系，形成了多部门业务协同、监管有序的管理服务环境。

如果把城市视为一台精密仪器，城市不同功能即为"接口"。城市信息模型（CIM）平台搭建的是布满接口的"三维数字底座"——让城市从规划、建设到管理实现全流程、全要素、全方位数字化、网格化和智能化，用虚拟方式更改城市面貌，重塑城市的一景一貌和基础设施，为城市建设管理精细化、品质化搭建框架。

让地上地下基础设施都"聪明"起来
实施智能化市政基础设施建设和改造

经过多年高速度、大规模建设，城市的市政、交通、通信等诸多子系统错综复杂，供水、排水、燃气等管网老化、底数不清等问题突出，安全风险隐患叠加，亟须实施智能化市政基础设施建设和改造。

大美城乡 安居中国

河北安平工作人员在通过大数据平台
实时监测当地社区情况

知己知彼，有备无患。改造的第一步，需要对市政基础设施开展普查，摸清设施种类、构成、规模等情况，全面掌握现状底数，明确建设和改造任务，继而组织实施行动计划，对城镇供水、排水、供电、燃气、热力等市政基础设施进行智能化改造升级和管理，实现对市政基础设施运行数据的全面感知和自动采集。

安全是发展的前提，精细化管理是确保安全的关键。建立基于城市信息模型（CIM）平台的市政基础设施智能化管理平台，在前端监测设备和运行监测平台的同步运行下，深埋地下的水气热等管网运行状态和数据的实时监测、模拟仿真及大数据分析，都可以通过智能监测"一张网"呈现。一旦发现供水漏失、排水不畅、燃气泄漏等异常情况，平台将发出警报，供管理人员及时研判、预警和应急处置，保障市政基础设施安全运行，也让以往"紧贴路面、仔细听音"的人工巡查模式成为历史，在提高精准性的同时，促进资源节约利用。

城市的"面子""里子"都重要；改造了"地下"，也要兼顾"地上"。城市信息模型（CIM）平台的流畅运行离不开微基站，而智慧灯杆等多功能智慧杆柱是搭载微基站的优良载体。通过把灯杆作为通信连接点，以有线或无线的方式对外延伸，可以提供包括无线基站、物联网、边缘计算、公共 Wi-Fi 及光传输等多种业务。除了挂载照明灯，智慧灯杆还可挂载交通灯、5G 基站、数据采集器、安防、充电桩、LED 信息显示屏等便民服务设备，以精致"小"设施，惠及"大"民生。

南京市智能化市政基础设施凸显服务智慧

江苏省南京市由 20 余个建设项目、近 300 杆智慧路灯、1300 座 4G 和 5G 基站组成的城市照明信息化综合运营系统，为智慧灯杆产业发展奠定应用基础。

建设过江隧道运营指挥调度系统，让事件监测和指挥调度更高效、更直观。

智慧园林系统为 43.8 万余株行道树进行准确定位，有效采集现状和规划绿地的基础数据，推动园林精细化管理。

南京市马路旁的智慧灯杆

建设智慧停车系统，全市 7.73 万个道路泊位、1.36 万个停车场实时数据已接入市级平台及客户端，"停车难"问题得到有效缓解。

"聪明的车、智慧的路、灵活的网"
协同发展智慧城市与智能网联汽车

在智慧城市框架中，无时无刻不在进行数据传输，只有在汇聚和存储海量数据的基础上打破"数据孤岛"，实现数据有效连接、提炼有效信息，才能盘活数据价值，真正让数据服务于各项工作。

数据不是"无源之水"，传输需要节点支撑，汽车正是支撑数据传输的关键节点。当前，汽车生产领域电动化、智能化、网联化加速融合发展，搭载先进传感器等装置、运用人工智能等新技术、以自动驾驶技术为代表的"聪明的车"——智能网联汽车，驶入了百姓生活。智能网联汽车除了作为交通工具，也扮演着大型智能终端、计算中心、存储和消纳可再生能源载体的多重角色：每一辆行驶中的智能网联汽车都在传输数据，服务乘客、维持智慧城市运行"两不误"。

什么是智能网联汽车？

智能网联汽车是车联网与智能车的有机联合，是搭载先进的车载传感器、控制器、执行器等装置，并融合现代通信与网络技术，实现车与人、车、路、后台等智能信息交换共享，实现安全、舒适、节能、高效行驶，并最终可替代人来操作的新一代汽车。

在重庆举行的自动驾驶最强车脑挑战赛赛场，参赛的自动驾驶汽车在真实道路上挑战"行人横穿马路"交通场景

"聪明的车"行稳致远，先要让"智慧的路"畅通无阻——深入推进"5G+车联网"发展，建设城市道路、建筑、公共设施融合感知体系，加快布设城市道路基础设施智能感知系统，对车道线、

交通标识、护栏等进行数字化改造，与智能网联汽车实现互联互通，为"聪明的车"指好路，不断提升车路协同水平。

深圳市推动智慧城市与智能网联汽车协同发展

在广东省深圳市，国内首部智能网联汽车管理法规《深圳经济特区智能网联汽车管理条例》发布，标志着智慧城市与智能网联汽车协同发展全面推进。截至 2022 年 6 月，深圳市总计建成 5.9GHz 车联网台站 96 个。在深圳市坪山区，

小马智行自动驾驶汽车在深圳
前海道路上行驶

可开放全域道路供智能网联汽车开放测试的智能网联汽车测试示范基地建成，"聪明的车"正在"智慧的路"上穿梭。

车的安全运行，路的快捷畅通，都离不开"灵活的网"一体调度——依托城市信息模型（CIM）平台，建设集城市动态数据与静态数据于一体的"车城网"平台，聚合智能网联汽车、智能道路、城市建筑等多类城市数据，支撑智能交通、智能停车、城市管理等多项应用。此外，今天随处可见的共享电动车也需要与时俱进，即建设完善充换电设施，推行电动车智能化管理，鼓励电力、电信、电动车生产企业等参与投资运营，既要让出行更舒心、更安心，也要让共享经济在智慧城市与新城建的"加持"下走得更稳、行得更远。

为城市保驾护航
建设智能化城市安全管理平台

"鲧筑城以卫君，造郭以守民，此城郭之始也。"在历史上，人类创造城市基于安全需要。在经济社会日益繁荣的今天，安全是城市现代文明的重要标志。推进新城建工作，须将安全管理摆在重要位置，以城市信息模型（CIM）平台为依托，整合城市体检、市政基础设施建设运行、房屋建筑施工和使用安全等信息资源，充分运用现代科技和信息化手段，建设智能化城市安全管理平台。

突发安全风险事件通常伴生多方位次生安全风险，这要求智能化城市安全管理平台根据突发安全事件、自然灾害、公共卫生

地方实践

烟台市智能化城市安全管理平台筑牢城市生命线

在山东省烟台市，城市生命线监测物联网逐步形成。2910台可燃气体监测仪实时监控着市区140千米燃气管线平稳运行。1455台监测仪保障着180千米市政消火栓供水管线的安全。在公众聚集区域、行政办公区域、医院、学校等重点区域内，600部电梯内安全运行监测设备、4260部"两客一危"车辆、633部校车的监测信息，实现了对桥梁、交通、燃气管线、电梯等生命线工程的监测预警，有效预防事故发生，保障人民群众生命财产安全。

"物联网导航"系统中"红灯变绿灯语音播报"功能，助力破解城市交通拥堵难题

事件等风险场景进行"事前预警、事中处置、事后评估",覆盖指挥调度、救援卫生、能源供给、区域联防联控等一体化治理需求,加快人员、物资、信息等要素在不同机构间流转,构建以重大风险事件驱动的多部门协同处置体系。

整体来看,建设智能化城市安全管理平台需要统筹"全方位"和"全过程":做到"全方位",就要"瞄准"安全风险隐患,系统梳理、做好预案,确定智能化城市安全管理平台指标体系和"一网安全管理""一图资源统揽""一体联动指挥"基本架构;实现"全过程",就要构建与平台相匹配的制度体系,在一市一域,形成多部门实时化、联动化、系统化的安全治理机制,打通城市安全管理和数据共享的行业、区域壁垒,实现信息共享、分级监管、联动处置。

建好平台,更要用好平台。对城市安全风险实现源头管控、过程监测、预报预警、应急处置和综合治理,不仅要依靠平台"发力",还需要充分调动社会各方积极性,结合推进城市建设安全专项整治三年行动,推动落实城市安全政府监管责任和企业主体责任,持续完善城市应急和防灾减灾体系,实现由"以治为主"向"以防为主"转变、由"被动应对"向"主动监管"转变,不断提升城市安全韧性,形成共建共治共享的城市安全社会治理格局。

让智慧社区带来宜居新生活
加快推进智慧社区建设

"社区虽小,但连着千家万户,做好社区工作十分重要。"党的十八大以来,习近平总书记在不同场合强调,社会治理的重心必须落到城乡社区。"十四五"规划纲要提出,推进智慧社区建设,依托社区数字化平台和线下社区服务机构，建设便民惠民智慧服务圈，提供线上线下融合的社区生活服务、社区治理及公共服务、智能小区服务等。

什么是智慧社区？

智慧社区指通过利用各种智能技术和方式，整合社区现有的各类服务资源，为社区群众提供政务、商务、娱乐、教育、医护及生活互助等多种便捷服务的模式。从应用方向来看，智慧社区应实现"以智慧政务提高办事效率，以智慧民生改善人民生活，以智慧家庭打造智能生活，以智慧小区提升社区品质"的目标。

上海市闵行区紫竹国家高新技术产业开发区一家企业内，工作人员在展示区介绍"AI+新零售"

每一个社区，利益诉求都是复杂多样的，把一桩桩小事办好，对治理能力、治理水平考验很大。建设智慧社区不仅是技术概念，更像是把"硬件"与"软件"结合，组成"智慧神经元"。"硬件"即看得见、摸得着的社区智能设施，例如利用人脸识别、智能家居安防系统等守卫社区安全，利用智能垃圾桶、智能浇灌系统等扮靓社区环境，利用智慧停车系统、智能零售柜等便利社区生活；"软件"是"硬件"的"眼睛"和"大脑"，即构建智慧社区平台，对物业、生活服务和政务服务等数据进行全域全量采集，将各类信息系统和资源进行整合，支撑"硬件"有效运行。打造功能完备、生活便利的智慧社区，既要"强筋骨"——对社区公共设施实施数字化、网络化、智能化改造，也要"补脑力"——充分利用现有基础建设智慧社区平台，为智慧社区建设提供数据基础和应用支撑。

智慧社区让生活更美好

重庆市建成智慧社区一体化管理服务平台，建立了包含数据项 33684 个、功能项 4976 个、统计分析指标 500 个的人、地、物、事、组织等社区信息资源数据库，汇聚数据包括社区人口

重庆市沙坪坝区井口街道美丽阳光社区养老服务中心，工作人员正在查看大数据统计

信息 3000 余万人、全市 8.24 万平方千米三维立体地图、村（社区）基本信息 11286 条，已在 9776 个村（社区）、1685 个养老机构、3285 个社区养老服务中心（站）投入使用，用户规模达 10 万人。

社区治理基础牢固，国家大厦才能稳固。治理是基础，服务是目的，打造治理和服务于一体的"智慧网"和"服务圈"需要投入智慧，例如对智能设备进行维护、加强社区智能快递箱等智能配送设施和场所建设；需要依靠智慧，例如对消防隐患进行排查、对高空抛物等情况进行监测预警和应急处置、对出入社区车辆和人员进行精准分析和智能管控；还需要以智慧化建设为抓手，不断探索拓展服务边界，例如通过智慧社区平台，加强与各类市场主体合作，接入电商、配送、健身、文化、旅游、家装、租赁等优质服务；拓展家政、教育、护理、养老等增值服务，满足居民多样化需求；更需要把智慧社区建设纳入智慧城市建设大蓝图，推进智慧社区平台与城市政务服务对接，使"互联网＋政务服务"向社区延伸，打通服务群众的"最后一公里"。

促进建筑业转型升级
推动智能建造与建筑工业化协同发展

建筑业是我国国民经济的重要支柱产业。近年来，我国建筑业持续快速发展，产业规模不断扩大，建造能力不断增强，但我国建筑业主要依赖资源要素投入、大规模投资拉动发展，建筑工业化、信息化水平有待提高，生产方式、劳动效率、能源资源消耗等方面仍需优化。改变现状，需要以科技创新为引领，推进建筑业与先进制造技术、信息技术、节能技术融合，实现建筑业转型升级。

智能建造与建筑工业化协同发展是建筑业转型升级的重要突破口，数字化、智能化升级是推进新型建筑工业化发展的重要动力。从发展趋势看，新型建筑工业化既需要建筑业本身强化科技赋能，也需要打造建筑产业互联网，对接融合工业互联网，通过新一代信息通信技术对建筑产业链上全要素信息进行采集汇聚和分析，目标是优化建筑行业全要素配置，整体提振产业链，形成全产业链融合的智能建造产业体系。

什么是工业互联网？

工业互联网是新一代信息通信技术与工业经济深度融合的新型基础设施、应用模式和工业生态，通过对人、机、物、系统等全面连接，构建起覆盖全产业链、全价值链的全新制造和服务体系，为工业乃至产业数字化、网络化、智能化发展提供了实现途径，是第四次工业革命的重要基石。

近年来，在创新驱动发展战略引领下，建筑业"跟跑"领域差距进一步缩小，"并跑""领跑"领域进一步扩大，但一些制约发展、亟待攻关的"卡脖子"技术依然存在。实践证明，关键核心技术是要不来、买不来、讨不来的，必须依靠自力更生，瞄准核心技术短板，增强自主创新能力。深化应用自主创新建筑信息模型（BIM）技术，提升建筑设计、施工、运营维护协同水平，加强建筑全生命周期管理。大力发展数字设计、智能生产和智能施工，推进数字化设计体系建设，推行一体化集成设计，加快构建数字设计基础平台和集成系统。推动部品部件智能化生产与升级改造，实现构件的少人或无人工厂化生产；推动自动化施工机械、建筑机器人、3D打印等相关设备集成与创新应用，提升施工质量和效率，降低安全风险……实现建筑业转型升级，就要秉承自主创新原则，把核心技术"命脉"牢牢掌握在自己手里。

创新是破题的关键，标准是质量的保证。从中国古代"车同轨、书同文"，到现代工业规模化生产，都是标准化的生动实践。智能建造与建筑工业化协同发展，也是生产、安装、能耗、质量标准化协同发展，需要将数字化、智能化技术贯穿标准化设计、工

地方实践

智能建造推动新型建筑工业化走上"快车道"

在济南市，成立了智能建造现代产业学院，加快智能建造产学研结合步伐；成立了中建建筑机器人制造研发基地、建筑机器人及智能建造技术联合实验室，以机器人科技为代表的人工智能产业将助力建筑业转型升级。济南市建设工程人员管理服务平台、建筑工匠 App 等服务平台开始在建筑工地投入使用，建筑工地管理走进了"智能化"时代。

"建筑工匠"App 登录界面

厂化生产、装配化施工、一体化装修、信息化管理和智能化应用各链条、各环节，发展装配式建筑，推广钢结构住宅，加大绿色建材应用，建设高品质绿色建筑，实现工程建设高效益、高质量、低消耗、低排放，促进"中国建造"迈向"中国智造"，"中国标准"成为"世界标准"。

让城市走向"一网统管"
推进城市运行管理服务平台建设

城市治理是国家治理体系和治理能力现代化的重要内容，发展智慧城市，需要建设城市运行管理服务平台，推动城市运行管理"一网统管"，形成更加智慧的城市管理体系。

杭州市建设智慧城管数据资源中心

　　浙江省杭州市城市运行管理服务平台目前已整合行业系统 35 亿条业务数据，建设智慧城管数据资源中心，通过城管"数字驾驶舱"18 个应用场景建设，实时动态监测城市运行状况，日均发现处置问题 15000 余件。

杭州市城市运行管理服务平台

　　"统管"的前提是"统揽"，需要对城市全方位、各领域做"全息扫描"，建立集感知、分析、服务、指挥、监察于一体的城市运行管理服务平台，目的在于实现对城市管理对象、城市市容的实时感知、动态监控；对安全生产、市政设施的效能评估、协调调度；对突发事件、自然灾害的提前预警、应急指挥；对以市民为目标用户，以"便民、惠民"为导向，为市民提供智能、精准、高效、便捷的一站式公共服务，不断提升城市科学化、精细化、智能化管理水平。

在城市运行管理服务平台中，"一网统管"是基础而不是目的，是过程而不是结果。作为开放的服务平台，拓宽服务渠道、丰富应用场景、惠及更多群众是其"进化"方向，这需要加快构建"横向到边、纵向到底"的国家、省、城市三级运行管理服务平台体系，逐步实现三级平台互联互通、数据同步、业务协同，让服务"四通八达"。

服务好不好，群众来评价。以城市运行管理服务平台为支撑，既要加强对城市管理工作的统筹协调、指挥监督，也要强化综合评价，及时回应群众关切，有效解决城市运行和管理中的各类问题，让城市管理有精度、有广度、有温度。

"大鹏之动，非一羽之轻也；骐骥之速，非一足之力也。""新城建"是一项系统工程，也是重要的方法和手段，具有不断激发城市高质量发展的巨大潜力。当前，试点工作热火朝天，改革实践提档升级，持续推进城市规划建设管理转型升级。

从"建大平台"到"一网统管"，从打通"最后一公里"到"致广大而尽精微"，"新城建"在落实之中、细节之处都提交了"更科学、更精准、更安全"的"新成绩"，也彰显着"强产业、促经济、转理念"的"硬实力"。

试点项目不断落地——截至 2022 年 6 月，21 个试点城市已实施 459 个项目，完成投资 276.27 亿元。其中，苏州、杭州、济南、广州、深圳、佛山、重庆、成都、贵阳 9 个试点城市完成投资都在 10 亿元以上。"新城建"对于带动有效投资和消费、促进扩大内需的作用逐步显现。

经验做法持续推广——"新城建"正逐渐成为对接"新基建"、带动产业发展、提升城市建设水平和运行效率的重要手段。在推进试点工作中，各试点形成丰富多样的典型案例，既为工作进一步推进坚定了信心、鼓舞了士气，也为应用创新、迭代升级提供了参考、夯实了基础。

社会共识正在形成——在国家层面，"新城建"重点任务被写入"十四五"规划纲要。在部门层面，相关部委在制定扩大战略性新兴产业投资、培育新型消费、5G 应用、物联网新基建行动计划等文件时，都把"新城建"作为重要任务。在地方层面，"新城建"被列入《福州都市圈发展规划》《济南新旧动能转换起步区建设实施方案》等重大区域发展规划。经过探索、实践、规划和建设，各级政府部门、全社会对"新城建"的共识正在进一步形成。

未来城市发展的千秋大计，正在一个个试点中"娓娓道来"。在科技创新支撑引领下，科技赋能、绿色生态、安全高效的"新城建"风景线、产业链、生活圈不断涌现；在各试点干事创业的火热实践中，责任体系全面建立、工作机制日益完善、试点队伍持续壮大；在新引擎、新动能的持续驱动下，试点工作迈出一小步，改革发展向前一大步，人民生活水平再上新台阶。

"一切向前走，都不能忘记走过的路；走得再远、走到再光辉的未来，也不能忘记走过的过去，不能忘记为什么出发。""新城建"，建新城，都是为了群众过好日子，建设成果都要经得起实践、人民、历史的检验。踏上新的赶考之路，更需要我们埋头苦干、开拓创新，风雨无悔、不负韶华，坚持以人民为中心，聚焦人民群众需求，奏好"新城建进行曲"，促进城市建设和经济发展相辅相成、科技创新和产业升级同向推进，为新时代建设更美好的人民城市，以"城市之治"助力"中国之治"。

第 10 章

垃圾分类引领"新时尚"

垃圾分类工作就是新时尚！垃圾综合处理需要全民参与。

习近平总书记在上海市考察时的讲话

（2018 年 11 月 6 日）

"治国有常，而利民为本。"落实以人民为中心的发展思想，就要突出问题导向，回应民生关切。近些年，随着工业化和城镇化步伐的加快，人类的生产和生活方式发生了革命性变化，垃圾产生量急剧上升，对生活环境威胁日益严峻，成为群众所急、所困的重要问题，推动垃圾分类势在必行。

党中央高度重视垃圾分类这件"民生小事"。习近平总书记作出一系列重要指示批示，深刻阐释了垃圾分类工作的重要意义、实施要求、重点任务和科学方法，为深入开展垃圾分

数说

截至 2021 年底，全国已有 27 个省、297 个地级及以上城市实行垃圾分类，覆盖 27.4 万个居民小区、1.5 亿户居民，居民小区覆盖率 77.1%，群众知晓率 91%。

类指明了前进方向、提供了根本遵循。

住房和城乡建设部坚决贯彻落实习近平总书记重要指示批示精神，指导各地迅速行动，综合施策，精准发力，依法推动，系统推进垃圾分类工作不断取得新进展、迈上新台阶，为构建基层社会治理新格局、推动生态文明建设、提高社会文明水平发挥了积极作用。

党建引领让垃圾分类行稳致远

垃圾分类是一项系统工程，涉及政府、企业、社区、居民等多方主体，包括投放、收集、运输、处理等多个环节；垃圾分类更是一场攻坚战、持久战，需要充分发挥每一个基层党组织的领导核心作用、每一名党员的先锋模范作用，因地制宜，持之以恒。

基层是开展垃圾分类工作的第一战场。基层党组织开展形式多样的主题党日活动，将垃圾分类纳入基层党组织工作职责，组

广州市直达基层末梢党建引领垃圾分类

广东省广州市坚持以基层党组织为核心，创新提出社区党组织开展垃圾分类 "十二步工作法"，有效解决了楼道撤桶难、投放点选址难等矛盾问题。运用 "五位一体" 联动机制，共同推动公共服务、社会管理资源下沉到社区，形成工作合力，使垃圾分类工作落到基层、深入群众。

织和发动党员干部积极参与垃圾分类志愿服务，争做垃圾分类工作的实践者、宣讲者、推动者、监督者。基层党组织通过设立垃圾分类"红黑榜"，进一步增强居民的分类意识，提高居民垃圾分类知晓率和准确率，从而吸引更多居民主动参与垃圾分类。

党员是带动垃圾分类的先锋模范。基层党组织鼓励由党员家庭带头开展垃圾分类，并对小区居民进行指导，达到"一人带一户，一户带一楼，一楼带一片"的效果。在垃圾投放点安排党员志愿者，协助垃圾分类督导员开展工作，切实形成"垃圾分类，人人参与"的局面。通过组织党员志愿者上门发放垃圾分类宣传册、在小区内悬挂分类宣传横幅、设置滚动电子屏等方式方法，实现宣传"到单元、入楼道、进住户"，做到入户入耳入眼入心，让每一位居民充分了解垃圾分类的重要性。

地方实践

西安市开展"四个双"主题实践活动助推生活垃圾分类

陕西省西安市以党建引领带动生活垃圾分类，实施"民有所呼、我有所行"专项行动，开展党员进社区"四个双"（双晓：知晓分类基本政策、通晓分类基本知识；双带：带头、带动家庭成员；双争：争当分类模范、争做文明市民；双立：立足社区、立足岗位）主题实践活动，推动生活垃圾分类工作落地落细。

在这场垃圾分类战役中，党员充分发挥先锋模范作用，冲锋在前，践行初心使命、强化责任担当，养成分类习惯、争当典范，发挥榜样作用、引领垃圾分类新时尚。

上海市开展社区动员"制胜之招"

上海市通过"党建引领"，形成社区党组织、居委、物业、业委四级垃圾分类联席会议制度，落实街镇联办及居（村）委每1至2周工作分析评价制度，充分调动居民的积极性和主动性，让垃圾分类从社区治理难点，成为撬动社区治理的有力支点。

法律法规推动垃圾分类落地生根

完善法规体系，强化法治引领。"法者，治之端也。"法律制度的制定与执行是推动垃圾分类的基础。2020年修订的《中华人民共和国固体废物污染环境防治法》中增设了"生活垃圾"专章，明确了生活垃圾源头减量、分类投放、分类收集、分类运输、分类处理、资源化利用等各环节法律规定和法律责任，为推行生活垃圾分类提供了法治保障。

各地认真贯彻落实，加快地方性法规立法进程，完善地方性

北京市推动《生活垃圾管理条例》落地实施

北京市 1.3 万名人大代表为"关键小事"奔走，开展"查身边、查周边、查路边"的"查三边"执法检查。5000 名政协委员参与开展专题民主监督，建言献策，推动《生活垃圾管理条例》《物业管理条例》《文明行为促进条例》三个条例同步修订、相继出台。

生活垃圾如何分类？

生活垃圾分为可回收物、有害垃圾、厨余垃圾和其他垃圾 4 大类。其中，可回收物包括纸类、塑料、金属、玻璃、织物等；有害垃圾包括灯管、家用化学品、电池等；厨余垃圾包括家庭厨余垃圾、餐厨垃圾、其他厨余垃圾等。

法规，强化纵深推进。截至 2021 年底，已有 9 省（自治区）出台了地方性法规，3 省出台了政府规章，直辖市、计划单列市、省会城市等 46 个重点城市完成了生活垃圾分类相关立法工作。

完善政策体系，强化顶层设计。推进垃圾分类取得突破性进展，需要及时提出适应新形势新要求的新政策，提高政策的效率和效益，发挥政策的引导和推动作用。完善政策体系、强化顶层设计对于全面推进生活垃圾分类具有重要的促进和支撑作用。

2017 年 3 月，国务院办公厅转发《国家发展改革委、住房和城乡建设部生活垃圾分类制度实施方案的通知》中，明确到 2020

年底，基本建立垃圾分类相关法律法规和标准体系，形成可复制、可推广的生活垃圾分类模式，在实施生活垃圾强制分类的城市，生活垃圾回收利用率达到 35% 以上。

重庆市加强制度保障　实现垃圾分类制度体系从无到有

重庆市加强制度保障，出台《重庆市生活垃圾管理条例》，完善"1+4+N"（1 部条例、4 个标准、50 余个配套文件）法规标准体系，制定《重庆市深化生活垃圾分类工作三年行动计划（2020—2022 年）》等，实现垃圾分类制度体系逐步完善。

2019 年 5 月，住房和城乡建设部牵头印发《关于在全国地级及以上城市全面开展生活垃圾分类工作的通知》，提出到 2025 年底全国地级及以上城市基本建成生活垃圾分类处理系统的目标。

2020 年 11 月，经中央全面深化改革委员会第十五次会议审议通过，住房和城乡建设部等 12 个部门、单位联合印发《关于进一步推进生活垃圾分类工作的若干意见》，明确进一步推进垃圾分类工作的指导思想、基本原则和主要目标，提出4个方面17项重点任务和政策措施。

2022年1月，住房和城乡建设部等11个部门、单位联合印发《关于依法推动生活垃圾分类工作的通知》，督促指导县级以上人民政府、地方有关部门、生活垃圾产生主体、基层社区等落实法律责任，聚焦加强科学管理、形成长效机制、推动习惯养成，持之以恒推进生活垃圾分类工作。

厦门市颁布法规保障垃圾分类工作有序推进

福建省厦门市于2017年颁布《厦门经济特区生活垃圾分类管理办法》，成为全国第一部全链条垃圾分类法规。本办法着眼于全链条管理、全过程控制，对每个环节进行具体规定，明确各责任主体的法律责任，建立管理责任人制度、举报奖励制度、信用监管制度等，以法治保障垃圾分类工作的有序运行。

完善标准体系，强化规范引导。建立健全垃圾分类标准体系，明确国家和地方推行垃圾分类质量水平，以标准化促进垃圾分类资源化、减量化、无害化，是新时期推行垃圾分类的必然要求，对于满足人民群众日益增长的美好生活需要、不断增进全体人民

在共建共享发展中的获得感，具有十分重要的意义。

住房和城乡建设部修订实施《生活垃圾分类标志》《生活垃圾焚烧飞灰污染控制技术规范（试行）》《生活垃圾卫生填埋处理技术标准》《厨余垃圾处理厂运行维护技术标准》等多项国家标准，进一步健全标准体系建设，引导各地垃圾分类规范化、标准化、制度化。

全过程体系建设保障垃圾分类成效

近年来，住房和城乡建设部会同有关部门以生活垃圾分类工作为抓手，注重生活垃圾分类前端、中端、末端各环节科学管理、有序衔接，不断提升城市生活垃圾治理水平，推动全国城市生活垃圾基本实现无害化处理，减量化、资源化水平也逐年大幅提高。

地方实践

天津市健全全链条分类收运体系

天津市健全生活垃圾分类收集运输体系，严格执行定标准、定责任、定规范，统一外观、统一标识，杜绝混收混运。厨余垃圾、其他垃圾分类运输，有害垃圾单独收运，可回收物纳入"两网融合"，形成了密闭、高效的分类运输体系。

上海市坚持系统性推进　完善全程分类体系

上海市优化源头分类投放环境，全市完成分类投放点规范化改造 2.1 万余个，建成可回收物回收服务点 1.5 万余个、转运站 198 个、集散场 15 个，可回收物"点、站、场"体系基本形成。加强分类处理设施建设，形成焚烧处理能力 2.3 万吨／日，厨余垃圾处理能力 0.8 万吨／日，对生活垃圾填埋场生态修复，实现原生生活垃圾零填埋。

上海市生活垃圾处理设施

　　生活垃圾分类覆盖面不断扩大，工作成效逐步显现。基层社区是党联系群众的"最后一公里"，也是推进生活垃圾分类的前沿阵地。近年来，住房和城乡建设部指导各地以垃圾分类工作为载体，广泛开展美好环境与幸福生活共同缔造活动，健全城市社区"共建、共治、共享"社会治理体系，推动生活垃圾分类日益内化为群众的精神追求、外化为群众的自觉行动，成为绿色低碳生活新时尚。随着城市生活垃圾分类覆盖面不断扩大，源头减量效果开始显现。2017—2020 年，全国城市生活垃圾清运量年平均增长 3.7%，较 2011—2016 年年均增幅降低 0.6 个百分点。

生活垃圾分类收集转运能力大幅提高，基本做到日产日清。近年来，住房和城乡建设部指导地方环卫主管部门加快完善城市

苏州市控源头、严收运、优处置破解垃圾分类难题

江苏省苏州市采取"抓两端强中间"策略，破解终端处置、中间收运、源头投放难题，在处置端因地制宜建立了一批处置设施，在收运端采用"四不同"管理，杜绝混收混运，在源头端采用"三定一督"（定时定点定人督导）的方式，形成全流程精细化管理的苏州模式。

苏州市生活垃圾处理设施产业园

生活垃圾收集收运系统，城市生活垃圾收集逐步实行袋装化、容器化、密闭化，基本做到了日产日清。

截至 2021 年底，我国城市生活垃圾年处理能力达到 3.86 亿吨，是 2012 年的 2.4 倍，基本实现生活垃圾无害化处理。其中，焚烧处理能力占比达到 68%，比 2012 年增长了 41 个百分点，以焚烧为主的城市生活垃圾处理格局加速形成。"十三五"时期，各地认真落实党中央、国务院决策部署，加大规划引导和政策支持力度，推动生活垃圾处理能力显著提升。

着力提升疫情期间生活垃圾应急处置能力。新冠肺炎疫情暴发以来，住房和城乡建设部深入学习贯彻习近平总书记关于疫情防控的重要指示批示精神，指导各地做好疫情封控区域环境消杀、废弃口罩处理、公厕运行维护和粪便无害化处理工作，抓实抓细环卫行业疫情防控，全力保障城市环境干净整洁、守护人民群众

武汉市环卫系统助力新冠疫情防控

湖北省武汉市对涉疫区域产生的生活垃圾实施"双层包装、逐层消毒"，采取"定人、定车、定时、定点"方式直运至指定焚烧厂"即卸即烧"，对涉疫区域生活垃圾收集容器、收运站点、处理场所、公共厕所等环卫设施每天开展全方位清洗消杀，落实相关病媒防治措施。

健康安全。全国环卫系统坚决守牢疫情防控战线"最后一公里"，为快速有效处置局部地区聚集性疫情作出了突出贡献。

宣传引导助推垃圾分类深入人心

推进垃圾分类，势在必行，但推进垃圾分类，也并非易事。特别是在政策实施的初始阶段，更应该进行广泛的宣传教育、舆论引导，持续引导居民主动参与并积极践行垃圾分类。

主题宣传深入人心。培养垃圾分类意识是推进这件"关键小事"的基础。住房和城乡建设部坚持"一月一主题"，精心策划垃圾分

深圳市建设全方位的宣传督导体系

广东省深圳市从社会宣传、公众教育、学校教育等多点发力，不断提升垃圾分类知晓率和居民参与率。邀请了一批社会知名人士为深圳垃圾分类做公益代言。实施蒲公英公众教育计划，组织开展了分类大讲堂、微课堂、专题培训、志愿行动等活动，将垃圾分类纳入学校德育课程。

数说

2021 年，全国开展生活垃圾分类宣传活动 10.6 万次，开展志愿服务行动和公益活动 60.5 万次，开展校园知识普及和互动实践活动 25.6 万次，推动垃圾分类日益内化为群众的精神追求，外化为群众的自觉行动。

类宣传和"垃圾分类月、环卫工人周"系列活动，指导地方开展"践行新时尚、低碳我先行""我分类、我文明"系列主题活动，推动生活垃圾分类宣传进机关、进校园、进企业、进社区。引导各地组建讲师团深入机关、区县、社区传播生活垃圾分类文明理念。

学校教育全覆盖。垃圾分类必须从中小学生抓起、从娃娃抓起，这已经成为全社会的共识。全面推进垃圾分类进校园、进教材、进课堂，编印《垃圾分类教育读本》，将垃圾分类知识教育作为学生的"开学第一课"，实现垃圾分类知识普及全覆盖。注重加强"家庭、学校、社会"三者联合，把垃圾分类教育融入课程学习、社会实践和日常生活，与劳动教育、环境教育和创新教育相结合，实现"教育一个孩子，影响一个家庭，带动一个社区，文明整个社会"。

北京市开展"垃圾分类进校园"宣传活动

公共机构走在前。强化公共机构带头作用，在引领垃圾分类工作方面作出良好示范。持续深入推进党政机关、企事业单位"绿色办公"专项行动，带头落实办公用纸双面打印，积极倡导线上办公、无纸化办公，限制使用一次性水杯、餐具和办公用品，文明健康、绿色低碳的生活方式普遍形成。以点带面促进垃圾分类全面覆盖，所有机构、部门和部队带头实施；民革、民盟、民进等民主党派和工会、共青团、妇联等群团组织积极响应；垃圾分类由宣传发动阶段进入全民参与阶段，由理念变成行动，成为新时尚。

社会组织齐参与。通过有效的督促引导，让更多人行动起来，培养垃圾分类好习惯。各地普遍采取统筹居民委员会、业主委员会、物业服务企业等各方力量，以喜闻乐见的方式推动生活垃圾分类。

地方实践

湖州市坚持多元共治 统筹推进生活垃圾分类

浙江省湖州市秉持"走在前、作示范、当标杆"精神，采取"法治引领、体系建设、城乡统筹、全民共建"四大举措，组织全市 4700 多名各级人大代表下基层开展垃圾分类问政和暗访检查，联合高校成立生活垃圾分类管理研究院，上线微信小程序"湖垃圈"，多措并举、多元共治，持续推动生活垃圾分类工作向好发展。

部分城市开展垃圾分类宣传活动

地方实践

青岛市倡导全民参与垃圾分类　推动习惯养成

山东省青岛市建立"生活垃圾分类+"模式，通过垃圾分类+党员、垃圾分类+物业、垃圾分类+学校等方式，充分发动各界力量，200万名党员走进社区、走进楼院，参与"晒桶打卡"、站桶指导等形式多样的主题活动，小投入带来大效果，推动"青青之岛、分享美好"走进千家万户，市民群众垃圾分类新时尚蔚然成风，分类好习惯普遍养成。

科学管理形成垃圾分类长效机制

2019 年 6 月，习近平总书记对垃圾分类工作作出重要指示："实行垃圾分类，关系广大人民群众生活环境，关系节约使用资源，也是社会文明水平的一个重要体现。推行垃圾分类，关键是要加强科学管理、形成长效机制、推动习惯养成。"

建立依法推进机制。垃圾分类这件"关键小事"背后，是大写的"人民情怀"。各地紧盯百姓身边的"关键小事"，用心用情用力解决群众急难愁盼问题，让垃圾分类成果更多惠及人民。住房和城乡建设部开展垃圾分类体系建设、排查整治、品质提升专项行动，采取靶向通报、依法督导等方式，对全国 27 个省、297 个地级及以上城市进行垃圾分类评估和督导检查，及时发现问题，帮助分析原因，指导改进提升，推动问题整改落实。

建立联动管理机制。垃圾虽小，却牵着民生、连着文明。在习近平生态文明思想指引下，一场化垃圾分类为全民行动，建设

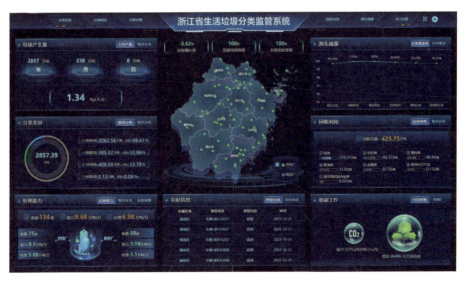

浙江省生活垃圾分类监督系统

美丽中国、美好家园的生动实践正在全国如火如荼开展。各地环卫主管部门普遍建立包括教育、生态环境、发展改革、商务等部门的工作协调机制，联动社区治理，强化垃圾分类主阵地，结合城市更新行动、文明城市创建、人居环境整治等工作，借力推动垃圾分类。

建立效能提升机制。只有将信息技术与垃圾分类深度融合，才能产生更大效应。各地普遍运用人工智能、大数据、物联网、区块链等技术，建立信息化管理平台，实现生活垃圾分类投放、分类收集、分类运输、分类处理各环节信息数据采集，实时在线监督，进一步提升信息化、智能化管理水平。

久久为功，才能行稳致远。生活垃圾分类就是新时尚，是推动形成绿色发展方式和生活方式的深刻革命。住房和城乡建设部将认真办好习近平总书记牵挂的这件民生实事，用心用情服务"国之大者"，始终坚持以人民为中心、以建设美丽中国为目标，为加强城市治理提交新答卷，为绿色低碳发展提供新思路，为城市干净整洁有序增添新底色，为追求美好生活注入新活力，以优异成绩迎接党的二十大胜利召开。

第 11 章

像爱惜自己生命一样
保护好城市历史文化遗产

　　历史文化遗产不仅生动述说着过去，也深刻影响着当下和未来；不仅属于我们，也属于子孙后代。保护好、传承好历史文化遗产是对历史负责、对人民负责。

习近平总书记在主持中央政治局第二十三次
集体学习时的讲话（2020 年 9 月 28 日）

　　历史文化遗产作为中华文明的重要物质载体，展现了文明发展的历史脉络和灿烂成就，承载着国家、民族的记忆，见证着城市、乡村的发展史，是中国人民的情感所系、乡愁所在。

　　2015 年 12 月，习近平总书记在中央城市工作会议上强调，要保护弘扬中华优秀传统文化，延续城市历史文脉，保护好前人留下的文化遗产。2019 年 11 月，习近平总书记在上海考察时强调，要妥善处理好保护和发展的关系，注重延续城市历史文脉，像对待"老人"一样尊重和善待城市中的老建筑，保留城市历史文化记忆，让人们记得住历史、记得住乡愁，坚定文化自信，增强家国情怀。

　　住房和城乡建设部认真贯彻落实习近平总书记重要讲话精神，系统梳理中华文明历史发展脉络，构建全国城乡历史文化保护传承体系，系统完整保护好历史文化遗存，推动各类保护对象数量显著增长，不断完善保护管理体制机制，努力做好新时代城乡历史文化保护传承工作，讲好中国故事。

构建保护传承体系
形成系统保护大格局

　　2019 年 3 月以来，住房和城乡建设部组织多所高校和科研机构成立课题组，邀请多位专家参与，开展了构建城乡历史文化保护传承体系的专项研究。系统梳理中华民族古代文明 5000 年、近现代历史 180 年、中国共产党建党 100 年、新中国成立 70 年、改

方面	I 政治			II 经济			III 社会		IV 科技文化					V 地理	
主题	国家政权	制度文明	国家礼制	农业经济	手工业	商贸交流	社会组织和阶层	中华民族	思想文化	宗教信仰	文学艺术	科学技术	城市建筑	自然地理	人文景观
	1	2	3	4	5	6	7	8	9	10	11	12	13	14	15
价值特征	见证中华文明5000年及其分分合合、延绵不断的连续性	见证中国古代讲求等级序列的制度特征	见证中国古代祭祀天地祖先的礼仪制度	见证中国古代以旱作、稻作农业为主的传统生业模式	见证中国古代以盐、纺织、冶金为主的多种多样手工业传统	见证中国古代以陶瓷、制盐、纺织、冶金为主的多种多样手工业传统	见证中国古代社会以血缘关系为主的社会组织方式	见证中国多民族的交流融合特性	见证中华民族的多元一体结构特征；见证中国古代以儒学为主的传统思想文化	见证中国古代以儒释道为主的多元信仰传统	见证中国古代文学、艺术的发展成就	见证中国古代农业社会的经验技术特征	见证中国古代因地制宜、和谐自然的人居环境营造特征	见证中国自然地理的复杂性和多样性	见证中国道法自然的传统景观审美理念

保护传承体系专项研究
突出以历史文化价值为导向的保护，从政治、经济、社会、科技文化、地理 5 个方面，
梳理出 15 个价值特征、100 个古代价值主题、110 个近现代价值主题

革开放 40 年 5 个阶段的历史发展脉络，遴选具有重大历史文化价值的代表性遗存，研究构建城乡历史文化保护传承体系。在此基础上，住房和城乡建设部起草了《关于在城乡建设中加强历史文化保护传承的意见（代拟稿）》。

2021 年 8 月，中共中央办公厅、国务院办公厅印发《关于在城乡建设中加强历史文化保护传承的意见》。这是自 1982 年我国建立国家历史文化名城保护制度以来，首次以中央名义印发的城乡历史文化保护的专门文件，对于做好保护传承工作意义重大。

为贯彻落实意见要求，住房和城乡建设部组织全国知名机构和相关专家，深入研究、共同推动《全国城乡历史文化保护传承体系规划纲要》编制工作。编制过程中，坚持"开门编规划"，先后征求了多个部委和各个省级政府的意见，对各方面提出的意见，认真研究，充分吸纳，建立起国家级保护对象的保护名录和分布图，形成国家级"一图一表"。

《全国城乡历史文化保护传承体系规划纲要》以 2035 年为规划期限，阐明了保护对象的价值标准、主要类型、名录动态管理、保护重点、利用传承要求和规划实施保障措施，明确了"突出历史文化价值，建立保护传承体系""把保护放在第一位，推进系统完整保护""利用好历史文化遗产，促进合理永续传承""健全保障措施，推进规划有效实施"四方面的重点任务。

意见要求各省（自治区、直辖市）需编制省级城乡历史文化保护传承体系规划，陕西省、云南省率先开展了省级体系规划编制试点，探索了省域层面做好历史文化保护传承的路径方法。目前，多地正在开展本地区省级体系规划的编制工作。

陕西省探索构建省级城乡历史文化保护传承体系新格局

按照"价值—格局—名录—任务—市县责任"的主线，立足中华文明整体演进脉络，确立了"5类别—15主题—40特征"价值体系；构建了"一河一脉，三区四带，两核七片，多点多线"历史文化格局；统筹制定省级策略，明确市县责任，凝聚保护传承合力，为增强陕西省城乡历史文化保护传承的整体性与系统性提供了有力支撑。

陕西省历史文化价值体系图

在加强历史文化名城名镇名村消防安全工作指导方面，2014年4月，住房和城乡建设部会同公安部、国家文物局印发了《关于加强历史文化名城名镇名村及文物建筑消防安全工作的指导意见》，健全了消防安全责任体系，提出强化名城、名镇、名村火灾防控的具体措施。

在加强保护性建筑的保护方面，2014 年 12 月，住房和城乡建设部印发了《关于坚决制止破坏行为加强保护性建筑保护工作的通知》，要求各地坚决制止拆毁、破坏保护性建筑的行为，切实做好保护性建筑的保护工作。

在完善保护规划编制审批方面，2014 年 12 月，住房和城乡建设部颁布实施了《历史文化名城名镇名村街区保护规划编制审批办法》，明确了历史文化名城、名镇、名村和历史文化街区保护规划的编制要求，规范了规划的审批工作，为城乡历史文化遗产的保护工作夯实了规划基础。

党的十八大以来，住房和城乡建设部先后出台了 20 多个文件，不断完善保护管理政策制度，指导各地加强历史文化名城名镇名村、历史文化街区和历史建筑保护利用。

地方实践

九江市用"绣花"功夫推进历史文化街区保护利用

江西省九江市采用"微改造"的"绣花""织补"方式，对中心城区建成区内 4 片历史文化街区进行改造提升。在庾亮南路历史文化街区修复过程中，完整保留了街区的传统格局和街巷肌理，将街区周边的能仁寺、大胜塔等景区进行串联，突出视线通廊，全方位展现九江多元的历史文化禀赋和时代特色，生动立体讲述九江故事。

在完善名城申报和濒危退出管理方面，2020年8月，住房和城乡建设部会同国家文物局出台《国家历史文化名城申报管理办法（试行）》，创新提出名城保护所应注重的六类价值，包括与中国悠久连续的文明历史有直接和重要关联；与中国近现代政治制度、经济生活、社会形态、科技文化发展有直接和重要关联；见证中国共产党团结带领中国人民不懈奋斗的光辉历程；见证中华人民共和国成立与发展历程；见证改革开放和社会主义现代化的伟大征程；以及突出体现中华民族文化多样性、集中反映本地区文化特色、民族特色或见证多民族交流融合六个方面。2021年11月，住房和城乡建设部联合国家文物局印发的《关于加强国家历史文化名城保护专项评估工作的通知》中，明确了国家历史文化名城保护不力处理标准，对通报批评、列入濒危名单、撤销名城称号的情形作出明确规定。

在延展保护内涵、丰富保护类型方面，2021年1月，住房和城乡建设部印发《关于进一步加强历史文化街区和历史建筑保护工作的通知》，提出了历史文化街区和历史建筑认定标准，进一步丰富了保护内涵和保护类型。各地按照新理念、新要求，积极探索实践，涌现了很多优秀案例，如新疆生产建设兵团公布了多处哨所、连队旧址为历史建筑，这些历史建筑是我国建设新疆、维护新疆安全的重要历史见证。

在旧区改造和历史文化保护关系方面，2021年8月，住房和城乡建设部印发《关于在实施城市更新行动中防止大拆大建问题的通知》，要求各地在城市更新中坚持划定底线，防止城市更新变形走样，严格控制大规模拆除、严格控制大规模增建、严格控制大规模搬迁，坚持应留尽留，全力保留城市记忆。

新疆生产建设兵团认定公布历史建筑
生动讲述兵团戍边奋斗史

新疆生产建设兵团把反映中国共产党先进文化、中华民族优秀传统文化、兵团军垦文化，体现"屯""垦""戍"的军垦特色的历史建筑作为保护利用重点，弘扬兵团在新中国建设改革的历史进程中热爱祖国、无私奉献、艰苦创业、开拓进取的兵团精神。

兵团普查认定的历史建筑"小白杨哨所"

秦皇岛市用文化赋能街区更新　彰显百年港口魅力

河北省秦皇岛港大码头历史文化街区挖掘工业遗存特点，对历史建筑全面修缮，植入了文化展览、休闲游艺等业态，保留了街区原状历史风貌，提升整体功能和环境；有针对性地利用老枕木、老船锚等传统工业遗存改造为灯杆、烛台等景观，突出老港口的特色底蕴，充分融入现代时尚元素，实现传统与现代的和谐共生。

秦皇岛港大码头历史文化街区

坚持以用促保　留住乡愁记忆

党的十八大以来，一系列保护工作铺展开来，一大批珍贵的城乡历史文化遗产得以保留。

持续开展名城名镇名村（传统村落）认定工作。党的十八大以来，国务院批复国家历史文化名城 21 座。特别说明的是，各地方在名城申报过程中，始终强调要挖掘城市在中华历史文化脉络中的独特地位和价值，全面真实讲好中国故事、中国共产党故事。如 2015 年批复的瑞金市红色历史文化特色突出，是共和国的摇篮和苏区精神的主要发源地；2022 年批复的九江市是中国古代及近代长江中下游政治军事重镇和水运交通枢纽，也是近代首批开埠的长江内河口岸。

> **数说**
>
> 截至 2022 年 6 月，全国共有国家历史文化名城 140 座、中国历史文化名镇 312 个、中国历史文化名村 487 个、中国传统村落 6819 个，全国划定历史文化街区 1200 余片，确定历史建筑 5.95 万处。

2014 年和 2019 年，住房和城乡建设部和国家文物局组织评选并公布了第六批和第七批中国历史文化名镇（村）名单。在前五批名录的基础上，中国历史文化名镇分别增加 71 个和 60 个，中国历史文化名村分别增加 107 个和 211 个。

2012 年，住房和城乡建设部联合文化部、财政部等启动了中国传统村落调查，并于 12 月公布了首批中国传统村落名录。十年来，共公布了五批 6819 个中国传统村落，形成了世界上规模最大的农耕文明遗产保护群。

有序推进历史文化街区划定和历史建筑确定工作。2015 年 12

月，中央城市工作会议提出"用 5 年左右时间，完成所有城市历史文化街区划定和历史建筑确定工作"。住房和城乡建设部按照中央城市工作会议要求，指导和督促各地开展城市历史文化街区划定和历史建筑确定工作，按照应保尽保、应划尽划的原则，加大工作力度，做好地方性特色文化资源的保护，与 2016 年相比，截至 2022 年，全国历史文化街区实现了数量的翻倍，历史建筑增长了近 5 倍。在历史文化街区和历史建筑认定工作中，重点加强了对见证新中国从站起来到富起来，从积贫积弱到国富民强沧桑巨变的当代重要建设成果的普查认定。如广东省深圳市公布罗湖口岸、深圳证券交易所等历史建筑，是保护特区发展建设初期的代表性建筑。

深圳罗湖口岸　　　　　　　　深圳证券交易所

海南省三沙市将"原中共广东省西沙南沙中沙群岛委员会办事处"公布为历史建筑，该建筑是我国维护南海权益的重要历史见证。

积极开展保护利用试点。习近平总书记指出，城市规划和建设要高度重视历史文化保护，不急功近利，不大拆大建。要突出地方特色，注重人居环境改善，更多采用微改造这种"绣花"功夫，注重文明传承、文化延续，让城市留下记忆，让人们记住乡愁。十年来，住房和城乡建设部坚持以人民为中心的发展理念，努力让保护传承工作更有温度，在保护利用中着力解决人民群众的急难愁盼问题，实现保护与民生改善的统一、与城市品质提升的统一。

2017 年至 2018 年，住房和城乡建设部选取北京、广州等 10 个城市开展历史建筑保护利用试点工作，提出要最大限度发挥历史建筑使用价值，支持和鼓励历史建筑的合理利用。鼓励各市采取区别于文物建筑的保护方式，在保持历史建筑的外观、风貌等特征基础上，合理利用，丰富业态，活化功能，实现保护与利用的统一，充分发挥历史建筑的文化展示和文化传承价值。

2019 年，在 60 个城市启动历史建筑保护利用省级试点工作，通过试点工作的开展，形成了一批可复制可推广的经验。同时，

广州市诚志堂货仓旧址活化利用变身社区幼儿园

广东省广州市修缮诚志堂货仓旧址，改善历史建筑的生存状态和城市风貌，补全周边小区幼儿教育服务短板。幼儿园每年提供学位 120 个，解决就业岗位 100 个，缴纳税金 400 万元，成为利用历史建筑改善老旧小区公共服务建设的典范。

广州市诚志堂货仓活化为太古新蕾幼儿园

积极推动各地完善历史城区和历史文化街区内的公共服务设施和市政基础设施，不断提升老百姓生活舒适度。

探索创新保护利用的路径和方法。各地进一步加深了对历史文化保护传承和城乡建设发展规律的认识，充分发挥遗产在弘扬优秀传统文化、改善人居环境、推动经济社会发展方面的作用，在工作实践中形成了一些可复制可推广的宝贵经验。

在协调保护与发展方面，苏州市整体保护老城，有序开发新城，形成了"老城和新城协调共生"的经验；阆中市通过严格控制古城周边建设活动，完整保留了山水格局，实现了"古城与山水环境整体保护"的目标。

苏州市坚持整体保护老城

江苏省苏州市在规划早期就注重对历史文化遗产的保护，在经济发展和古城保护中成功获得了平衡，成为一个宜居且充满活力的城市，并荣获"李光耀世界城市奖"。

苏州老城

　　在完善公共设施、改善民生方面，扬州市坚持小规模渐进式保护，以"一水一电一消防"为重点提升基础设施；拉萨市20多年持续整治八廓街环境，提升基础设施和公共服务设施水平，实现了"保护古城、改善民生"的双赢；会理县改造提升古城道路、供水管网、停车场等设施，尽量保留原住居民，增强古城活力，做到见人见物见生活。

拉萨市八廓街历史文化街区持续开展环境整治

　　西藏自治区拉萨市持续开展八廓街环境品质提升等保护整治工程，其成功实践对拉萨老城的长远发展与稳定、文化遗产保护、民生改善、城市品质提升等方面起到了积极作用。

拉萨市八廓街东孜苏路环境整治前后对比图

　　在发挥遗产价值、提升城市功能方面，厦门市在鼓浪屿历史文化街区利用历史建筑黄荣远堂建设唱片博物馆，修缮延平戏院作为文化传承场所和社区活动中心；广州市倡导"遗产融入城市功能，让生活更美好"，通过建设历史文化步道串联散落的历史遗存，彰显城市文脉特色，形成了很好的经验。

抚州市文昌里历史文化街区的活化利用

江西省抚州市文昌里通过将现代功能需求与历史空间结合、物质遗产与非物质文化遗产的保护相结合等方式，将项目打造成为抚州市富有活力的城市新名片。

在合理利用遗产、推动转型发展方面，龙泉市将古城保护与龙泉宝剑、龙泉青瓷的技艺传承结合起来，通过保护复兴城市传统文化；杭州市利用老工业园区和工业建筑，发展文化创意产业，建设科技孵化器和众创空间，形成了"文化引领城市转型"的经验。

杭州锅炉厂转型智慧产业园

浙江省杭州市城北工业集群的代表"杭州锅炉厂"外迁，留下的旧厂房则成为"工业遗存"，按照地区规划转型改造为"杭州西子智慧产业园"，成为容纳智能制造、研发、创意、办公、艺术功能的城市公共中心。

杭州西子智慧产业园改造前后对比图

在鼓励公众参与、创新社会治理方面，北京市在杨梅竹斜街、史家胡同保护中坚持政府引导、群众参与、社区共建；安徽省黄山市西递宏村通过合理的利益分配，调动村民参与保护的积极性，形成了"共保共建共享"的经验。

在加强机构建设、统筹保护利用方面，北京市成立了以市委书记为名誉主任、市长为主任的北京历史文化名城保护委员会；福州市成立了历史文化名城管理委员会，作为市政府的派出机构，系统规划、综合协调历史文化名城保护利用工作；福建省永泰县设立历史文化名镇（村）管理中心，成立了26个庄寨保护发展理事会，推动名镇名村的维护、修缮和建设工作。

北京市杨梅竹斜街引导居民参与胡同更新

杨梅竹斜街把活化利用胡同边角空间与居民公共活动空间需求相结合，把胡同环境提升与居民文艺活动进行有机融合，打造组织、功能、环境于一体的综合微更新体系。

居民自发地参与街道美化和环境整治工作

在落实监管责任方面，上海市推进优秀历史建筑日常保护网格化管理，并将违法处置纳入城市综合执法。天津市将全市 14 个历史文化街区和名镇名村全部纳入规划实施管理重点巡查范围，对历史文化街区、名镇名村保护范围内的建设活动实行严格监督管理。

加强监督管理　营造良好氛围

近年来，住房和城乡建设部持续加强历史文化保护工作的监督检查、专项调研、专项评估工作，对破坏城乡历史文化遗产的违法违规行为，及时制止并通报批评，责令并指导保护不力的名城做好整改工作，有效遏制了名城保护不正之风。

开展名城名镇名村评估检查。2011年、2017年，住房和城乡建设部先后两次开展全国历史文化名城名镇名村保护工作检查，对12个名城进行通报批评并要求整改，及时扭转了一些地方大拆大建、拆真建假的不良倾向。2020年8—10月，对全国134座国家历史文化名城的保护工作落实情况开展全面调研评估，总结经验，分析问题，为政策制定和完善保护管理机制提供重要参考和依据。2020年以来，住房和城乡建设部持续督导5个保护不力名城开展整改工作。

2020年9月，对成都市青羊区擅自砍伐桂花巷树木、破坏城市风貌事件予以通报批评。同期，就荆州市在历史城区范围内建设巨型关公雕像，破坏古城风貌和历史文脉的情况进行通报批评，同时印发《关于加强大型城市雕塑建设管理的通知》，指导各地

荆州市历史城区内巨型关公雕像整改拆除

湖北省荆州市在古城历史城区范围内建设的巨型关公雕像，高达57.3米，违反了经批准的《荆州历史文化名城保护规划》有关规定，破坏了古城风貌和历史文脉。2020年12月，地方审批通过"关公雕像搬移工程"，将雕像整体拆除并异地安装。

历史城区内巨型关公雕像整改拆除

加强大型城市雕塑建设管理。2021 年 7 月，就大连东关街历史文化街区保护实施的有关情况开展了调研，指导大连做到应保尽保。同年 10 月，针对媒体反映的宁波市宁海县在老城更新中大规模拆除老城的问题，组织专家现场调研，指导宁海县在老城更新中加强历史文化保护。

建立常态化名城保护专项评估制度。伴随着常态化监督检查工作的推进，住房和城乡建设部愈发认识到开展名城保护常态化"自检"工作的重要性。2021 年 11 月，住房和城乡建设部联合国家文物局印发《关于加强国家历史文化名城保护专项评估工作的通知》，提出"自 2022 年开始，各名城每年应开展一次自评估工作"，标志着我国国家名城常态化评估制度的正式确立。评估内容涉及历史文化资源调查认定情况、保护管理责任落实情况、保护利用工作成效等方面，评估工作的实施将对完善保护管理、及时发现问题、完善提升保护管理工作都具有重要意义。

知识速递

国家历史文化名城保护专项评估工作要点

三类评估内容

- 历史文化资源认定情况
- 保护管理工作情况
- 各类保护对象保护利用情况

三种评估方式

- 名城年度自评
- 省级定期评估
- 部省抽查评估

三种处理措施

- 通报批评
- 列入濒危名单
- 撤销称号

成立专家委员会。2019年4月，住房和城乡建设部印发《关于成立部科学技术委员会历史文化保护与传承专业委员会的通知》，决定成立住房和城乡建设部科学技术委员会历史文化保护与传承专业委员会。专委会成立以来，对城乡建设活动中的历史文化保护与传承进行法规、理论、方法、技术等方面研究，参与历史文化名城名镇名村的规划审查与保护管理的定期评估，提供专业咨询与技术指导，为保护传承工作发挥了重要支撑作用。

重视优秀案例宣传推广。住房和城乡建设部组织专家对我国城乡历史文化传承中的好案例与好做法进行挖掘和总结，遴选了32个优秀名城、街区保护利用示范案例，编纂出版了《历史文化保护与传承示范案例（第一辑）》。在建筑设计奖中增设"历史文化保护传承创新专项"，评选出2019—2020年度优秀作品奖54项，引领行业健康发展。浙江、福建等地也积极行动总结经验做法，辽宁省编制了《辽宁省历史文化保护传承示范项目名录》。这些活动推动了全国层面保护传承经验的总结与交流，为指引历史文化保护传承的正确方向发挥了积极作用。

优秀案例经验总结

扬州市仁丰里历史文化街区
获历史文化保护传承创新全国一等奖

江苏省扬州市仁丰里历史文化街区按照"小地块、渐进式、微更新、强文化、可持续"的思路，稳步推进街区保护、整治与利用工作，完整保护了历史信息载体与不同年代的记忆。持续开展文化旅游推介活动，推动园林式民居向游客开放，组织诗词采风、诗词大赛，编印文学内刊，开展文创集市、专题微散文和诗歌征集等活动，通过文化展示打动人心、触动乡愁。

扬州市仁丰里历史文化街区

仁丰里城市书房　　　　　　　　永乐琴坊古琴技艺交流

第 12 章

像绣花一样管理城市

抓城市工作，一定要抓住城市管理和服务这个重点，不断完善城市管理和服务，彻底改变粗放型管理方式，让人民群众在城市生活得更方便、更舒心、更美好。

习近平总书记在中央城市工作会议上的讲话

（2015 年 12 月 20 日）

"天下大事，必作于细。"城市管理是国家治理体系和治理能力现代化的重要内容。2015 年 12 月，《中共中央 国务院关于深入推进城市执法体制改革改进城市管理工作的指导意见》印发，对改进城市管理工作作出战略部署。2017 年全国两会期间，习近平总书记在参加上海代表团审议时提出，城市管理应该像绣花一样精细。2018 年 11 月，习近平总书记在上海浦东新区考察时强调，既要善于运用现代科技手段实现智能化，又要通过绣花般的细心、耐心、巧心提高精细化水平，绣出城市的品质品牌。

全国各级城市管理部门认真落实习近平总书记要求，按照党中央、国务院决策部署，在城市管理上下足绣花功夫，在提升精细化水平上做好精彩文章，于细微处见水准，不断满足人民对美好生活的向往。

深化体制改革　穿好绣花针

我国有一半以上人口生活在城市。城市环境好不好，城市竞争力高不高，既要靠建设，更要靠管理，建设提供硬环境，管理增强软实力。管理工作跟不上，城市功能和形象都会大打折扣。

党中央部署推进城管执法体制改革

2013 年 11 月，党的十八届三中全会召开。全会通过的《中共中央关于全面深化改革若干重大问题的决定》明确提出，理顺城管执法体制，提高执法和服务水平。这是第一次将城市管理工作写入中央重大决策文件。

2014 年 10 月，党的十八届四中全会召开。全会通过的《中共中央关于全面推进依法治国若干重大问题的决定》再次提出，理顺城管执法体制，加强城市管理综合执法机构建设，提高执法和服务水平。

2015 年 11 月，习近平总书记主持中央深化改革领导小组第十八次会议，研究部署城市管理执法体制改革。会议指出，要以城市管理现代化为指向，坚持以人为本、源头治理、权责一致、协调创新的原则，理顺管理体制，提高执法水平，完善城市管理，构建权责明晰、服务为先、管理优化、执法规范、安全有序的城市管理体制，让城市成为人民追求更加美好生活的有力依托。

随着城市的快速发展，城市管理工作面临许多新任务、新要求，城市管理工作还存在差距。

为推进城市治理体系和治理能力现代化，提高城市管理水平，党中央部署推进城市管理执法体制改革。住房和城乡建设部作为改革牵头部门，会同有关部门认真贯彻落实党中央决策部署，系统谋划、同向发力，统筹推进改革工作，取得积极成效。

管理架构基本形成。2016 年 5 月，经国务院批准，建立住房和城乡建设部、中央编办、国务院法制办牵头，16 个部门参加的全国城市管理工作部际联席会议制度，统筹推进城市管理执法体制改革。2016 年 9 月，中央编办批复成立住房和城乡建设部城市管理监督局，承担拟订城管执法的政策法规、指导全国城管执法工作、开展城管执法行为监督等职责。各省（区、市）均明确了城市管理主管部门，80% 以上市县实现机构综合设置。国家、省、市、县四级城市管理架构基本形成，城市管理体制初步理顺。

执法效率显著提高。各地城市管理部门贯彻落实党中央、国务院关于深化行政执法体制改革的要求，率先探索在与群众生产生活密切相关、执法频率高、多头执法扰民问题突出的领域推进综合执法。地级及以上城市的城市管理部门中，超过 90% 集中行使了与城市管理密切相关的市政公用、市容环卫、园林绿化方面的行政处罚权。通过推进综合执法，各地城市管理部门整合执法力量、降低执法成本、提升执法效率，有效破解多头执法扰民问题。各地科学合理配备执法人员，下移执法重心，城市管理一线执法人员占比达到 80% 以上，有效解决基层"看得见的管不着，管得着的看不见"的问题。

共治格局初步形成。各地党委政府认真践行"以人民为中心"的发展思想，创新城市管理方式，推动城市管理走向城市治理。

厦门、沈阳开展"共同缔造"行动，以规范秩序、改善环境、完善设施、弘扬精神为重点，共谋、共建、共管、共评、共享，受到了群众欢迎。南京市出台《城市治理

城市管理执法队伍呈现新面貌

条例》，将共治共享的理念制度化法治化，推动城市管理由单打独斗向共同治理转变，由被动管理向主动服务转变。徐州市创新监督机制，开展"城市啄木鸟"行动，市民通过手机 App 实时上传城市管理问题，促进了共管共治。北京、上海等市从群众关心的小事、身边事做起，从房前屋后、背街小巷做起，寓精细管理于精准服务，增强人民群众获得感、幸福感、安全感。城市管理执法队伍形象明显提升。

法规标准体系逐步健全。2017 年 1 月，住房和城乡建设部出台《城市管理执法办法》，这是城市管理方面第一部部门规章，为我国城市管理执法活动提供了基本遵循，增强了城市管理执法队伍的工作保障，也是各地推进城市管理执法体制改革的重要指引。各地也积极推进立法工作。截至 2022 年 6 月，全国共颁布实施城市管理和执法方面的地方性法规 84 部，为城市管理工作提供有力法治保障。住房和城乡建设部全面梳理城市管理各类标准规范，分门别类研究制定、修订完善市政设施、市容环境卫生、园林绿化养护管理等规范和作业标准，形成全覆盖、精细化、高水平的城市管理领域标准规范体系，配套出台相关政策措施，加大标准

上海市构建精细化管理标准体系

上海市在全面梳理现行城市管理标准的基础上，缺什么补什么，制定城市精细化管理标准体系，涵盖工地、房屋、地下空间、农村、数字化、城市管理薄弱区域、城市重要区域、交通、水务、绿化、市容景观等方面，共计60余部。将城市管理工作落实到内容具体、标准统一、管理精细，切实解决人民群众最关心、最直接、最现实的问题，努力消除各种"城市病"。

规范执行力度，树立标准规范的权威性。地方政府细化责任分工、工作要求、管理流程等，制定量化指标，推动实现城市精细化管理全行业覆盖、全时空监控、全流程控制、全手段运用，已经基本形成了层级分明、系统完善、操作性强的城市精细化管理标准规范体系。

注重科技赋能　磨好绣花针

习近平总书记指出，一流城市要有一流治理，要注重在科学化、精细化、智能化上下功夫。

住房和城乡建设部认真贯彻习近平总书记指示精神，顺应信息化、数字化、智能化发展趋势，推动建设国家、省、市三级城市运行管理服务平台，构建互联互通、数据共享、业务协同"一张网"，建立用数据说话、决策、管理、创新的新机制，更好地发现问题、协调问题、解决问题、防范问题，推动城市管理从事后处置向预防预警转变，系统提升城市运行保障能力和风险防控水平。

党中央、国务院部署城市运行管理服务平台建设

2021 年以来，"搭建城市运行管理服务平台"纳入《中华人民共和国国民经济和社会发展第十四个五年规划和 2035 年远景目标纲要》及《"十四五"国家安全保障能力建设规划》《"十四五"推进国家信息化规划》等中央文件，其中《"十四五"国家安全保障能力建设规划》明确要求"建设国家、省、市三级城市运行管理服务平台"。

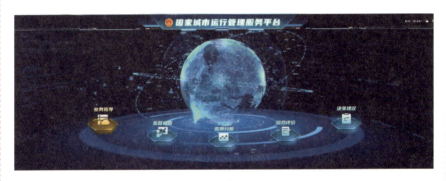

国家城市运行管理服务平台

2021 年 12 月，住房和城乡建设部印发《关于全面加快建设城市运行管理服务平台的通知》，发布《城市运行管理服务平台技术标准》《城市运行管理服务平台数据标准》《城市运行管理服务平台建设指南（试行）》，全面启动国家、省、市三级城市运行管理服务平台建设工作，三级平台互联互通、数据同步、业务协同。

国家平台、省级平台"观全域、重指导、强监督"，对城市运行管理服务状况开展实时监测、动态分析、综合评价，是统筹协调、指挥监督重大事项的监督平台。市级平台"抓统筹、重实战、强考核",第一时间发现问题、第一时间控制风险、第一时间解决问题,是统筹协调城市管理及相关部门"高效处置一件事"的一线作战平台。

上海市推动城市运行"一网统管"

上海市围绕"一屏观全域,一网管全城",在城市网格化管理系统基础上,把分散的信息资源整合起来,搭建统一的城市运行管理服务平台,实现多部门多层级协同管理,推动城市运行"一网统管"。平台构建覆盖市、区、街镇三级的网格化管理系统,初步实现城市运行事项的源头管控、过程监测、预报预警、应急处置和综合治理。

上海市城市运行管理服务平台

三级平台横向涵盖城市管理相关部门业务,纵向将应用延伸至区、街道、社区,与网格化管理相融合,形成"横向到边、纵向到底"的城市运行管理服务工作体系,系统解决城市运行、管理、服务过程中的突出问题和矛盾。打造跨部门、跨地区、跨层级的业务应用场景，推进数据和业务深度融合，以线上信息流、数据流倒逼体制机制改革、倒逼管理体系重构和流程再造，实现跨部门跨层级资源整合和协同联动。

加强队伍建设　练好绣花功

工作行不行，关键看队伍。城市管理执法队伍是城市精细化管理的主要力量，其整体素质水平关系着城市精细化管理能力的高低。满足精细化管理要求，管理队伍必须具备专业化的能力。

统一制式服装和标志标识。制式服装是行政执法人员身份的重要标志，体现了法律的尊严和政府的权威。2017 年，经国务院同意，全国城市管理执法队伍统一制式服装和标志标识，成为1986 年以来党中央、国务院批准新增的第一支统一着装队伍。

统一标志、标识、着装

开展"强转树"专项行动。2016 年以来，住房和城乡建设部持续深入开展全国城市管理执法队伍"强基础、转作风、树形象"专项行动，通过强化政治素养、法治思维、业务能力等一系列手段，建设一支政治坚定、作风优良、纪律严明、依法履职、人民满意的新时代城市管理执法队伍。

数说

住房和城乡建设部建立全国城市管理执法干部轮训机制，按照"应训尽训"原则，累计培训处级以上干部 8000 余人次。推动地方组织开展科级以下培训，打造培训体系，2019 年以来，累计培训执法人员 13 万余人次。

"人民满意的公务员"——张桂凤

各地认真落实"强转树"专项行动要求，制定实施方案，成立工作领导小组，形成了一级抓一级、层层抓落实的工作机制。"强转树"专项行动开展以来，城市管理执法人员素质不断提高，城市管理执法队伍形象明显改善，涌现出一批优秀的城市管理执法人员。一批城市管理执法人员荣获全国"人民满意的公务员"称号，受到习近平总书记接见。住房和城乡建设部每年对表现突出的先进单位和个人发文进行表扬，截至 2021 年底，累计表扬 505 个单位和 513 名个人。中央文明委多次将其列入年度重点工作项目台账。"强转树"专项行动已经成为城市管理执法队伍建设的一张亮丽名片。

党建引领城市管理工作。抓队伍，必须抓党建。各地城市管理执法部门始终将党的建设作为"强转树"专项行动的重中之重，重点加强基层队伍党的建设工作。

推广"721 工作法"。住房和城乡建设部贯彻落实以人民为中心的发展思想，在全国推广"721 工作法"，用服务手段解决 70% 的问题，用管理手段解决 20% 的问题，用执法手段解决 10% 的问

延安市城管打造"三务"融合党建机制

陕西省延安市宝塔区城管执法局党委采取构筑思想高地、务实服务群众、增强组织生活活力等举措，推行"点线面"党建工作法，构建多维党建工作体系，形成了党建工作新探索。设立"城市驿站"，举办"城管开放日"，带头践行"勤快严实精细廉"作风，用实绩实效推动党务、业务、服务深度融合，有力推动以党建促业务提升、以党建促队伍建设、以党建促为民服务，基层党组织活力和凝聚力大大提升。

重温入党誓词

题。变"被动管理"为"主动服务"，变"末端执法"为"源头治理"，坚持处罚与教育相结合，灵活运用说服教育、劝导示范、行政指导等非强制行政手段，有效解决了管理矛盾层出、执法纠纷频发等问题，提高了城市管理效能，赢得了社会点赞。

推进"城市管理进社区"。社区是服务群众的"最前沿"和"第一线"。社区治理的好坏，是最直接、最真实的城市管理精细化衡量指标。近年来,各地积极推进"城市管理进社区",将城市管理触角延伸到社区,城管队员与居委会代表、物业公司代表、居民代表建立共同协调议事工作机制,把问题和矛盾化解在萌芽状态。

城市管理进社区 服务群众面对面

上海市从2015年开始部署城市管理进社区工作机制,建设城管执法社区工作室。2017年提出"一居(村)委一工作室"工作目标,2018年底,全市建有城管执法社区工作室5951个,实现城管执法社区工作室全覆盖,让人民群众真切感受到"城管就在身边"。

"四方"代表座谈交流

完善城管执法制度。2017年11月,住房和城乡建设部、司法部联合印发《关于开展律师参与城市管理执法工作的意见》,建立推行律师参与城市管理执法制度,充分发挥律师促进依法行政、化解矛盾纠纷的职能作用。2018年,印发《城市管理执法行为规范》,对执法纪律、办案规范、装备使用规范、着装规范、仪容举止和语言规范等作出明确规定。2019年,在城市管理执法领域全面推行行政执法公示、执法全过程记录、重大执法决定法制审核"三项制度",从源头、过程、结果等关键环节确保城管执法公开透明。

常州市"驻队律师"推动基层法治在创新

江苏省常州市城市管理局引导驻队律师与基层中队双方以平等站位对话,通过随队现场指导,全方位提供法律咨询、法制审查、法律援助等服务,充分发挥"法制员""审查员""缓冲带"作用,积极协助一线执法,让双方在实际案情中共促发展,推动城管执法更加专业化、人性化、规范化。

探索"非现场执法"模式。宁波、北京、湖州、武汉、柳州、崇州等地在查处建筑垃圾违规处置、流动摊贩、跨店经营、车辆违停等易发生冲突的执法场景,依靠科学技术手段创新执法方式,探索开展"非接触性"执法,化解执法冲突,弥补执法力量不足,提高执法效率,很好地提升了执法队伍形象,改善了执法环境。2018年5月,住房和城乡建设部在宁波市召开城市管理执法工作推进会暨宁波"非接触性"执法现场会,总结推广"非现场执法"经验做法。

宁波市城管探索推行"非现场"执法模式

浙江省宁波市江北区城管执法局利用视频探头、执法记录仪、自动拍摄设备等技术手段在"场外"锁定违法行为、固定违法证据,经调查、告知、处罚、执行程序后,可在当事人不配合情况下,完成对违法行为的闭环查处。

执法人员线上谈话

城管执法队员检查快递人员核酸检测情况

保障城市安全运行。各地城市管理队伍在历次抗击地震、台风、暴雪、内涝等突发灾害面前勇于担当、冲锋在前，成为城市应急处突工作的中坚力量。特别在新冠肺炎疫情防控工作中，各地城市管理队伍不畏艰险、奋战在一线，积极参与方舱医院建设、防疫物资运送、卡口执勤值守等工作，为打赢疫情防控战发挥积极作用。

2022年，上海市新冠肺炎疫情严峻。上海市全系统广大城管队员舍小家顾大家，夜以继日冲锋在一线，面对艰巨任务、付出艰辛努力。承担起环境消杀监督检查、街面滞留人员安置救助、"场所码"巡查检查等工作，赢得了市民群众良好的口碑。

护航城市运行 绘好绣花图

宁可千人累，换来万家洁。城市干净整洁有序安全是居民工作生活的基本保障，也是城市精细化管理的基本要求。住房和城乡建设领域各级各部门在改善城市面貌和秩序方面，尤其是背街小巷、广告牌匾、窨井盖等群众最为关心的身边小事上持续发力、久久为功，有效调和城市管理过程中出现的各种利益冲突，针对城市特色进行精细化管理，实现城市经济、社会、文化和生态等各个方面的有序发展。

2020 年 12 月，住房和城乡建设部印发《城市市容市貌干净整洁有序安全标准》，对城市市容市貌干净、整洁、有序、安全提出了基本性、普遍性要求，对城市中的道路、建（构）筑物、公共服务设施、户外广告与招牌、公共场所、城市绿化和水域、施工工地的容貌作了具体要求。

小街巷大民生。住房和城乡建设部聚焦人民群众身边最关心、最直接、最现实的市容环境突出问题，将背街小巷环境整治作为

背街小巷环境整治

一条条背街小巷经过精细化打磨，不仅成为城市的亮丽风景线，也成为新时代群众美好生活的见证。全国各地，悄然发生着从"脏乱差"到"净美靓"的变形记。背街小巷环境整治普遍赢得周边居民的点赞，"这种美不只是看到的美，更是一种文明之美"。

各地城管部门以真抓、真干、真落实的姿态，高质量完成消除环境卫生死角、整治公厕环境卫生、解决路面破损等各项整治任务，切实发挥出美化环境、改善秩序、提升品质、促进和谐的良好效果，提升了人民群众获得感、幸福感、安全感。

宿迁迎薰巷新貌

"我为群众办实事"实践活动重点项目,在全国确定 100 个重点推进城市,重点整治 920 条背街小巷。各地城市管理部门以人民群众反映强烈的市容环境为突破口,整治背街小巷,优化城市人居环境,扮靓背街小巷,留住浓浓乡愁。

小广告大作为。2019 年 6 月,住房和城乡建设部在长春等 9 个城市,以"安全、美观"为目标部署开展规范城市户外广告设施设置管理工作试点。在试点工作基础上,指导各地贯彻落实绿色发展理念,紧密结合"双碳"目标,健全顶层设计,突出规划引领,规范城市户外广告和招牌设施设置管理工作,整治提升设施品质,打造典型示范项目,城市环境容貌显著改善,城市形象风貌更加鲜明,城市文化底蕴得到传承。2021 年 12 月,住房和城乡建设部修订出台《城市户外广告和招牌设施技术标准》,进一步规范行业管理,确保设施设置安全,保障了人民"头顶上的安全"。

地方实践

青岛市提升户外广告安全管理水平

山东省青岛城管建立《条例》《办法》《标准》《规划》《导则》《规范》"六位一体"法规制度体系,全面开展"美丽风景线""违规设置屋顶字""户外广告和招牌攻坚作战"等多个专项行动,保障城市亮丽多彩,守护人民群众"头顶安全"。

干净整洁的青岛街道

小井盖大安全。住房和城乡建设部不断加强窨井盖安全管理，强化城市运行安全保障，针对窨井盖多头管理、统筹困难等问题，建立起政府统筹、部门共管、条块协作的窨井盖问题治理工作机制，有效防范事故发生，指导各地持续推进窨井盖安全管理工作，进一步完善标准规范，强化城市运行安全保障，推动治理工作深入有效开展，切实保障人民群众"脚下安全"。

河南省多部门协同共治窨井盖问题

河南省住房和城乡建设厅与省检察院联合印发《关于加强协作配合共同推进窨井盖问题综合治理的意见》，通过实施厅际协调工作举措、制定专项整治实施方案、印发技术规范、开展普查确权、加强督导检查等系列工作措施，在全省掀起窨井盖专项整治工作热潮。

防范大城市治理风险。住房和城乡建设部持续深入学习贯彻习近平总书记关于城市治理的一系列重要讲话和指示批示精神，针对特大城市存在的风险和不足，把生态和安全放在更加突出的位置，坚持以人民为中心的发展思想，坚持新发展理念，统筹城市经济需要、生活需要、生态需要、安全需要，不断提高特大城市风险防控能力。

开展城市治理风险清单管理制度试点。围绕各类风险，研究制定具体可操作的措施，分门别类制定风险防控方案。目前由重庆市城管局牵头，22 个部门、区政府参加，已初步构建包括基础设施、建筑施工、自然灾害等 7 大类 122 项的风险清单图册。

重庆市推行城市治理风险清单管理制度

重庆市聚焦超大城市楼高坡陡、桥隧纵横等安全风险，积极探索"一张图表呈现，一个平台通览，一套机制保障"的城市治理风险清单管理的创新路径，推动形成以城市运行安全为核心，覆盖城市基础市政设施、公共空间、工业企业、建筑施工、消防安全、自然灾害、公共卫生等领域的综合性、全方位、系统化的城市治理安全发展体系。

重庆江北区城市运行安全风险清单管理平台

开展城市基础设施安全运行监测试点。2021年9月，住房和城乡建设部印发《关于进一步加强城市基础设施安全运行监测的通知》，对加强城市基础设施安全运行监测工作作出部署。要求各地完善城市基础设施管理数据库，加快推动燃气、供水、排水、供电、热力、桥梁等管理信息系统整合，建设综合性的城市基础设施安全运行监测系统，全面掌握城市基础设施运行状况。2022年，在全国确定2个省和22个城市（区）作为试点省市，全面部署推动城市基础设施安全运行监测工作。

时代是出卷人，我们是答卷人，人民是阅卷人。自觉践行人民城市理念，就必须坚持新发展理念，聚焦人民群众需求，完善城市治理体系、提高城市治理能力，把"像绣花一样管理城市"的理念贯穿于城市管理全过程和各方面，让城市管理成果为人民所共享，城市发展成效让人民检验，更好顺应人民对美好生活的新期待。

第 13 章

城市更新行动
谱写城市高质量发展新篇章

实施城市更新行动，推进城市生态修复、功能完善工程，统筹城市规划、建设、管理，合理确定城市规模、人口密度、空间结构，促进大中小城市和小城镇协调发展。

《中共中央关于制定国民经济和社会发展第十四个
五年规划和二〇三五年远景目标的建议》
（2020 年 10 月 29 日）

旧厂房变身新地标、古街巷展现新风貌、老社区焕发新活力……写进"十四五"规划纲要的"城市更新行动"正在全国各地稳步实施，一幕幕城市高质量发展风景线，正在把城市建设成为人与人、人与社会、人与自然相互支撑、和谐共处的美丽家园。

顶层设计指引城市发展新方向

党的十九届五中全会提出，推进以人为核心的新型城镇化，实施城市更新行动。这是以习近平同志为核心的党中央站在全

189

面建设社会主义现代化国家、实现中华民族伟大复兴中国梦的战略高度，准确研判我国城市发展新形势，对进一步提升城市发展质量作出的重大决策部署，明确了今后一个时期城市工作目标任务。

2021年，我国常住人口城镇化率达64.72%，我国社会结构、生产生活方式和治理体系发生重大变化。我国城市发展步入了城市更新重要时期。

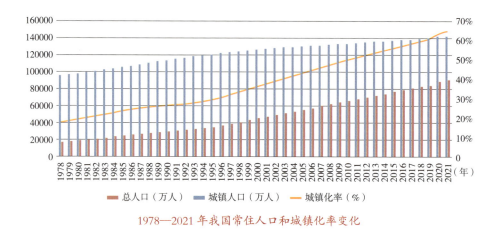

1978—2021年我国常住人口和城镇化率变化

从宏观层面看，我国经济社会发展进入新的发展阶段，迎来从站起来、富起来到强起来的历史性跨越。城市在国家经济社会发展中的主体地位越来越突出，城市发展建设也有了实现新的更高目标的物质基础。

从城镇化进程看，我国已进入城镇化较快发展的中后期，城市发展由大规模增量建设转为存量提质改造和增量结构调整并重。过度房地产化的城市开发建设方式已不可持续。大规模的住房消费需求也出现转向，开始主要集中在新市民租赁住房和老旧小区改造等方面。

为什么过度房地产化的城市开发建设方式不可持续?

1. 城市住房总量越来越接近天花板。城镇人均住房建筑面积已达到 39.8 平方米,城镇居民家庭户均住房超过 1.1 套,住房问题已从总量短缺转为结构性供给不足。

2. "大量建设、大量消耗、大量排放"的建设方式亟待转型。我国每年消耗的水泥、玻璃、钢材分别占全球总消耗量的 45%、42%、35%。

3. 城市风险问题越来越突出。城市中心城区建设密度过高,交通枢纽、医疗卫生设施过度集中,应急避难空间不足,高层建筑密集,安全风险突出。

从国际城市发展经验看,城市更新是城市发展的必然选择,也是城市发展的伴随现象。城镇化率达到 60% 左右,是社会矛盾和问题集中凸显的时期,不仅要持续解决城镇化过程中带来的问题,还要注重解决城市发展本身所产生的问题。这一时期,很多国家针对城市自身发展中的突出问题,开展了城市更新行动。比

阶段	20 世纪 50 年代	20 世纪 60 年代	20 世纪 70 年代	20 世纪 80 年代	20 世纪 90 年代	21 世纪初
政策类型	城市重建	城市复兴	城市改造	城市再开发	城市再生	衰退下的再生
主要方向	对旧区进行重建和拓展,推动郊区增长	对前十年的延续,推动郊区和城市周边增长	集中推进就地改造和住区类项目,继续对城市边缘地区的开发	开展大规模城市开发和再开发项目,推动城郊开发	城市更新的政策和实践注重综合性,强调整体和谐的手段	整体收缩开发行为,在局部地区放松限制
空间侧重	内城拆建,城周开发	内城拆建,亦有对已建成地区的修复建设	老城区的大规模改造	大规模拆除重建、推广大型综合性项目	较 20 世纪 80 年代更注重历史文化遗产保护和延续	更小尺度开发换取更大回报,追求提质增效

国际城市更新演化的阶段概述表

如英国城市复兴、美国城市美化运动、新加坡城市重建、韩国城市再开发等。

实施城市更新行动，对全面提升城市发展质量、不断满足人民群众日益增长的美好生活需要、促进经济社会持续健康发展，具有重要而深远的意义。

实施城市更新行动，是顺应城市发展规律和发展形势，推动城市高质量发展的必然要求。城市建设既是贯彻落实新发展理念的重要载体，又是构建新发展格局的重要支点。进入新发展阶段，国家发展目标、价值取向、市场需求、百姓诉求、评价标准都在发生变化，城市建设必须主动适应这些变化，从关注增量、注重规模扩张和拉开城市框架，转向关注存量、品质提升和结构优化。

实施城市更新行动，是治理"城市病"、解决城市发展突出问题和短板的重要抓手。我国城市发展注重追求速度和规模，城市整体性、系统性、宜居性、包容性和生长性不足。通过实施城市更新行动，及时回应群众关切，着力补齐基础设施和公共服务设施短板，提升城市品质，提高城市管理服务水平，让人民群众在城市生活得更方便、更舒心、更美好。

实施城市更新行动，是推动城市开发建设方式转型，促进绿色低碳发展的有效途径。过去"大量建设、大量消耗、大量排放"和过度房地产化的城市开发建设方式已经难以为继，亟待通过城市更新，推动城市开发建设方式从粗放型外延式发展转向集约型内涵式发展，将建设重点由房地产主导的增量建设，逐步转向以提升城市品质为主的存量提质改造，促进城市绿色低碳发展。

实施城市更新行动，是坚定实施扩大内需战略、促进经济发展方式转变的重要举措。城市是扩内需补短板、增投资促消费、建设强大国内市场的重要战场。我国城镇生产总值、固定资产投资占全国比重均接近 90%，消费品零售总额占全国比重超 85%，经济增长中存量优化和服务增值的比重将不断增加。实施城市更新行动可以推动形成以城市运营、增值服务为支撑的新模式，带动存量更新改造投资、交易和服务增值，推动"稳增长、调结构、推改革"。

有的放矢　建立城市体检评估机制

实施城市更新行动必须遵循"先体检、后更新"的原则，逐步建立与实施城市更新行动相适应的城市规划建设管理体制机制和政策体系。城市体检评估是实施城市更新行动的前提和基础，可以及时查找城市建设发展过程中的主要问题和突出短板，为科学编制城市更新规划和实施计划、合理确定城市更新项目提供现状分析和工作建议。

2018 年，住房和城乡建设部会同北京市政府率先探索开展城市体检。2019 年，选择沈阳、南京、厦门等 11 个城市，采用政府主导、公众参与的方式开展城市体检试点工作。2020 年，选择 36 个样本城市开展城市体检。2021 年，以省为单元，每个省份按照"一大一小"的原则，

什么是城市体检？

城市体检是通过综合评价城市发展建设状况、有针对性制定对策措施，优化城市发展目标、补齐城市建设短板、解决"城市病"问题的一项基础性工作，是统筹城市规划建设管理的重要路径，是实施城市更新行动的重要基础。

选取 2~3 个城市作为样本，样本城市数量增加到 59 个，覆盖所有直辖市、计划单列市、省会城市和部分设区城市，涵盖超大、特大、大、中、小各类城市。另外，有 18 个省份探索开展省级城市体检工作，其中，江西、安徽、河北、云南、新疆等 5 个省（区）实现城市体检地级市全覆盖。目前，共有 246 个城市开展了体检工作。

城市体检指标体系包括哪些？

城市体检指标体系包括生态宜居、健康舒适、安全韧性、交通便捷、风貌特色、整洁有序、多元包容、创新活力八个方面，2022 年指标数为 69 项。各地在住房和城乡建设部城市体检指标体系基础上，结合自身建设发展需要，增加了一些特色化指标，进一步丰富和完善了指标体系。

在这一过程中，住房和城乡建设部逐步建立了问题导向、目标导向、结果导向相结合的城市体检指标体系，形成了城市自体检、第三方体检和社会满意度调查相结合的城市体检方法。

样本城市政府是城市体检工作的主体，通过开展自体检，摸清城市建设成效和问题短板，并向社会公开体检结果。结合自体检成果，编制城市更新五年规划和年度实施计划，合理确定城市更新年度目标、任务和项目，帮助城市全面摸清家底、及时找准问题，起到"防未病、治已病"的作用。

由住房和城乡建设部、省级住房和城乡建设部门组织开展第三方体检，通过运用遥感、物联网、大数据、人工智能等新技术，客观评价各个城市建设发展成效，及时掌握和解决共性问题。

通过问卷调查、实地走访等方式，调查分析群众对城市建设发展的满意度，查找群众感受到的突出问题和短板，调查结论和

地方实践

坚持先体检后更新

上海市以城市体检促进城市更新,形成"体系构建—数据采集—计算评价—诊断建议—行动落实"五个环节构建的体检工作闭环流程。充分发挥城市体检"立体思维"作用,统筹市—区—街镇各级,从城市规划建设管理各方面促进城市更新行动,推动各级政府治理有的放矢,全方位提升人居环境品质。

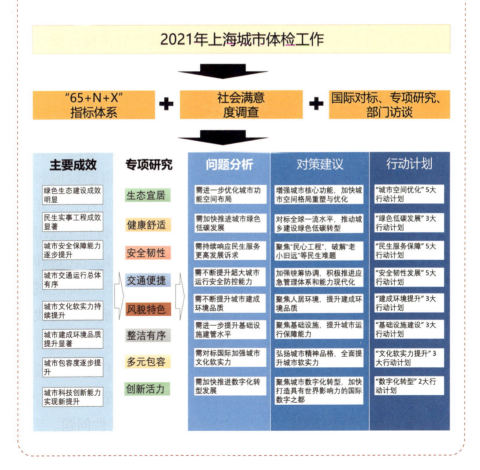

2021年上海城市体检工作

"65+N+X"指标体系 ＋ 社会满意度调查 ＋ 国际对标、专项研究、部门访谈

主要成效	专项研究	问题分析	对策建议	行动计划
绿色生态建设成效明显	生态宜居	需进一步优化城市功能空间布局	增强城市核心功能,加快城市空间格局重塑与优化	"城市空间优化"5大行动计划
民生实事工程成效显著	健康舒适	需加快推进城市绿色低碳发展	对标全球一流水平,推动城乡建设绿色低碳转型	"绿色低碳发展"3大行动计划
城市安全保障能力逐步提升	安全韧性	需持续响应民生服务更高发展诉求	聚焦"民心工程",破解"老小旧远"等民生难题	"民生服务保障"5大行动计划
城市交通运行总体有序	交通便捷	需不断提升超大城市运行安全防控能力	加强统筹协调,积极推进应急管理体系和能力现代化	"安全韧性发展"5大行动计划
城市文化软实力持续提升	风貌特色	需不断提升城市建成环境品质	聚焦人居环境,提升建成环境品质	"建成环境提升"3大行动计划
城市建成环境品质提升显著	整洁有序	需进一步提升基础设施建管水平	聚焦基础设施,提升城市运行保障能力	"基础设施建设"3大行动计划
城市包容度逐步提升	多元包容	需对标国际加强城市文化软实力	弘扬城市精神品格,全面提升城市软实力	"文化软实力提升"3大行动计划
城市科技创新能力实现新提升	创新活力	需加快推进数字化转型发展	聚焦城市数字化转型,加快打造具有世界影响力的国际数字之都	"数字化转型"2大行动计划

有关建议纳入城市自体检、第三方体检报告，真正做到把群众满意作为城市建设的最高标准。

各地普遍反映，城市体检工作增强了地方党委和政府贯彻新发展理念的思想自觉、政治自觉和行动自觉，提高了城市工作的整体性和系统性，有力促进了城市高质量发展。目前，许多城市以体检推动实施城市更新的工作机制，破解"头痛医头、脚痛医脚"、项目实施零散化和碎片化的问题。坚持先体检、后更新，通过城市体检评估，摸清城市家底，查找"城市病"和短板，关注群众关切，确定城市更新的重点，制定城市更新规划和年度计划，形成体系化的"一揽子"解决方案，增强城市更新工作的整体性和系统性。

百花齐放　深入推进城市更新行动

习近平总书记多次对城市转型发展、城市更新作出重要指示。2013 年 12 月，习近平总书记在中央城镇化工作会议上指出，盘活存量用地，不是要大拆大建、推倒重来，重要的是把现在低效用地用好。2015 年 12 月，习近平总书记在中央城市工作会议上强调，要坚持集约发展，框定总量、限定容量、盘活存量、做优增量、提高质量。要加强城市设计，提倡城市修补。这些重要指示和部署要求，既富有前瞻性战略性，又有深细的指导性，为实施城市更新行动指明了方向，提供了遵循。

党的十八大以来，各地区、各部门认真贯彻落实党中央、国务院决策部署，顺应城市工作新形势、改革发展新要求、人民群众新期待，全力推进生态修复城市修补、城市设计和城市更新工作，转变城市开发建设方式、治理"城市病"，推动城市高质量发展。

开展生态修复城市修补，治理"城市病"。2015 年以来，住房和城乡建设部组织三亚、福州等 58 市开展了生态修复城市修补试点工作，指导修复山体水系绿地，修补功能设施、空间环境、景观风貌，并印发指导文件，在全国推动生态修复城市修补。试点期间，各城市累计开展生态修复城市修补项目 9789 项，投资 1.5 万亿元，城市面貌实现从"乱"到"治"的重大转变，受到老百姓的广泛好评。如，三亚市着力修复山边、河边、海边生态环境，促进"山河海城"自然交融；徐州市重点修复采石宕口，再现绿水青山；景德镇市对老街区、老厂区、老窑址实施保护修复和活化利用，推动城市转型；延安市整修"十大"革命旧址，传承弘扬红色文化。

建立城市设计管理制度，指导谋划城市更新工作。2017 年，住房和城乡建设部发布实施《城市设计管理办法》，明确城市设计的编制、审批、实施等管理规定，建立城市设计管理制度。选择北京等 57 个市推动开展城市设计试点，指导加强对城市空间立体性、平面协调性、风貌整体性、文脉传承性的规划和管控，探索创新城市设计理念方法和实施路径。如，北京市在城市副中心结合建筑方案设计开展整体城市设计工作；上海市通过城市设计，精细化引导老旧建筑更新改造，营造杨浦滨江等滨水公共环境；广州市开展珠江两岸城市设计，控制建筑高度、增加公共空间，提升城市活力；河北雄安新区规划建设中，将城市设计作为城市立体空间发展的蓝图。

党的十九届五中全会作出实施城市更新行动决策部署以来，住房和城乡建设部通过政策制定、底线管控、试点示范等方式，指导各地全面实施城市更新行动。各地积极性非常高，很多地方先开展城市体检，找出短板问题，统筹推进一批城市生态修复和功能完善、历史文化保护、老厂区老街区更新、老旧小区改造、居住社区建设、既有建筑改造、内涝治理、海绵城市建设和新城建等城市更新项目落地。据不完全统计，2020 年 11 月至 2021 年底，全国 411 个城市（280 个地级市、131 个县级市）累计报告实施城市更新项目 2.3 万个，总投资达 5.3 万亿元。城市更新不仅解决了城市发展中的突出问题和短板，提升了群众获得感、幸福感、安全感，也成为新的经济增长点。

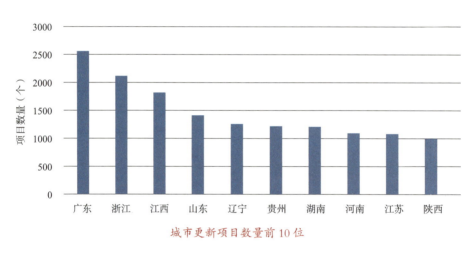

城市更新项目数量前 10 位

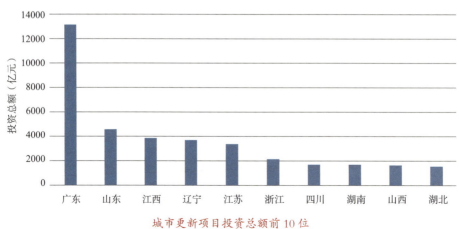

城市更新项目投资总额前 10 位

划定底线，稳妥推进。针对一些地方在城市建设过程中出现的各种乱象和问题，住房和城乡建设部划定城市更新底线要求，指导各地以内涵集约、绿色低碳发展为路径，坚持"留改拆"并举、以保留利用提升为主，加强修缮改造，补齐城市短板，注重提升功能，增强城市活力。在实施城市更新行动中防止大拆大建。严格控制大规模拆除，除违法建筑和经专业机构鉴定为危房且无修缮保留价值的建筑外，不大规模、成片集中拆除现状建筑。严格控制大规模增建，除增建必要的公共服务设施外，不大规模新增老城区建设规模，不突破原有密度强度，不增加资源环境承载压力。严格控制大规模搬迁，不大规模、强制性搬迁居民，不改变社会结构，不割断人、地和文化的关系。确保住房租赁市场供需平稳，不短时间、大规模拆迁城中村等城市连片旧区，防止出现住房租赁市场供需失衡，加剧新市民、低收入困难群众租房困难。

开展试点、探索推进。住房和城乡建设部组织北京等 21 个市（区）开展城市更新试点，因地制宜探索城市更新工作机制、实施模式、支持政策、技术方法和管理制度等。21 个试点城市均成立工作领导小组，很多市由市委书记、市长亲自牵头，加强党委政府统筹、条块协作、部门联动。长沙、西安等市出台城市更新管理办法，北京、南京等市出台城市更新指导性文件，探索完善了适用于存量更新的制度机制，以及相应的土地、规划、财税、金融、审批等政策。在实施中，一些地方依托市、区级国企平台作为实施主体，通过项目总体打包、肥瘦搭配、综合平衡，践行项目策划、规划、设计、建设、运营一体化方式推进，统筹使用中央各类专项资金、地方财政补助、金融机构贷款，广泛吸引社会资本参与，有效探索了城市更新的可持续实施模式。

南京市老城南小西湖街区微改造一院一策

江苏省南京市小西湖历史风貌区更新项目，按照居民意愿，以院落和单栋建筑为单位，采用小尺度、渐进式和"一房一策"等方式微改造，居民全过程参与，共商、共建、共享更新，生动诠释了共同缔造对增强社区居民互信、互助的社会意义。

建立机制、统筹谋划。城市更新工作并不只是项目建设的事，仅仅依靠单一部门唱"独角戏"是推不好、也推不下去的，只有落实城市政府的主体责任，站在城市整体角度，加强统筹谋划，相关部门协调合作，心往一处想、劲往一处使，才能有计划、有保障地推进工作。各地建立健全政府统筹、条块协作、部门联动、分层落实的工作机制，破解城市更新涉及部门广、协调难度大的问题。近百个城市成立了城市更新领导小组，由党委、政府一把手牵头，长沙、昆明、重庆等将城市更新工作实施情况纳入绩效考核内容。

出台政策、制度保障。法规制度方面，探索城市更新制度框架，辽宁、上海、深圳 3 个省市出台城市更新条例，重庆等 37 个市出

成都市猛追湾市场化运作　打造活力商业新图景

四川省成都市猛追湾城市更新项目，以"政府主导、市场主体、商业化逻辑"为原则，由运营商主导项目策划、规划、设计、建设、运营"EPC+O"一体化推进模式，从城市发展、产业植入、业态提升、环境艺术、建筑设计等多维度进行构思策划和专业设计，最终实现猛追湾片区城市产业、人文环境的系统性有机更新及提档升级。

台城市更新管理办法，9 个省 81 个市出台城市更新指导性文件。资金保障方面，福建、宁波等省市设立城市更新专项资金，上海、重庆等设立城市更新基金。政策支持方面，上海、广州等出台土地一二级联动开发、用途混合兼容、容积率转移等土地规划政策，重庆、成都等出台财政奖补、贷款贴息、减免行政事业性收费等财税金融政策。南京、沈阳等出台鼓励并联审批、流程优化、事后监管等审批政策。

分类推进、可持续实施。优先推进解决老百姓"急难愁盼"问题的民生工程和推动经济增长的发展工程。注重探索城市更新的经营模式，破解对"高周转""过度房地产化""拆除重建"等方式的路径依赖问题。探索适宜的投资运营模式，注重分区引导、分类施策，把各类存量资源统筹起来，综合平衡，制定针对性的政策措施，使存量资源发挥最大效益。

地方实践

重庆市戴家巷老街区整体化设计　渐进式更新

重庆市戴家巷老街区由政府财政出资整治公共环境，国企平台公司征收部分建筑进行修缮改造，消除安全隐患，并引入文化创意、餐饮等业态运营，推动物业价值大幅提升，带动周边居民自发改造，目前戴家巷已成为网红打卡地。

公众参与、共建共享。城市更新也是治理城市的过程，需要建立多元主体合作机制，平衡好项目与政府、企业、公众的利益诉求。在城市更新中，加强城市更新相关信息的宣传，鼓励社会资本、当地居民、专业机构积极参与到城市更新工作中来，进一步探索公众参与的新模式，破解社会资本与当地居民参与积极性不高、出资意愿不强的问题。

地方实践

成都市抚琴街道片区多元参与实现长效治理

四川省成都市抚琴西南街道片区改造项目充分发挥社区党组织引领作用，引导院落自治小组完善院落公约、院落议事规则，有序开展院落自治，引导乒乓球爱好者、遛鸟达人、象棋高手组建各种队伍，参与公共空间的使用、管理和维护。引导商家规范经营行为，合理设置外摆点位和时间段，有序提升商业活力，维护社区秩序。以"公益＋市场"为导向建立可持续更新模式，引入运营公司对新增商业载体和社区服务空间运营管理，成立社区公益基金，扩大公共收益，增强社区自我造血功能。

第三篇

美丽乡村展新颜
——乡村面貌发生翻天覆地变化

习近平总书记指出，要坚持把解决好"三农"问题作为全党工作重中之重。党的十八大以来，住房和城乡建设系统全面推进脱贫攻坚农村危房改造，累计帮助760万户建档立卡贫困户住上安全住房，同步支持1075万户农村低保户、分散供养特困人员、贫困残疾人家庭等边缘贫困群体改造危房，历史性解决了农村贫困群众的住房安全问题，乡村面貌发生巨变。

第 14 章

让乡亲们住上放心房

住房安全有保障主要是让贫困人口不住危房。

习近平总书记在解决"两不愁三保障"突出问题
座谈会上的讲话（2019 年 4 月 16 日）

住有所居、住得安全是中华民族的千年期盼，也是每一个中国人获得感、幸福感、安全感最直接的体现。2012 年岁末，习近平总书记在河北省阜平县调研时强调，到 2020 年稳定实现扶贫对象不愁吃、不愁穿，保障其义务教育、基本医疗、住房，是中央确定的目标。

农村危房改造是实现"两不愁三保障"目标中贫困人口住房

党的十八大以来，累计改造农村危房 2519 万户，改造资金 2656 亿元

党的十八大以来中央农村危房改造资金和任务

安全有保障的重要举措。在习近平新时代中国特色社会主义思想指引下，脱贫攻坚农村危房改造工作深入推进，贫困人口住房安全有保障工作取得决定性胜利。

全面打赢脱贫攻坚战后，住房和城乡建设部将巩固拓展脱贫攻坚成果、全面推进乡村振兴摆在重要位置，在保持政策稳定性、延续性的基础上，继续实施农村危房改造和抗震改造，提升农房品质，坚决守住农村低收入群体住房安全的底线，逐步建立农村低收入群体住房保障长效机制。

聚焦"两不愁三保障"目标任务
大力实施农村危房改造

脱贫攻坚战不是轻轻松松一冲锋就能打赢的。习近平总书记亲自挂帅、亲自部署、亲自指挥、亲自督战，带领五级书记一起抓扶贫，数千万党员干部艰苦奋斗、无私奉献，同心协力创造了世界减贫史上的伟大奇迹，充分彰显了中国共产党领导和中国特色社会主义制度的政治优势。

在脱贫攻坚的伟大实践中，住房和城乡建设部深入学习贯彻习近平总书记的重要指示批示精神，把保障贫困群众住房安全作为践行"两个维护"的具体行动，以钉钉子精神持之以恒抓落实，以贫困人口住房安全有保障的实际成效彰显初心和使命。

聚焦重点，加大支持力度。住房和城乡建设部坚决落实中央部署，会同有关部门将农村危房改造政策全面聚焦建档立卡贫困户，同步将农村低保户、分散供养特困人员、贫困残疾人家庭等边缘贫困群体纳入支持保障范围，户均补助标准大幅提高。各地根据实际情况，对农村贫困群众住房进行分级分类，明确补助标

农村危房改造范围

根据《农村住房安全性鉴定技术导则》，农村房屋分为 A、B、C、D 四个等级，A 级是安全的，B 级是基本安全的，C 级是局部危险的，D 级是整体危险的，其中 C 级和 D 级危房需要纳入改造范围。

准，给予政策支持。2013—2020 年，中央财政累计安排农村危房改造补助资金 2077 亿元，省市县财政也分别安排补助资金，确保建档立卡贫困户和其他三类边缘贫困群体住得上基本安全的住房。

精准发力，层层压实责任。脱贫攻坚农村危房改造工作严格执行"中央统筹、省负总责、市县抓落实"的责任机制，由各地先精准确定贫困人口，再对其住房进行安全性鉴定或评定，既确保贫困群众不漏一户、不落一人，也防止盲目扩大改造范围。

各地因地制宜制定了农房简易鉴定评定程序，逐村逐户建立危房改造台账，明确改造时间表、路线图，统筹做好项目、资金、人力调配，以农户自建为主，政府给予资金补助支持，改造一户，销号一户。云南省镇雄县是全国建档立卡贫困户数量最多的县。该

"民族团结示范村"——云南省镇雄县松林村上下街改造后实景图

县对 11.8 万户居住分散的建档立卡贫困户逐一入户核查，精准锁定危房改造对象，精准确定改造方式，确保改造任务全面完成。

多措并举，降低农户负担。农村贫困群众自筹危房改造资金能力较弱，各地住房和城乡建设部门坚持因村因户因人精准施策，会同财政部门制定分类分级补助标准，降低了贫困群众的建房负担。另外，鼓励地方采用统建农村集体公租房或幸福大院、置换或长期租赁村内闲置农房等方式，兜底解决那些自筹资金和投工投劳能力极弱的特殊贫困群体住房安全问题。

部省协同，攻克深度贫困堡垒。"三区三州"等深度贫困地区

乌兰察布市推进危房改造与幸福大院建设相结合

内蒙古自治区乌兰察布市将农牧区无能力、无意愿建房的 60 岁以上五保户、低保户等迁入幸福大院，实行"集中居住、分户生活、社区服务、互助养老"模式，有效改善了特困群众的居住和生活条件。

察右后旗白音察干镇杨九斤互助幸福院的村民在自家门前的绿化带内呵护花草

是脱贫攻坚的难中之难、坚中之坚。住房和城乡建设部会同有关部门努力推动政策、资金、技术力量向深度贫困地区倾斜，组织专家实地指导帮扶，指导相关省份建立由机关业务能手和专业技术人员组成的技术帮扶队伍，对深度贫困地区实施"点对点"帮扶。

特别是针对四川省凉山州这个深度贫困堡垒，部、省、州每周

定期沟通，指导四川省统筹用好中央财政补助资金，加大省级资金支持力度；派技术帮扶小分队赴凉山州开展蹲点调研，帮助解决建材供应、质量安全监管等实际困难。2020年上半年克服疫情影响，指导四川省采取"一县包一乡"形式，由省内6个市县对口支援凉山州重点乡镇，合力攻坚危房改造扫尾工程任务。2020年6月，凉山州布拖县最后7户建档立卡贫困户危房改造任务全部竣工，标志着全国脱贫攻坚农村危房改造扫尾工程任务全面完成。

　　改进作风，保障农户权益。农村危房改造涉及贫困户切身利

四川省建立凉山州脱贫攻坚农房建设巡检机制

　　四川省从省内29家大型建筑企业选派53名专业技术人员，组成11个农房建设质量安全巡检组，一一对应11个深度贫困县开展巡检工作。在全州开展乡村建设工匠和村级住房建设巡查监督员培训，累计培训工匠1000余名，极大提升了凉山州农房建设水平和质量安全。

益，符合条件的贫困户能否获得政府支持、补助资金能否及时足额发放到位等，直接影响贫困群众对脱贫攻坚政策的满意度。住房和城乡建设部、财政部制定了严格的农村危房改造补助资金管理办法，实行专项管理、专账核算、专款专用，补助资金直接发放到农户"一卡通"账户。推动各地落实县级农村危房改造信息公开主体责任，实行危房改造任务分配结果和改造任务完成情况

镇、村两级公开。开展保障贫困户基本住房安全方面漠视侵害群众利益问题专项整治，及时解决群众反映问题，保障群众合法权益。

慎终如始，确保脱贫成色。突如其来的新冠肺炎疫情给决战决胜脱贫攻坚出了一道"加试题"。住房和城乡建设部统筹推进疫情防控和农村危房改造工作，组织全系统抗疫、战贫两场硬仗一起打，协调水泥、砂石等企业复工复产，安排乡村建设工匠等劳动力有序到岗。会同有关部门组织开展全国住房安全保障核验工作，推动各地建立县、乡、村"三级书记抓核验"的工作机制，充分依靠村"两委"、驻村第一书记和驻村工作队力量，按照鉴定安全、改造安全、保障安全三种类型，对全国 2341.6 万户建档立卡贫困户的住房安全情况逐户进行核验，及时查缺补漏，妥善解决核验发现的问题。截至 2020 年 6 月，核验工作全面完成。

"忧居"变"安居"
农村贫困人口住房安全问题得到历史性解决

党的十八大以来，以习近平同志为核心的党中央把解决农村贫困人口住房安全问题作为实现贫困人口脱贫的基本要求和核心指标，作为打赢脱贫攻坚战和全面建成小康社会的标志性工程。习近平总书记强调，脱贫攻坚期内，扶贫标准就是稳定实现贫困人口"两不愁三保障"，住房安全有保障主要是让贫困人口不住危房。

习近平总书记走遍全国 14 个集中连片特困地区，深入贫困村考察调研，每到一处都要走进贫困群众家中察看住房情况。在以习近平同志为核心的党中央坚强领导下，在各级党委政府和广大干部群众的共同努力下，一系列精准扶贫政策直抵人心，一系列精准扶贫举措掷地有声，农村贫困群众住房安全问题得到历史性解决。

浙江省温州市陈岙村新型农村社区实景　　　　福建省龙岩市兰田村农房整治后实景

"忧居"变"安居"，安全感更有保障。全面实施脱贫攻坚农村危房改造，采取拆除重建或维修加固，帮助 760 万建档立卡贫困户住上了安全住房；采取农村集体公租房、幸福大院、租赁闲置农房等方式，兜底解决 30 万户特困群众住房安全问题，实现了贫困人口的安居梦。同步支持 1075 万户农村低保户、分散供养特

怒江傈僳族自治州贡山县独龙江乡告别"杈杈屋"

在云南省怒江州贡山县独龙江乡，1086 户群众通过实施农村危房改造，彻底告别了过去柴扉为门、四面通风的简陋"杈杈屋"，全部住上了安全舒适的安居房，为独龙族"一步跨千年"实现整族脱贫提供了有力支撑。在近年来发生的多次 5 级以上地震、雪灾等自然灾害中，实施危房改造后的农房较好地保护了农民生命财产安全。

怒江州贡山县独龙江乡实施农村危房改造后实景

困人员、贫困残疾人家庭等边缘贫困群体改造危房，让他们住上了安全舒适的新居，有效缓解了区域性整体贫困问题。

"旧貌"换"新颜"，获得感成色更足。在脱贫攻坚农村危房改造以及相关搬迁工程的促进下，农村居民人均住房面积从 2010 年的 36.2 平方米提高到 2019 年的 48.9 平方米。北方地区结合农村危房改造积极开展建筑节能改造，同步对墙体、屋面、门窗等围护结构进行保温隔热改造，提高了室温和舒适度，减少了贫困群众冬季采暖支出，有效缓解了农村地区能源消耗和环境污染问题。广西、贵州等地结合农村危房改造，同步实施厕所改造，做到人畜分离，有效改善了农户居住卫生条件。湖南、云南等地对具有重要保护价值的传统民居实施保护性改造，既保障了贫困人口住房安全，又保留了农村传统建筑特色，留住了"乡愁"。许多

贵州省推进脱贫攻坚与乡村振兴有效衔接

贵州省作为全国首个农村危房改造试点省份，将农村危房改造作为保障贫困群众住房安全的重要举措，推进脱贫攻坚与乡村振兴有效衔接，带动农村居住环境、基础设施、公共服务等改善提升。

黔西南州册亨县冗渡镇威旁村实施农村危房改造后实景

海南省琼中黎族苗族自治县营根镇新朗村猫尾村小组实施农村危房改造后实景

地方结合农村危房改造，积极推进村内道路、绿化、安全供水、垃圾污水治理等设施建设，有效改善了农村人居环境。

"输血"到"造血"，幸福感更可持续。各地在农村危房改造中注重强化基层党建引领，通过提供技术指导等方式加大扶志扶智力度，发挥农民主体作用，鼓励农户投工投劳参与建设，激发了贫困群众主动脱贫的内生动力。

安康市结合农村危房改造变"输血"为"造血"

陕西省安康市汉滨区西沟村村民王治利、汪道云夫妇在危房改造政策支持下，原来的C级危房经过改造不仅变成了安全房，还办起了农家乐，通过危房改造工匠培训学习了一门新手艺，生活过得越来越好。

村民王治利户实施危房改造后实景

巩固拓展脱贫攻坚成果
接续推进农村低收入群体住房安全保障

脱贫摘帽不是终点，而是新生活、新奋斗的起点。习近平总书记指出："为了不断满足人民群众对美好生活的需要，我们就要不断制定新的阶段性目标，一步一个脚印沿着正确的道路往前走。"2021年4月，住房和城乡建设部联合财政部、民政部、国家乡村振兴局印发《关于做好农村低收入群体等重点对象住房安全保障工作的实施意见》，对农村易返贫致贫户、农村低保户、农村分散供养特困人员、因病因灾因意外事故等刚性支出较大或收入大幅缩减导致基本生活出现严重困难家庭，以及低保边缘家庭和未享受过农村住房保障政策支持且依靠自身力量无法解决住房安全问题的其他脱贫户等低收入群体住房安全实施动态监测，建立危房改造工作台账，解决一户，销号一户，确保所有保障对象住房安全。

健全动态监测机制。进入新发展阶段，"三农"工作重心已经历史性转移到全面推进乡村振兴上来。但要清醒地看到，脱贫群众的住房量大、面广、分散，要巩固好脱贫攻坚成果，持续保障每一户、每一位脱贫群众的住房安全，任务艰巨、责任重大。积极与民政、乡村振兴等部门协调联动和数据互通共享，精准确定六类重点对象。指导各地按照"农户申报、乡镇排查、县级巡查"的动态监测机制，及时掌握保障对象住房安全情况，对发现存在安全隐患的农房要及时开展安全鉴定，并将鉴定为 C、D 级的危房及时纳入危房改造计划。建立农村危房改造填报系统，改造一户，录入一户，实现保障对象危房改造一户一档。

完善住房保障方式。通过农户自筹资金、政府补贴方式实施农村危房改造，是保障农村低收入群体住房安全的主要方式。对于自筹资金和投工投劳能力弱的特殊困难农户，继续鼓励各地乡镇政府或农村集体经济组织统一建设农村集体公租房和幸福大院、修缮加固现有闲置公房、置换或长期租赁村内闲置农房等方式，灵活解决其住房安全问题，避免农户因建房而返贫致贫。加强农房建设质量安全技术指导与监督管理，确保改造过的农房让农民群众住得安心、住得放心。

优化资金分配管理。2022年，住房和城乡建设部会同财政部印发《中央财政农村危房改造补助资金管理暂行办法》，强化危房改造中央补助资金的使用和管理。每年10月，提前下达一部分次年的中央补助资金，用于支持农户提前备工备料。在补助资金下达后一个月内全部拨付至县级财政，县级相关部门按照项目进度

张掖市整合资金 减轻农户建房负担

甘肃省张掖市甘州区按照"原生态、低成本、传文脉、强保护、少干预、亲自然"的原则，完善相关政策措施，分级分类制定补助标准，通过贴息贷款扶持、统筹整合其他项目资金，减轻农户建房负担，激发群众改造危房的积极性、主动性。引导国有企业参与建设运营等方式，采取统建、代建、联建、自建等多种形式，提升农房建设品质，同步加大水、电、气、路、通信等基础设施建设，改善农民群众住房条件和居住环境。

张掖市甘浚镇速展村实施农房抗震改造后实景图

及时足额将补助资金支付到农户一卡通账户。对采取统规统建方式的，按照相关规定将补助资金拨付给业主单位。各地依据改造方式、成本需求等不同情况合理确定分类补助标准，减轻农户的建房负担。

提升农房建设品质。制定危房鉴定、改造、竣工验收等技术标准，指导各地因地制宜编制符合安全要求及农民生活习惯的农

兴仁市多措并举推动危房改造　提升农房建设品质

贵州省兴仁市按照"不漏一栋、不漏一户"的原则，全覆盖排查。采取干部包保的方式，组织全市 9724 名干部实地逐村逐户地毯式全覆盖排查。采取无人机航拍图辅助识别的方式，每个自然村寨有一张航拍图，通过航拍图房屋分布与排查台账进行比对，做实保障对象。

对农村危房改造对象同步实施"三改"，即改厨、改厕、改圈，保障基本居住功能和卫生健康条件，实现厕圈分离、人畜分离、厕卧分离。根据群众实际需要，结合村庄规划要求，编制不同户型的图集，免费发放农房设计图集 8000 余册。

黔西南州兴仁市城南街道保驹村村民杨光林户实施危房改造前后对比图

房设计通用图集。加强危房改造施工现场巡查和技术指导，严把竣工验收关。2021年，组织培训乡村建设工匠11万余名，其中4万余名获得培训合格证书。引导农户优先选择经培训合格的乡村建设工匠实施农村危房改造，确保改造一户安全一户。积极组织开展设计师下乡，支持各地结合农村危房改造，进一步优化农房设计，完善农房使用功能。鼓励北方地区在危房改造中同步实施建筑节能改造，因地制宜推广绿色建材应用和装配式钢结构等新型建造方式。

做好因灾受损农房改造工作。2021年7月至10月，河南、陕西、山西、内蒙古等多地发生洪涝灾害，住房和城乡建设部迅

危房改造为群众提供"保命房"

云南省漾濞县地处抗震设防8度地区，地震多发，当地农房抗震基础薄弱，普遍达不到抗震设防要求。党的十八大以来，中央资金投入2.08亿元，支持云南省漾濞县实施了9951户C级、D级农村危房改造和10519户农村住房质量巩固提升改造。

2022年5月21日，漾濞县发生6.4级地震，通过修缮加固的农房达到了当地的抗震设防要求，没有因房屋倒塌导致的人员伤亡，成为名副其实的"保命房"。

漾濞县苍山西镇金星村安置点全景

速派出工作组开展实地调研，组织专家编写《洪涝灾害农房安全应急预案（暂行）》和《洪涝灾区农房安全应急评估指南（暂行）》，指导受灾地区对农房进行拉网式排查和安全应急评估，将符合条件的农房及时纳入农村危房改造支持范围。2021 年，云南、青海等地先后发生 6 级以上地震，住房和城乡建设部积极指导地震灾区做好抗震救灾工作，加大中央财政农村危房改造补助资金支持灾区力度，确保符合条件的农房及时纳入危房改造支持范围。

第 15 章

绘就魅力乡村新画卷

我们要通过实施乡村建设行动，深入开展农村人居环境整治，因地制宜、实事求是，一件接着一件办，一年接着一年干，把社会主义新农村建设得更加美丽宜居。

习近平总书记在河北省考察时的讲话

（2021 年 8 月 24 日）

党的十八大以来，习近平总书记对乡村建设工作作出一系列重要讲话和指示批示，指明了乡村建设的指导思想、基本原则、前进方向，提供了根本遵循和行动指南。

2013 年，习近平总书记指出，各地开展新农村建设，应坚持因地制宜、分类指导，规划先行、完善机制，突出重点、统筹协调，通过长期艰苦努力，全面改善农村生产生活条件。2020 年 12 月，习近平总书记在中央农村工作会议上强调，要接续推进农村人居环境整治提升行动，重点抓好改厕和污水、垃圾处理。要合理确定村庄布局分类，注重保护传统村落和乡村特色风貌，加强分类指导。

住房和城乡建设部认真学习、深刻领会习近平总书记重要讲话和指示批示精神，深入推进乡村建设行动，开展农村人居环境整治，建设美丽宜居乡村。

扎实推进乡村建设规划管理
有序引导乡村建设活动

乡村无规划、乡村建设无序的问题是制约乡村发展和村庄人居环境改善的重要因素。住房和城乡建设部指导各地贯彻落实《中华人民共和国城乡规划法》《村庄和集镇规划建设管理条例》，确立由总体规划和建设规划构成的村庄、集镇规划体系，将村庄规划纳入城乡规划体系，指导规范村庄规划编制和实施。

地方实践

浙江省建立实施乡村规划设计体系
引领大美乡村建设

浙江省探索形成"县域乡村建设规划—村庄规划—村庄设计—农房设计"四级乡村规划设计体系，建成了一批彰显地域、生态和人文特色的优秀示范村庄。

截至 2018 年底，全省完成县域乡村建设规划编制，实现村庄规划、中心村村庄设计和农房设计通用图集编制全覆盖。

天台县后岸村规划总平面图

因地制宜推进村庄建设规划编制。住房和城乡建设部先后印发《关于改革创新全面有效推进乡村规划工作的指导意见》《关于进一步加强村庄建设规划工作的通知》，强化县域统筹，构建以县域乡村建设规划为指导、分类编制村庄建设规划的体系。制定《镇规划标准》《镇（乡）域规划导则（试行）》《村庄规划用地分类指南》《村庄整治技术标准》等标准规范，出台村庄整治、小城镇建设等专项规划编制导则，明确规划编制内容、深度等要求。

江苏省强化乡村规划设计改善农民住房条件

2018年以来，江苏省在实施苏北农房改善工作中，以县域镇村布局规划为先导，明确村庄分类，优化完善镇村布局，引导村庄分类发展和整治提升；以村庄规划设计为抓手，提升项目品质，改善了30万余户农民住房条件。

省级层面组织开展相关标准研究，编制《江苏省美丽宜居村庄规划建设指南》等系列技术指引文件。县（市、区）组织编制村庄规划、农房改善项目设计方案，完善农村基础设施和公共服务设施，建成了一批承载乡愁记忆、体现现代文明的新农村社区。

江苏省淮安市涟水县成集镇条河新型农村社区

创新规划编制和管理机制。支持自下而上编制规划，运用共建共治共享的理念，推动建立政府组织领导、村民发挥主体作用、专业人员开展技术指导的规划编制机制。制定《乡村建设规划许可实施意见》，明确乡村建设规划许可实施的范围、内容和程序，指导规划实施工作。简化规划审批和许可审批，指导地方委托乡镇政府审批规划，缩短审批时间。

通过积极探索，基本形成了县域统筹、分区分类、以简化管用为导向的规划体系和方法，为农房和村庄建设发挥了引导和支撑作用。

丹棱县注重规划引领县域统筹推进乡村建设

四川省丹棱县在推进乡村建设过程中，以县域总体规划为统领，优化村庄布局，分领域编制专项规划、工作方案，县域统筹实施农村生活垃圾治理、污水处理和厕所改造、农房风貌整治提升"三个全域"行动，推进乡村道路、天然气、供水、5G 通信"四网建设"，实现垃圾治理、污水处理、交通、供电、供水、燃气等基础设施全县一体化、城乡全覆盖，农村生活垃圾处理率、污水处理覆盖村占比、天然气通村率均达到 100%。

丹棱县乡村实景

全面推进农村生活垃圾治理
持续改善农村人居环境

农村生活垃圾治理是农村人居环境整治工作的重点内容。住房和城乡建设部指导各地统筹县、乡镇、村三级设施和服务，开展农村生活垃圾分类和资源化利用示范，推进非正规垃圾堆放点排查整治，持续改善农村人居环境。

建立健全农村生活垃圾收运处置体系。这是农村生活垃圾治理的基础性工作。2015年以来，住房和城乡建设部先后印发《关于全面推进农村垃圾治理的指导意见》《关于建立健全农村生活垃圾收集、转运和处置体系的指导意见》，明确县级人民政府承担统筹城乡生活垃圾收运处置设施建设的主体责任，针对东、中、西部实际情况分地区提出建设目标，提出优化设施布局、健全管护制度等工作措施，推动农村生活垃圾收运处置体系建设。截至2020年底，全国90%以上的自然村生活垃圾得到收运处理，较2012年提高60多个百分点，顺利完成农村人居环境整治三年行动任务。

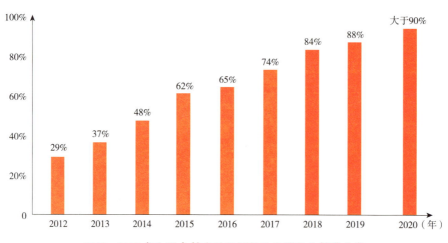

2012—2020年全国农村生活垃圾收运处置行政村覆盖率

2022 年，住房和城乡建设部会同有关部门印发《关于加强农村生活垃圾收运处置体系建设管理的通知》，明确"十四五"时期目标和任务，将量化目标分解到各县（市、区）。会同国家开发银行，出台开发性金融支持县域垃圾污水处理设施建设的文件，利用"千县万亿"政策性优惠贷款，帮助地方完善农村生活垃圾收运处理设施。

运行管理专业化、市场化，是提高农村生活垃圾收运处置体系建设质量和服务水平的创新举措。2021 年《农村生活垃圾收运和处理技术标准》正式发布实施，这是农村生活垃圾治理领域的第一个国家标准，规范了收集、转运、处置等环节的运行管理。从近几年情况看，农村生活垃圾收运处置服务市场化已成为趋势，政府购买服务模式和政府与社会资本合作（PPP）等模式得到推广，企业逐步成为设施建设者、服务运营方。

各地创新建设生活垃圾收运处置体系

山东省持续推进城乡环卫一体化，90% 以上的县（市、区）委托专业公司负责城乡生活垃圾收运处理。

河北省指导市县通过公开竞标、招标等方式，择优选择专业公司承担农村生活垃圾收运处置，全省 99.3% 的县（市、区）委托专业化公司承担日常运行和维护。

安徽省指导市县引导社会资本参与农村生活垃圾治理，全省已有 52 个县（市、区）采用 PPP 模式，其中黄山市、池州市全市域推行 PPP 模式。

严格监督检查，是督促地方落实农村生活垃圾治理主体责任、巩固治理工作成效的关键。各地积极运用第三方监督、社会监督的方式，着力解决人民群众反映强烈的脏乱差问题。

地方加大监督检查力度

福建省建立问题曝光和督促问责机制，在本地媒体曝光农村生活垃圾治理方面的典型问题，对整改不力、进度滞后的市县和乡镇挂牌督办和约谈，对虚假整改、失职渎职的进行专案调查和追责。

甘肃省建设全域无人机航拍巡查取证信息系统，对全省86个县（市、区）农村生活垃圾治理进行不间断排查，排查出的问题在信息系统中反馈、对账销号，在省电视台对突出问题进行曝光。

山西省将农村生活垃圾收运体系建设较慢的市县列入省政府13710系统督办，限期办结，并对整改不力的地方进行约谈。

农民群众参与主动性不断提高，改变家园面貌的内生动力不断增强。各地在农村人居环境建设和整治中广泛开展美好环境与幸福生活共同缔造活动，将农村生活垃圾治理作为重要载体，以自然村为单元，成立村级党组织领导下的环卫理事会、保洁理事会等群众自治组织，动员农民群众参与决策、参与建设、参与监督，建立共建共治共享的工作机制，有力推进垃圾治理与社会治理相互结合、相互促进。垃圾治理不仅扫干净了环境，也扫除了村民多年的陋习，初步形成了文明、健康的生活方式。全国98%以上的行政村制定了村规民约，将垃圾治理责任义务纳入其中。2020年，全国95%以上的村庄开展了以垃圾治理为重点的清洁行动，动员农民群众近3亿人次，清理各类生活垃圾4000万吨。

稳步推进农村生活垃圾分类和资源化利用示范。2017 年以来，住房和城乡建设部在全国确定 141 个农村生活垃圾分类和资源化利用示范县，推动易腐烂垃圾、建筑垃圾等就地就近处理和资源化利用，已形成一批可复制、可推广的典型案例。141 个示范县（市、区）有 80% 以上的乡镇、70% 以上的行政村启动了生活垃圾分类工作，多数示范县已探索出可行的分类方法，垃圾分类减量比例总体达 30% 以上。在总结各地经验的基础上，出版了面向基层干部和农民群众的《农村生活垃圾分类和资源化利用简明读本》，深获基层村镇干部的好评。

探索符合农村特点的分类和资源化利用模式。指导各地根据农民生产生活习惯、终端处理设施和再生资源回收能力等情况，科学

沛县建立农村生活垃圾"三次分类法"

江苏省沛县充分利用农村消纳空间广阔、环境容量较大的优势，探索出可供我国大多数地方学习借鉴的分类投放、分类收集、分类运输、分类处理的收运处置体系。建立农户"初分"、保洁员"再分"、管理员"筛分"的农村生活垃圾三次分类方法，简便易行，分类精准，农户接受度较高。

沛县保洁员"再分"、管理员"筛分"

确定分类方法。易腐烂垃圾由村民自行沤肥或保洁员统一收集后集中堆肥；可回收物通过再生资源回收体系进行回收利用；有害垃圾应严格按危险废物管理，集中运送至有资质的单位处置；灰渣土可就近掩埋或用于填坑铺路；其他生活垃圾通过收运处置体系处理。

地方实践

突泉县因地制宜 处置农村生活垃圾

内蒙古自治区突泉县立足县域面积大、人口密度低的实际，在普遍开展垃圾分类基础上，根据转运距离远近建立集中与分散相结合的处理模式。县城周边的 8 个行政村采用城乡一体化模式，纳入县城垃圾收运处置体系；145 个居住相对集中的行政村划分为二类地区，建设 27 座可燃垃圾处理站，按片区进行焚烧处理；44 个地处偏远的行政村划分为三类地区，就近填埋处理。

🔺 垃圾裂解站
🟫 城乡一体化地区
二类地区
三类地区

突泉县生活垃圾分区而治

顺利完成非正规垃圾堆放点整治任务。非正规垃圾堆放点整治是消除农村地区常年积存垃圾的一场攻坚战。住房和城乡建设部会同有关部门建立垃圾治理工作部际联席会议机制，牵头组织两轮全国大排查，掌握 2.4 万个堆放点位置、规模、成分等情况，建立排查整治工作台账和滚动销号制度，定期调度各地工作进展，组织第三方机构现场抽样核实 1500 多个堆放点的整治情况，督促地方加快推进整治。

经过努力，存量垃圾基本消除，全国排查出的 2.4 万个非正规垃圾堆放点已基本完成整治，近 10 亿立方米各类陈年垃圾得到妥善处置，有效消除了垃圾围村、垃圾围坝等现象，改善了周边生态环境。同时，利用卫星遥感技术、不定期巡查、联合执法等手段，加强对山边、沟谷、环境敏感区等区域的巡查，严控新增非正规垃圾堆放点。

北京南海子非正规垃圾堆放点整治前后对比图

地方实践

淮北市大规模整治"垃圾山"

安徽省淮北市东湖垃圾填场原是低洼的采煤沉陷区，数年填埋垃圾约 44 万吨。通过堆场开挖、筛分、无害化处理、生态修复等措施，原垃圾坑生态修复后成东湖生态湿地，释放了约 10 万平方米的废弃土地资源。

淮北市东湖垃圾堆放场改造为东湖生态湿地

提升乡村建设风貌
绘就美丽宜居乡村新画卷

习近平总书记指出，必须让亿万农民在共同富裕的道路上赶上来，让美丽乡村成为现代化强国的标志、美丽中国的底色。住房和城乡建设部把保护乡村特色风貌与推进美丽乡村建设结合起来，扎实推进设计下乡、示范创建活动，指导各地建设各具特点的美丽乡村，这些乡村较好地保留了乡土风貌，成为宜居宜业宜游的美丽家园。

引导各地提高乡村建设水平。2021 年，住房和城乡建设部印发《关于加快农房和村庄建设现代化的指导意见》，推动地方整体提升乡村建设水平，建设美丽宜居乡村。指导各地以省（区、市）为单元，适应农村"小聚落、小尺度、分散化"的特点，提出农房间距、高度、形式、色彩等标准，在人畜分离、整治残垣断壁、建新拆旧、村庄环境和公共空间、乡村特色风貌塑造等方面作出规定。明确乡村风貌管控的底线要求，慎砍树、禁挖山、不填湖、少拆房，不乱占耕地建房、不破坏传统格局、不建高楼。

推进设计下乡活动。住房和城乡建设部自 2018 年起开展设计下乡，引导设计人员指导帮助地方提高乡村设计和建设水平。制定支持政策，明确驻村服务时间可作为注册规划师、注册建筑师等人员的继续教育学时，在建筑学、风景园林学等专业教学中，将设计下乡作为实践教学内容。搭建设计下乡网上服务平台，及时收集、整理和发布设计服务信息，对接设计人员和地方的需求。指导地方通过对口帮扶、设计竞赛、组织培训等方式推进设计下乡，引导优秀设计团队驻乡开展陪伴式服务，引导一批懂设计、爱农村的技术人员驻扎在乡村。

广西壮族自治区组织设计下乡

广西壮族自治区组织 11 家设计单位开展设计下乡服务，累计整治了 3 万余个村庄的环境，形成了 32 个乡村风貌提升示范带，建成数百个精品示范村庄，塑造出桂风壮韵的乡村风貌。

广西设计下乡技术服务团

多名院士、设计大师牵头在江苏、浙江、广东、福建、安徽、江西等地开展美丽乡村设计和建设示范。在江苏首批 45 个特色田园乡村建设试点中，由院士、全国勘察设计大师、江苏省设计大师指导的共计 31 个，大大提升了当地乡村风貌水平。

建设一批各具特色的美丽乡村示范村。住房和城乡建设部会同有关部门，按照保障基本、环境整治、美丽乡村，开展改善农村人居环境示范村创建工作，共确定了 295 个示范村，覆盖所有省（区、市）。按照"田园美""村庄美""生活美"的标准，确定了 4 批共 565 个美丽宜居示范村庄。各地普遍遵循乡村建设发展规律，以农房建设为切入点，逐步改善居住环境，累计建成 5 万个以上具有地方特色的美丽乡村。

浙江根据山区、丘陵、平原、海岛、水乡5种地理形态和文化特点，差异化推进美丽乡村建设，50%以上的行政村已建成美丽乡村。

浙江省杭州市富阳区东梓关新村

第 16 章

保护传统村落　守牢文化之根

　　乡村文明是中华民族文明史的主体，村庄是这种文明的载体，耕读文明是我们的软实力。城乡一体化发展，完全可以保留村庄原始风貌，慎砍树、不填湖、少拆房，尽可能在原有村庄形态上改善居民生活条件。

习近平总书记在中央城镇化工作会议上的讲话
（2013 年 12 月 12 日）

　　一座村庄、一幢建筑、一口古井、一条老街、一门技艺……一个古村落，见证着年年岁岁时光的变迁，承载了一方风土人情，容颜在变，乡愁未改。

　　传统村落是中华文明的优秀基因库，承载着中华民族的历史记忆、生产生活智慧、文化艺术结晶和民族地域特色，寄托着中华各族儿女的乡愁。习近平总书记高度重视传统村落保护发展工作，党的十八大以来视察了湖南省十八洞村、河南省田铺大湾村、陕西省杨家沟村等 7 个中国传统村落，并多次作出重要指示。

　　住房和城乡建设部认真贯彻落实习近平总书记关于传统村落保

截至 2021 年底，6819 个村落列入中国传统村落保护名录，保护传统建筑 52 万栋，省级及以上非物质文化遗产 3380 项，推动 16 个省份将 7060 个村落列入省级保护名录，形成了世界上规模最大、内容和价值最丰富、保护最完整、活态传承的农耕文明遗产保护群。

护的重要指示精神，按照党中央、国务院的决策部署，组织实施传统村落保护工程，统筹推进传统村落保护利用传承，保护中华民族宝贵历史文化遗产，厚植文化底蕴，力求留住乡亲、护住乡土、记住乡愁。

守护中华文明"根"与"魂"

习近平总书记指出，我国农耕文明源远流长、博大精深，是中华优秀传统文化的根。要让有形的乡村文化留得住，充分挖掘具有农耕特质、民族特色、地域特点的物质文化遗产，加大对古镇、古村落、古建筑、民族村寨、文物古迹、农业遗迹的保护力度。要让活态的乡土文化传下去，深入挖掘民间艺术、戏曲曲艺、手工技艺、民族服饰、民俗活动等非物质文化遗产。

2012 年起，住房和城乡建设部会同有关部门组织实施传统村落保护工程，将一大批具有重要保护价值的村落列入中国传统村落保护名录，建立了挂牌保护制度，扭转了传统村落快速消失的局面。

在实施传统村落保护工程之前，我国传统村落快速消失的情况比较严重。据中国村落文化研究中心对我国长江流域与黄河流域以及西北、西南 17 个省份的调查，这些地域中具有历史、民族、地域文化和建筑艺术研究价值的村落，从 2004 年的 9707 个减少到 2010 年的 5709 个。住房和城乡建设部先后组织了五次全国性调查，将有重要保护价值的 6819 个村落列入中国传统村落保护名录。

福建土楼

广东客家围屋

通过实施传统村落保护工程，大量历史建筑和传统民居得以保护。保护了文物古迹、历史建筑、传统民居、寺庙祠堂等传统建筑52万栋。其中既有安徽西递宏村、福建土楼、广东开平碉楼等世界遗产，也有山西皇城村、浙江诸葛长乐村、贵州郎德上寨、福建洪坑村等全国重点文物保护单位，还有大量富有民族特征和地方特色的传统民居，如徽派民居、客家围屋、吊脚楼、地坑院等。

地方实践

永泰县"父子三庄寨"入选《世界建筑遗产观察名录》

2022年3月，世界建筑文物保护基金会从全球225处提名遗产地甄选25处作为支持对象，福建省福州市永泰县黄氏"父子三庄寨"入选。

庄寨中有18座成为省级保护单位，5座被列入全国重点文物保护单位，永泰县获评"中国传统建筑文化旅游目的地"。

永泰县锦安村群山环抱中的谷贻堂

除了历史建筑和传统民居，非物质文化遗产的传承也是保护中华民族宝贵历史文化遗产的重点。传统村落的非物质文化遗产既有祭祀、山歌等，又有手工艺、传统建造技艺等，记录、传承着各民族的文化，也体现了人民对美好生活的追求。通过实施传统村落保护工程，传承发展了3380项省级及以上非物质文化遗产。

传承发展非物质文化遗产

　　贵州省黎平县黄岗村是侗族大歌原生地，拥有7项非物质文化遗产，其中1项世界级、2项国家级，他们将侗族的语言、大歌文化、风俗和节日等纳入学生日常课堂教学，由非物质文化遗产传承人的"歌师""技师"口口相传。

黄岗村侗族大歌"歌师"

　　重庆市酉阳土家族苗族自治县在何家岩等传统村落设立苗绣非物质文化遗产工坊，聘请苗绣传承人培训近4700名留守妇女，传承发展了传统工艺。

苗绣非物质文化遗产工坊

　　目前，传统村落保护发展工作已逐步列入各地方党委政府重要工作议程，各方面保护意识不断提高。江西、贵州、福建等省出台了省级传统村落保护条例，江苏省制定了省级传统村落保护办法，浙江省台州、金华、丽水，河南省信阳，广西壮族自治区柳州、玉林，湖北省恩施，湖南省湘西，贵州省黔东南等地也出台了专门地方性法规。社会保护意识和关注度越来越高，保护传统村落已成为共识。

让乡愁记忆在保护与发展中绵延

2019 年 9 月，习近平总书记来到河南省新县田铺大塆村考察时指出，搞乡村振兴，不是说都大拆大建，而是要把这些别具风格的传统村落改造好。要实现生活设施便利化、现代化，能够洗上热水澡，村容村貌要整洁优美。我们在传统村落保护利用中，

新县田铺大塆村"环境美""生活美"

河南省新县田铺大塆村对住房进行除险加固，修旧如旧，保留村庄原貌、硬化道路、整修河道池塘、建设 5G 网络等配套设施。村中"硬件"和"软件"同步升级，"环境美"与"生活美"二者兼具，村民们的生活越来越惬意。2021 年，田铺大塆村接待游客 64 万人次，旅游综合收入达到 2838 万元。在田铺大塆村，上到耄耋老人，下至返乡青年，都在勤奋耕耘，收获幸福。

河南新县田铺大塆村田园风光

坚持以人民为中心的发展思想，不断改善村民生产生活条件，推动传统村落发展，带动脱贫攻坚和乡村振兴。

2014—2019 年，中央财政对列入保护名录的传统村落给予每个村 300 万元的补助，支持 4350 个传统村落完善村内道路、供水、垃圾和污水处理等基础设施，完善消防、防灾避险等安全设施，整治河塘沟渠等公共环境。列入保护名录的村落人居环境显著改善，截至 2020 年底，96% 的村落实现了生活垃圾集中收运处理，污水治理率是全国平均水平两倍以上，39% 的农户使用上了天然气，58% 的农户使用上了水冲厕所，61% 的农户日常可使用热水淋浴。

一些地方充分挖掘传统村落的自然山水、历史文化、田园风光等资源，改善村落人居环境，因地制宜发展乡村旅游、文化创意等产业，实现了脱贫摘帽，脱贫攻坚成果丰硕。

2013 年 11 月，习近平总书记来到湖南湘西土家族苗族自治州十八洞村考察，"同大家一起商量脱贫致富奔小康之策"。在这里，习近平总书记首次提出"精准扶贫"，明确要求"不栽盆景，不搭风景""不能搞特殊化，但不能没有变化"，不仅要自身实现脱贫，还要探索"可复制、可推广"的脱贫经验。

曾经一度面临辍学风险的施林娇，因为精准扶贫的政策顺利从大学毕业；毕业后返乡创业，通过拍摄短视频、直播等方式，让家乡的风景、美食、民俗、建筑为更多人所知。

十八洞村村民施林娇在网络直播

近年来，十八洞村引进规划设计团队，对全村自然资源、历史人文、基础设施等进行了"地毯式"摸排，在全省首先建立驻村规划师制度，在改造中采用当地常用的技术、材料、工艺，依山就势、就地取材，人居环境焕然一新，致富产业纷至沓来，古村、古景、古技在保护中传承创新，焕发出新的生机活力。据统计，每年有超过 20 万游客慕名来到十八洞村。十八洞村每一户人家的生活，都被深刻地改变了。

经过多年努力，我国村落的可持续发展能力持续增强。截至2020 年底，列入中国传统村落保护名录的村落共有农户 316 万户，

松阳县杨家堂村由"空心村"变"网红村"

兼具自然与古韵的浙江省松阳县杨家堂村，之前年久失修，是一个典型的空心村。

村委会带领大家走上古村落保护利用之路，通过实施省级美丽宜居项目、国家级传统村落保护项目等，村落整体风貌修复全面推进。如今，杨家堂村的特色民宿和农家乐正热忱欢迎着各地的客人。互联网时代，这里的生活场景被拍成短视频放到各大平台，更是吸引了一大批客人。

杨家堂村保护利用前后对比图

常住人口约 781 万人，常住人口与户籍人口比值为 0.78，高于全国农村地区抽样调查水平（0.65）。江苏省、上海市和广东省传统村落人口还出现了增长态势。一些传统村落在保护先行的基础上，进一步思考如何留得住乡亲、护得住乡土、记得住乡愁。通过大力发展民宿、旅游、生态农业、文创等产业，不少村民选择回归田园。曾经一度寂寥的"空心村"，如今又见炊烟，重新恢复人气。

探索传统村落集中连片保护利用

2020 年，住房和城乡建设部联合财政部通过竞争性选拔，确定在安徽省黄山市、湖南省湘西土家族苗族自治州、陕西省渭南市等 10 个市、州，开展传统村落集中连片保护利用示范工作，每个市州给予 1.5 亿元补助资金支持。10 个市、州将示范工作作为重要抓手，探索以传统村落集中连片保护利用推动乡村振兴的方法和路径，取得积极成效。2022 年，住房和城乡建设部又联合财

黄山市整合资金推动示范工作

安徽省黄山市整合美丽乡村建设、新安江流域生态保护、古建筑保护利用等 1.5 亿元资金支持示范工作，撬动社会资本 10 亿元以上。

黄山市黟县西递村

政部确定北京市门头沟区、浙江省松阳县、山东省荣成市等 40 个示范县（市、区），探索县域统筹推进传统村落集中连片保护利用的经验和模式。

高位推动示范工作，建立健全工作机制。示范市、州所在省委省政府高度重视示范工作，主要负责同志亲自推动。10 个示范市、州均成立以党委或政府主要负责同志为组长的领导小组，制定示范工作实施方案，明确目标任务和责任主体，并将相关工作纳入绩效考核。示范市、州根据地域特点、资源禀赋、目标定位等，组织专家编制传统村落集中连片实施规划，指导项目实施。

坚持多元化投入，形成保护发展合力。在中央财政资金带动下，地方财政加大了投入力度，2020 年示范市、州共投入 35.3 亿元财政资金支持传统村落保护利用工作。同时，加强资金整合，强化金融信贷支持，吸引社会资本参与，引导村民投资投劳，形成传统村落保护发展合力。

地方实践

湘西土家族苗族自治州打造传统村落集中连片保护利用片区

湖南省湘西州以十八洞村为核心，串连德夯景区、矮寨大桥、峒河峡谷等景区和张刀村等传统村落，通过传统村落保护利用，形成以矮寨奇观、峡谷瀑布、苗寨风情体验为主题的片区，不仅实现了脱贫致富，而且推动了乡村振兴。

湘西州统筹利用片区传统村落、
景区景点、民族文化等资源

　　整合片区资源，创新融合发展模式。各地在保护的前提下，深度挖掘传统村落主题特色，实行分级分类、多元化发展，因地制宜打造传统农耕型、特色产品型、生态景观型、教育科普型、精品民宿型等重点传统村落，并通过连片发展观光、民宿、农耕体验、传统手工艺、文化创意等业态，创新"传统村落＋农业＋文化＋旅游"的融合发展模式，拓展传统村落保护发展路径。

　　推动特色产业发展，促进村民增收致富。各示范市、州坚持以人民为中心的发展思想，以民生改善为主要目标，重点实施基础设施建设示范、人居环境改善示范、非物质文化遗产保护示范、特色产业发展示范等示范工程，使传统村落在村庄基础设施、人居环境、特色风貌等方面得到较大提升，推动当地文化旅游、民宿等产业发展，促进农民增收致富。

甘孜藏族自治州改造利用传统建筑

　　四川省甘孜州推动丹巴古碉群、乡城古碉楼、理塘千户藏寨等传统建筑修缮，改造民宿 2100 栋，盘活村落资源，增加村民收入，使古村旧寨焕发新的活力。2021 年"十一"黄金周，乡村旅游呈"井喷"式增长，旅游综合收入较 2020 年同比增长 20%。

理塘县仁康古街民居修缮出租

讲好优秀传统文化故事

习近平总书记指出，要把保护传承和开发利用有机结合起来，把我国农耕文明优秀遗产和现代文明要素结合起来，赋予新的时代内涵，让中华优秀传统文化生生不息，让我国历史悠久的农耕文明在新时代展现其魅力和风采。

米脂县打造红色文化游

陕西省米脂县依托杨家沟村的革命文化资源和传统建筑资源，投资 2.97 亿元打造集红色文化游、农耕体验游、农家乐、游乐园等为一体的大杨家沟景区。

米脂县杨家沟村鸟瞰

住房和城乡建设部加大传统村落保护利用宣传力度，引导各地弘扬和传承优秀传统文化，增强文化自信。只有当村民对脚下的土地无比眷恋、对生长于斯的文化无比自信，才有民俗淳厚的新风尚，源远流长的新文化，诗书传家、厚德重义、富足美满的新农村。

近年来，在各地住房和城乡建设部门的支持下，住房和城乡建设部建设了面向公众开放的中国传统村落数字博物馆，覆盖了 6819 个中国传统村落基础信息，截至 2021 年底，建成了 606 个村落单馆，汇集了 4.36 万多栋传统建筑，7500 多项非物质文化遗产等数据内容，包含了 100 多万字的文字介绍和全景漫游、三维实景、图片、文字、音视频等多种原始素材。联合《人民日报》推出"走进中国传统村落"系列报道，与中央宣传部、中央网信办、新华社共同举办传统村落万里行、短视频征集等宣传活动，宣传传统村落保护利用相关经验、模式及典型案例。推动各地编写传统村落村志，整理村规民约，拍摄和记录村内老人、乡贤等口述村史，传承优秀传统文化。

佛山市挖掘"翰林村"历史文化内涵

　　拥有 800 年历史的广东省佛山市南海区西樵镇松塘村，在明清时期曾走出了 4 位翰林、6 位进士，连同考中举人以及获颁优贡者近 20 人，是名副其实的"翰林村"。松塘村村民合力挖掘村落历史文化内涵，编撰史料，呈现开村以来的古楹联、古诗词、风俗习惯、人文轶事等。看不尽、游不完的 800 年历史，在村民导赏员的讲解中传递出别样的乡愁与神韵。

西樵镇松塘村"村民导赏员"正在讲解

　　为了传承优秀的传统建筑文化，2013—2014 年，住房和城乡建设部还组织千余名院士、专家开展了全国传统民居类型调查，归纳总结出 599 种民居类型，编纂出版了《中国传统民居类型全集》。整理并记录窑洞、石砌、砖砌、木结构、穿斗式、井干式等传统民居的建造技术，研究传统建筑形成的内在机制和蕴含的精神内涵，分省编纂出版了《中国传统建筑解析与传承》。

《中国传统民居类型全集》

组织拍摄《中国传统建筑的智慧》纪录片，以传统村落为背景，传统建筑为载体，从自然、人文、技术、经济等主线，全景式展现中国广袤大地上的传统民居文化，讲述建筑、居住、传承的故事，解读数千年来传统建筑中蕴含的中国人民的生存智慧。2021 年以来在中央电视台纪录片频道、经济频道多次播出，引起社会广泛关注，首播观众人数超过 4900 万人。中央宣传部将该纪录片列入 2021 年度优秀影片集。

在乡村建设中加强历史文化保护传承。2018 年以来，持续开展"设计下乡"，引导和支持规划、建筑、园林、景观、艺术设计、文化策划等方面的设计大师、优秀团队下乡，结合地方实际需求，对人居环境整治任务较重、风貌保护要求较高的村庄，驻村开展"陪伴式"服务，把挖掘原生态

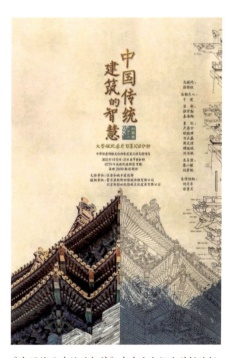

《中国传统建筑的智慧》在中央电视台首播海报

村居风貌和引入现代元素结合起来，有效提升了乡村设计和建设水平。印发《关于加快农房和村庄建设现代化的指导意见》，在选址布局、农房设计建造、村庄环境、基础设施和公共服务设施配套、村容村貌提升等方面明确 12 条基本要求，形成乡村建设"营建要点"。要求地方不挖山填湖、不破坏水系、不砍老树，顺应地形地貌。以农房为主体，利用古树、池塘等自然景观和牌坊、古祠等人文景观，营造具有本土特色的村容村貌。充分挖掘和保护传承村庄物质和非物质文化遗存，保护并改善村落的历史环境和生态环境，营造留住"乡愁"的环境。

第 17 章

小城镇　新发展

要把县域作为城乡融合发展的重要切入点，推进空间布局、产业发展、基础设施等县域统筹，把城乡关系摆布好处理好，一体设计、一并推进。要强化基础设施和公共事业县乡村统筹，加快形成县乡村功能衔接互补的建管格局，推动公共资源在县域内实现优化配置。要赋予县级更多资源整合使用的自主权，强化县城综合服务能力，把乡镇建设成为服务农民的区域中心。

习近平总书记在中央农村工作会议上的讲话

（2020 年 12 月 28 日）

小城镇被喻为"城之尾、乡之首"，是城市与乡村联系的重要纽带，对推进以县城为重要载体的城镇化建设、以县域为基本单元的城乡融合发展具有重要作用，是落实乡村振兴战略的重要内容。

小城镇建设是中国特色城镇化道路的重要组成部分，它在我国国民经济和社会发展中占有重要的地位。党的十九大报告指出，以城市群为主体构建大中小城市和小城镇协调发展的城镇格局，加快农业转移人口市民化。《国民经济和社会发展第十四个五年规划和 2035 年远景目标纲要》明确提出"促进大中小城市和小城镇协调联动、特色化发展""因地制宜发展小城镇"。

党的十八大以来，住房和城乡建设部按照党中央、国务院决策部署要求，深入推进以人为核心的新型城镇化，坚持因地制宜、分类引导、挖掘特色、精准施策，更加注重提高户籍人口城镇化率，更加注重城乡基本公共服务均等化，更加注重环境宜居和历史文化传承，更加注重提升人民群众获得感、幸福感、安全感，充分发挥小城镇在新型城镇化和乡村振兴战略中的作用。

全国小城镇建设迎来"加速跑"

随着改革开放不断深入和经济社会发展，小城镇的地位和作用日益凸显，成为广大农村地域的政治、经济、社会、文化、服务中心。近年来，住房和城乡建设部联合有关部门创建了一批生态环境良好、基础设施完善、人居环境优良、管理机制健全、经济社会发展协调的小城镇，为全国小城镇建设发展起到了示范引领作用。

全国小城镇建设成就

截至 2021 年底，全国共有建制镇 19072 个，建成区面积 433.6 万公顷，户籍人口 1.66 亿人，常住人口 1.84 亿人。

全国重点镇 3675 个、特色景观旅游名镇 369 个、美丽宜居小镇 190 个、中国历史文化名镇 252 个。

住房建设增量提质。住房是百姓最关心的问题之一，也是每一个城镇居民获得感、幸福感、安全感最直接的体现。

全国建制镇住宅面积变化

全国建制镇建设投入变化

2021 年建制镇市政公用设施
投入项目分布

截至 2021 年底，全国建制镇共有住宅建筑面积 63.2 亿平方米，较 2012 年提高了 27.4%；人均住宅面积从 33.6 平方米增加到 38.1 平方米。住房建设质量不断提升，居民居住条件得到明显改善。

2021 年，全国建制镇建设总投入 9342 亿元，比 2012 年的 5751 亿元增长了 62.4%；建制镇住宅建设投入 4661 亿元，与 2012 年的 2469 亿元增长了 88.8%。

市政公用设施日益完善。市政公用设施是小城镇发展水平的重要支撑。近年来，各地建制镇持续加大道路桥梁、燃气、供水、排水、环卫等市政公用设施建设力度。2021 年投资 1849 亿元，比 2012 年增长 37.0%。其中，道路桥梁、排水、园林绿化、环境卫生和供水设施的建设投入占比较高。

截至 2021 年底，全国实现集中供水的建制镇比例达 97.1%，供水普及率提高至 90.3%，用水人口增长至 1.67 亿人，公共供水综合生产能力提高至 10599 万立方米 / 日，供水管道长度比 2012 年增加 67.6%。

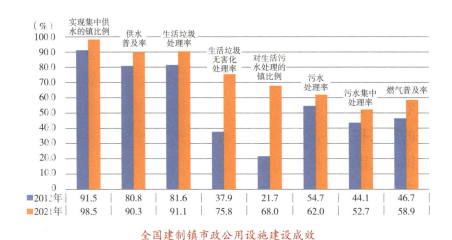

全国建制镇市政公用设施建设成效

截至 2021 年底，全国建制镇道路总长 45.7 万千米，道路面积 30.3 亿平方米，31.5% 的道路实现亮化，比 2012 年道路长度和面积增长 57.1%、43.4%，人均道路面积从 2021 年的 12.1 平方米提高至 16.4 平方米。

截至 2021 年底，全国建制镇生活垃圾处理率达到 91.1%，无害化处理率达到 75.8%，比 2012 年分别提升 9.5% 和 37.9%。建有生活垃圾中转站 2.7 万座，配备环卫专用车辆 11.6 万台。

截至 2021 年底，全国范围内对生活污水进行处理的小城镇占比达到 68.0%，比 2012 年增长 46.3%。排水管道和排水暗渠长度分别增长 59.9%、83.7%。

因势利导 把握重点 加快发展重点镇

按照"将全国重点镇建设成为规模适度、合理布局、功能健全、环境整洁、具有较强辐射能力的农村区域性经济文化中心"的目标，2014 年 7 月，住房和城乡建设部联合 7 部委公布 3675 个全国重点镇名单。

　　每个县（市）至少有 1 个重点发展的建制镇被列入全国重点镇，作为各地各部门扶持小城镇发展的优先支持对象，将其发展成为既能承接城市产业转移、缓解城市压力，又能服务支持农村、增强农村活力的小城镇建设示范。把全国重点镇作为小城镇建设发展的重点和龙头，在政策上、土地上、项目安排上予以重点扶持，为全国小城镇发展提供示范。

　　有序推进重点镇污水治理能力建设。2020 年 6 月，住房和城乡建设部组织召开全国重点镇污水收集处理情况座谈会，督促加

四川省开展"百镇建设行动"

　　四川省按照"规划先行、因地制宜、分类指导"的原则，实行不同县域功能区中心镇分类培育模式，到 2023 年考核命名 100 个"省级百强中心镇"。截至 2020 年底，培育"百镇建设行动"试点镇 576 个，整合省级专项资金超 50 亿元，累计完成基础及公共服务设施建设投资超 1900 亿元、产业发展建设投资 4100 亿元，就地就近转移农业人口超 200 万人。打造了一批"设施配套、环境优美、文化厚重、治理完善、辐射广泛"的中心镇。

成都市三道堰青杠树新型社区　　　　　　宜宾市双河场镇

快推进重点镇污水收集处理设施建设。将重点镇污水收集处理能力纳入住房和城乡建设部推动城乡建设绿色发展重点工作督查检查，实地督查山西、河南、辽宁、湖南四省的 23 个重点镇的污水处理设施建设情况。截至 2020 年底，全国重点镇基本完成污水处理设施建设任务，污水收集处理能力明显提升。

江苏省建制镇污水处理成效显著

　　江苏省按照"统一规划、统一建设、统一运营、统一管理"的思路，指导各地统筹编制县（市）域建制镇生活污水处理规划，科学优化布局生活污水处理设施。各地加大财政投入，以县（市）域为单元，采用"城旁接管、就近联建、独建补全"的技术路线，全力推进建制镇污水处理设施建设；采取统一打包方式委托专业单位建设运营管理。2013 年以来，全省新建建制镇污水处理设施 327 座，新增污水处理能力 132 万立方米/日，新建污水收集管网 14300 千米。全省 96 个全国重点镇实现生活污水处理设施全覆盖。

太仓市浏河镇污水处理厂

精准施策　突出特色
大力发展美丽宜居小镇

我国疆域辽阔，自然资源和地域文化都有着深厚的资源禀赋。住房和城乡建设部开展美丽宜居小镇示范工作，挖掘小城镇发展新动能。

广东省实施美丽圩镇建设攻坚行动

自 2021 年开始，广东省在韶关市、云浮市开展美丽圩镇建设专项改革试点，创新性地开展驻镇帮镇扶村工作，按平均每个乡镇每年 2000 万元的标准安排驻镇帮镇扶村资金，推进公共服务设施提标扩面、环境卫生设施提级扩能、市政公用设施提档升级、产业培育设施提质增效。

韶关市仁化县石塘镇

2013 年，住房和城乡建设部在全国开展美丽宜居小镇示范工作，主要以风景美、街区美、功能美、生态美、生活美为示范要点指导创建。住房和城乡建设部加强引导，明确小城镇建设要尊重现有格局、保持宜居尺度和传承传统文化等基本原则，指导各地有序推进小城镇建设，避免千镇一面、贪大求洋等现象。2013—2016 年先后公布 190 个美丽宜居小镇名单。

地方实践

陕西省实施文化旅游名镇建设

陕西省自 2011 年以来实施 31 个文化旅游名镇建设，建成传统街区 31 条、4A 级景区 12 个，3A 级景区全覆盖，累计实施基础设施项目 802 个、旅游服务项目 603 个、保护修缮项目 354 个、风貌改造项目 483 个。在建设过程中，各镇尊重原有路网，保持空间格局，守住宜居尺度，延续邻里关系，控制拉直道路，严防大拆大建，大力实施"引水入镇、引绿入镇、引景入镇"，切实保护修缮众多的文化古迹、历史建筑和传统民居，传承小城镇的历史原貌和文化特色。

延安市南泥湾镇

近年来，在各地区、各部门的共同努力下，小城镇人口持续增长，经济发展势头强劲，GDP、公共财政收入和社会资本投资均稳步增长，综合实力显著增强。文化设施场所和文化活动丰富多彩，对传统文化资源开展了全方位的保护利用，展现底蕴深厚的传统文化。

整治环境　以治促兴　不断提升小城镇品质

介乎"城与乡"之间，小城镇人居环境更容易造成管理空白。自 2017 年以来，住房和城乡建设部开始研究部署小城镇人居环境整治工作。2019 年，在杭州召开全国小城镇人居环境建设现场会，总结推广浙江小城镇人居环境综合整治经验。

浙江省大力开展小城镇环境综合整治行动

浙江省坚持一件事情接着一件事情办，一年接着一年干，求好不求快，循序渐进，久久为功。先后启动实施"千村示范、万村整治""百镇样板、千镇美丽"工程，以改善农村人居环境、提高农民生活质量为核心推进村庄整治建设，推动美丽城镇建设从"一处美到全域美、外在美到内在美、环境美到发展美、形象美到制度美"的转型升级，提升公共服务功能，改善了人居环境和城镇秩序，改变了小城镇"既不如村、更不如城"的旧貌。

建德市梅城镇建设前后对比图

之后，各地大力推进小城镇人居环境整治，提升小城镇综合服务承载力和辐射带动力。湖北、广东、江西等地区相继启动擦亮小城镇、美丽圩镇建设等工作，小城镇人居环境整治行动在越来越多的地区铺开。住房和城乡建设部组织小城镇人居环境整治培训班，开展干净整洁型、美丽宜居型小城镇案例研究，进一步加强对建制镇污水治理、小城镇风貌管控、人居环境整治技术要点等指导，让更多小城镇美丽蝶变。

　　小城镇是乡村振兴战略和推进城镇化发展的重要载体。住房和城乡建设部将继续围绕"以城市群、都市圈为依托，促进大中小城市和小城镇协调联动、特色化发展"和"把乡镇建成服务农民的区域中心"的目标，遵循因地制宜、分类建设、有序推进的原则，全面提升小城镇建设水平，奋力谱写小城镇高质量发展新篇章。

地方实践

湖北省全域开展"擦亮小城镇"行动

　　2019年以来，湖北省以小城镇人居环境整治为突破口，以解决老百姓反映最强烈、最普遍的突出问题为出发点和落脚点，从补齐规划设计、公共环境、基础设施、城镇风貌、治理水平等方面，提升小城镇生态环境质量。

仙桃市彭场镇

第 18 章

为乡村建设把脉会诊

要坚持乡村全面振兴，抓重点、补短板、强弱项，实现乡村产业振兴、人才振兴、文化振兴、生态振兴、组织振兴，推动农业全面升级、农村全面进步、农民全面发展。

习近平总书记对实施乡村振兴战略作出的指示

《人民日报》（2018 年 7 月 6 日）

乡村建设是实施乡村振兴战略的重要任务，是国家现代化建设的重要内容。习近平总书记强调，要围绕农民群众最关心最直接最现实的利益问题，加快补齐农村发展和民生短板，让亿万农民有更多实实在在的获得感、幸福感、安全感。

为找准乡村建设领域突出短板和薄弱环节，住房和城乡建设部连续三年开展乡村建设评价，由点及面、逐步深入，基本实现省级全覆盖。通过评价，摸清了全国乡村建设发展状况和成效，查找了问题短板，提出了有针对性的对策建议，指导各地积极采取措施解决发现的问题。乡村建设评价工作已经成为尊重乡村发展规律、落实新发展理念、科学推进乡村建设的重要平台和抓手。

科学构建乡村建设评价方法

中国当前约有 240 万个自然村落，村庄规模普遍较小，布局相对分散，与当地的气候特征、地形地貌和自然肌理结合紧密，融合在山水林田湖草中，形成了分散而又完整的聚落，加上村庄内部紧密的血缘关系和地缘关系，造就了乡村特有的自然生态系统、地域文化传统、生产生活方式、社会治理体系，也造就了乡村不同于城市的建设方式。因此，需要探索构建适用于乡村特征的评价方法。

构建科学、系统的评价指标体系。乡村建设评价紧密围绕农民群众生产生活最关切的内容，突出问题导向、目标导向和结果导向，从发展水平、农房建设、村庄建设和县城建设四个方面确定 73 项评价指标，量化反映乡村建设情况和城乡差距。

合理选择样本县。考虑到全国各地乡村自然禀赋、经济条件、区位环境等方面的差异，乡村建设评价以省为单元选择样本县开展。样本县主要位于农产品主产区，经济发展状况处于全省平均水平，具有较好的代表性。自 2020 年以来，共在 28 个省份选择了 117 个样本县开展评价，基本实现省级全覆盖，能够全面客观反映乡村建设情况。

实地调研摸清乡村建设现状。组织全国 60 余家技术团队，赴样本县实地了解农房建设情况、公共服务设施建设情况，查看村庄人居环境是否干净整洁、污水垃圾设施是否有效运转等，全面摸清乡村建设状况。进村入户与农民群众访谈、与村干部交流，面对面了解农民的关注点和诉求，征集村干部对乡村建设的意见建议。

乡村建设评价指标体系包括哪些内容?

发展水平：聚焦乡村振兴二十字方针，反映乡村人口、经济、产业、治理、生态等方面的总体情况。包括农民收入水平、政府财力水平、产业发展水平、治理水平、生态环境等。

农房建设：反映农房建设的现代化水平，引导建设安全、舒适、现代、美观的住房。包括农房内是否有水冲式厕所和独立厨房、日常能否热水淋浴、集中供水入房率、使用燃气的农户比例、农房风貌等。

村庄建设：反映村庄建设管理水平，引导补齐村级公共服务和基础设施建设的短板。包括村庄生活垃圾分类和收运处理情况，污水处理情况，村庄干净整洁度，通户道路是否硬化，村内是否设置幼儿园、卫生室、养老服务设施等。

县城建设：反映县城建设情况和对农村的服务能力。包括县城建设密度、强度，教育、医疗、住房服务，绿色低碳建设，基础设施建设等。

问卷调查了解农民群众关切。广泛开展村民和村干部问卷调查，深入了解农民群众对乡村建设的满意度，包括对整体生活水平、农业生产服务便利性、农房宜居水平、村庄整体环境、学校教育质量、医疗服务水平、养老服务水平、村内邻里关系、商业设施便利化程度、县域公共交通等方面的意见，切实从村民的满意度出发，总结乡村建设成效，把村民不满意的问题作为乡村建设的重点。

数说

2020—2021 年两年间，共调研乡镇 296 个、村庄 908 个，面对面访谈村干部 901 名、村民 2742 名，共收集村民有效问卷 16.6 万份、村干部有效问卷 4688 份，形成了丰富的一手调研访谈数据。

　　创新运用信息化手段分析乡村建设情况。通过手机信令数据计算县域百人智能手机数，了解农民群众接受信息化服务的水平。通过大数据分析方法，研究农民工返乡比例以及返乡后到县城居住和回到乡村的比例，为谋划县城和乡村建设提供支撑。开展遥感影像分析，计算县城水域变化情况，督促各地在县城开发建设过程中，加强对自然环境的保护，营造生态自然的环境。搭建乡村建设评价信息系统，集成历年评价数据，为评估乡村建设发展状况提供支撑。

数说

手机信令数据显示，2020—2021 年样本县返乡人口中 40.5% 选择到县城定居。西部地区县城对返乡人口的吸引力更为突出，返乡人口到县城定居的比例为 42.8%，高于东北及东、中部地区。县城返乡人口中，年轻人占较大比例。年轻人更愿意选择到县城定居。

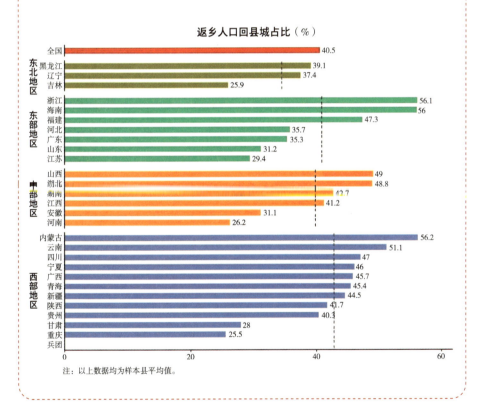

返乡人口回县城占比（%）

注：以上数据均为样本县平均值。

开发"村景拍拍"小程序，搭建村景照片采集平台，目前全国用户总数约 26 万人，采集全国各地农房和村景照片约 12 万张，构建了全国农房风貌和村庄实景数据库。

通过"村景拍拍"采集全国不同地区的农房照片，不仅能比较不同地区农房建设水平，还能归纳出各个地区当前风貌建设特征。

村景照片数据
+
问卷调查数据
+
专家评价数据

用户总数：
262864人

照片总数：
125389张

问卷总数：
190945份

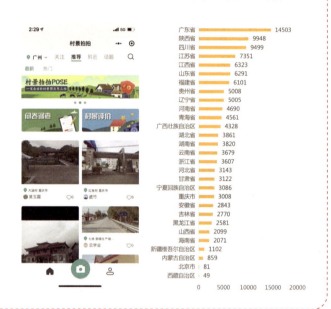

黑龙江农房建筑间距较大，单栋农房院落呈"前后长、两端窄"的形态，由正房、附属用房、菜园、场院组成，附属用房包括仓储、家禽圈、车库等。院落兼具生产、生活、存储功能，日常待客、种植养殖、秋晒冬储皆为所用。

黑龙江农房实景

　　青海省地处青藏高原东北部，汉、回、藏、土、撒拉、蒙古族等聚居于此，形成了独特而丰富的民居。其中典型代表是庄窠民居，形态规整，墙体厚度自下而上从约 1 米过渡到约 0.4 米，宽厚墙体可储蓄较多热能，待夜间释放维持室内温度。庄窠民居外观粗犷质朴，但是入口形制颇为讲究，大门内嵌于墙体，以青砖为门墩、木板为门扇，具有浓郁的地域风格。

青海特色民居实景

　　浙江省农房以二至三层为主，充分结合山坡河畔地势，突出建筑的典雅风韵，以古朴淡雅、简洁实用为特色，房子立在山清水秀的环境中，白屋连绵成片，黛瓦参差错落，营造出"一户一

浙江农房实景

处景，一村一幅画，一线一风光，一县一品牌"的风貌特征。农房现代化水平比较高，农房设施配置齐全，宅前道路硬化、照明、绿化等较为完备。

系统评价全国乡村建设的成效问题

通过评价，系统总结乡村建设进展与成效。各地乡村建设取得积极进展，农民可支配收入持续增加，对生活水平满意度不断提高。

数说

根据村民问卷调查，2021 年样本县村民满意度相比 2020 年总体提高，农房总体居住条件、村内垃圾处理情况、村内水体水质是村民满意度提升最为明显的三项，分别提升 9.3%、9.3% 和 9.2%。

项目	2021年水平	2020年水平
总体住房条件	55.6%	46.3%
村内垃圾处理	59.2%	49.9%
村内水体水质	42.3%	33.1%
县医疗服务	51.8%	42.7%
家庭生活水平	44.6%	36.4%
村庄整体环境	57.5%	50.7%
镇区商业服务	71.5%	66.1%
村内道路质量	48.7%	48.4%
学校教学质量	62.4%	63.5%

注：以上数据均为样本县平均值。

2020 年、2021 年样本县村民满意度对比表样本县农村居民人均可支配收入近 5 年的平均增速高于城镇居民，近 70% 的农民认为近 3 年家庭生活水平不断提高，农房和配套设施建设不断加强。

农村集中供水覆盖率较高，样本县 93.3% 的自然村实现集中供水。电力成为村民最主要的生活用能，68.8% 的村民使用电力做饭、烧水等，94.9% 的村民表示农房供电稳定。

村庄基本干净整洁，90.9% 的行政村有保洁人员，94.5% 的自然村生活垃圾得到收运处理。

道路、网络等基础设施覆盖率不断提高，84.5% 的村内通户道路实现硬化，宽带入户率达 59.9%，百人智能手机数为 82.6 台。90.5% 的村民会网购，39.8% 的村民每月网购 3 次以上。

农村教育、医疗等公共服务满足基本需求。样本县村庄 15 分钟生活圈内幼儿园覆盖率 55.4%、小学覆盖率 55.5%，95.4% 的行政村有卫生室。

县域范围内县镇村的公共服务体系基本建立，农村地区公共服务覆盖面不断扩大。基本建立了小学以村和乡镇为主、初中以乡镇为主、高中以县城为主的教育服务体系，以及小病就诊以村卫生室和乡镇卫生院为主、大病就诊以县城医院为主的医疗服务体系。

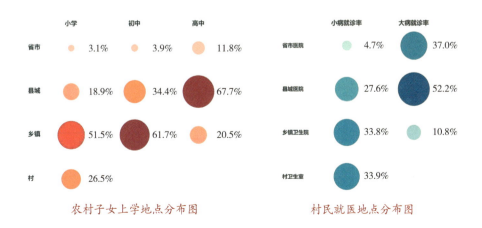

农村子女上学地点分布图　　　　　　村民就医地点分布图

　　进入新发展阶段，乡村建设面临新形势、新任务、新要求。乡村建设评价能够全面深入掌握乡村发展状况，为总结乡村建设趋势和规律、开展科学研判提供支撑。

　　从人口流动上看，样本县大多存在人口外流现象，但同时有部分外出人员返乡。2020—2021年，全国样本县10.0%的外出人口返乡。在县域内部，县城吸引县域人口趋势明显，集聚超过1/3的县域人口，且集聚度呈上升趋势。45.8%的返乡人口到县城定居。县城成为农民购房首选地，县城购房者中49.7%为农村居民。

　　从农房建设上看，样本县2020年建设的农房占既有农房总量的3.83%，其中新建的占1.67%、翻建的占2.16%。砖混结构、钢筋混凝土结构农房占比不断提高。

　　从县镇村服务体系上看，乡镇为农村地区提供教育、医疗服务的作用增强。超过一半的农村儿童在乡镇上小学。乡镇卫生院在疫情防控中承担了农村地区疫苗接种、核酸检测等工作，发挥了重要作用。

　　我国发展最大的不平衡是城乡发展不平衡，最大的不充分是乡村发展不充分。通过评价，客观反映出目前存在的城乡差距和乡村建设短板。

　　从住房水平上看，农房的厕所、厨房、浴室等条件与城市住宅相比有明显差距。

　　从人居环境水平看，农村污水处理设施覆盖率低，已建设施使用效果不佳，农村生活垃圾分类进展缓慢，农村公共基础设施维护资金和人员不足。

　　从公共服务水平看，城乡公共服务水平差距较大。村民希望学校聘请优秀教师、改善教学设施设备。样本县医疗水平、医疗资源都低于所在城市。农村老龄化问题突出，村级养老服务设施覆盖率低，建成的使用率不高。

数
说

与城市相比，村民认为农房品质不高，厕所（41.4%）、供暖（41.2%）、浴室（35%）和厨房（35%）与城市商品房差距最大。

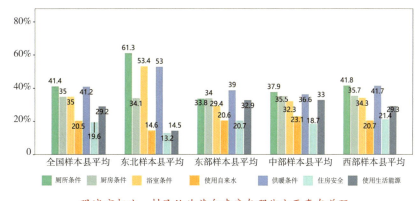

跟城市相比，村民认为其自建房在哪些方面存在差距

数
说

城乡公共服务仍存在差距。村民问卷调查显示，不少村民认为农村公共服务水平与城市存在差距。其中，村镇医疗质量、县医院医疗质量、小学教育质量是村民认为差距最大的 3 项。

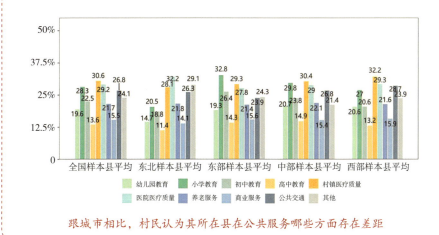

跟城市相比，村民认为其所在县在公共服务哪些方面存在差距

积极运用评价成果提升乡村建设水平

乡村建设评价逐步成为县域统筹城镇和村庄规划建设的重要抓手。各地积极运用评价成果，建立县领导牵头、多部门参与的工作机制，围绕短板与差距，科学制定评价成果应用工作方案，合理确定乡村建设重点任务，统筹安排建设项目，明确责任分工和完成时限，尊重乡村建设发展规律，因地制宜、分类施策，扎实有序推进乡村建设。

澄迈县加强统筹对症施治

海南省澄迈县充分发挥县乡村建设评价工作领导小组的统筹作用，组织相关部门针对评价发现的问题采取有针对性的措施，形成推动乡村建设高质量发展的工作合力。县住房和城乡建设局持续开展农村低收入群体住房安全动态监测；县民政局、财政局和各镇政府制定《老年人日间照料中心运营管理方案》，启用12家老年人日间照料中心，提高村级养老服务设施覆盖；县教育局加快推进村级中小学校优化布局调整，出台方案缓解学位紧张局面。

运用乡村建设评价成果，推动解决乡村建设中的问题。乡村建设评价逐省、逐县总结乡村建设的主要成效和问题短板，提出有关

地方实践

米易县塑造传统乡村风貌

四川省米易县以传统村落保护为载体塑造特色乡村风貌，积极开展传统村落保护利用规划编制工作，发挥传统村落历史文化、田园风光等资源优势，促进传统村落活化利用。

黟县着力改善农村人居环境

2022 年，安徽省黟县开展 6 个省级中心村生活污水治理项目，实施农村户厕无害化改造提升 400 户。西递镇西递村对标对表"席地而坐"标准，组建专业保洁队伍，划分片区、责任到人，推进村庄环境微改造、精提升。依托"生态美超市"，通过积分兑换生活物品，使群众自觉养成垃圾分类新风尚。

工作建议。针对样本县普遍存在的共性问题，住房和城乡建设部从推进农房和村庄建设现代化、整治提升农村人居环境、完善基础设施运行管护机制、提高乡村公共服务水平、加强县城绿色低碳建设、组织动员村民全过程参与乡村建设等方面提出具体举措。各地针对乡村建设评价发现的问题采取了有针对性的措施，出台政策、开展行动、推进项目，取得了具体成效。

"开展评价、发现问题、推动解决"的长效工作机制加快建立。通过三年的工作，各地对乡村建设评价的认识不断深化，将乡村建

沛县建立"开展评价、查找问题、推动解决"的长效工作机制

江苏省沛县针对农房使用预制板比例高，部分存在墙体开裂变形的安全隐患等问题，实施总建筑面积 100 万平方米的农房改善项目。针对日常环境卫生管护不足的问题，开展农村人居环境提升"村村亮、庄庄绿、户户通、家家净、沟沟清、厕厕洁"六大行动。针对县城公共停车场少、交通不够通畅、路网密度低的问题，推进"停车便利化工程"等一系列项目。切实解决了乡村建设中人民群众最关心最直接最现实的问题，补齐乡村建设短板，提升乡村建设水平。

设评价作为贯彻新发展理念和推动乡村建设高质量发展的常态化、制度化工作，工作积极性和主动性不断加强。湖北等地区不断扩大评价范围，逐步实现省内县级全覆盖。浙江、江苏、内蒙古、辽宁等省份提出了省级特色指标。各地强化评价成果应用，以评促建，找准补短板惠民生的突破口，统筹推进乡村建设各项工作，提升乡村建设水平，让农民群众有更多获得感、幸福感、安全感。

第四篇

营造法式谱新篇
——从建造大国迈向建造强国

习近平总书记指出，中国制造、中国创造、中国建造共同发力，继续改变着中国的面貌。党的十八大以来，建筑业增加值增长到8万亿元，国民生产总值占比超过7%，提供就业岗位超过5000万个，建筑业改革深入推进，建筑产业现代化程度大幅提升，我国从建造大国迈向建造强国。北京大兴国际机场、港珠澳大桥等一批标志性重大工程相继建成，"中国建造"彰显了强大综合国力。

第 19 章

建筑业扬帆奋进

中国制造、中国创造、中国建造共同发力，继续改变着中国的面貌。

习近平总书记 2019 年新年贺词

（2018 年 12 月 31 日）

一座座地标建筑拔地而起，一项项"高、大、难、新"工程接踵落地，一个个工程建设奇迹赢得全世界瞩目……

党的十八大以来，我国建筑业持续快速发展，规模持续扩大、结构日趋优化、技术显著提高、实力明显提升。习近平总书记在2019 年新年贺词中强调，中国制造、中国创造、中国建造共同发力，继续改变着中国的面貌。这不仅是对建筑业的肯定，也蕴含着对建筑业在新时期继续发挥支柱产业作用、以更高水平服务新型城镇化建设的期待，为建筑业赋予了新时代的新使命。

勇挑稳增长促就业大梁　支柱产业地位日益凸显

　　作为国民经济支柱产业，建筑业是诸多产业赖以发展的基础性行业，与整个国家经济发展、人民生活的改善密切相关。改革开放以来，建筑业是最早开放的行业之一，邓小平同志指出"在长期规划中，必须把建筑业放在重要地位"，奠定了建筑业与增进民生福祉同频共振的总基调。党的十八大以来，建筑业成为新型城镇化建设的"主力军"，新时代建筑业经过十年非凡发展，取得了令各界瞩目的成就。

　　发挥带动作用，支柱产业地位持续巩固。在国民经济中，建筑业关联着钢铁、水泥、机械、房地产、基础设施等 50 多个行业，经济带动作用强。党的十八大以来，建筑业总产值屡创新高，建筑业增加值占国内生产总值的比重始终保持在 6.85% 以上。2012—2021 年，全国建筑业总产值年均增长 9.7%，支柱产业支撑作用明显，对整个国民经济的带动作用越来越突出。特别是 2020 年，面对新冠肺炎疫情的严重冲击和国内外严峻复杂的环境，建筑业率先复工复产，攻坚克难，为打赢疫情防控阻击战作出了重大贡献。

2012—2021 年建筑业增加值占国内生产总值比重

持续发力，当好稳增长的"压舱石"。2021年，建筑业总产值达到29.3万亿元，创历史新高，是2012年的2.14倍；建筑业增加值达到8万亿元，是2012年的2.26倍，充分展现了我国从建造大国迈向建造强国的辉煌成就和发展态势。

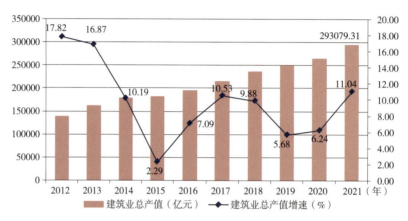

2012—2021年全国建筑业总产值及增速

久久为功，筑牢稳就业"基本盘"。就业是民生之本。作为劳动密集型行业，快速发展的建筑业成为吸纳就业的"蓄水池"，为

地方实践

大别山（麻城）建筑产业工人培育示范基地

2019年5月，大别山（麻城）建筑产业工人培育示范基地挂牌，这是湖北省及大别山片区第一个新时代建筑产业工人培育基地，也是住房和城乡建设部帮扶大别山片区的重点扶贫项目，为培育产业工人队伍提供技术支撑，帮助当地群众脱贫致富。

社会提供了大量新增就业岗位。2021 年，从事建筑业的农民工人数达到 5558 万人，较 2012 年增加了 726 万人，从事建筑业的农民工人数占全国农民工人数的比例达到 19.0%，较 2012 年提高了 0.6 个百分点。近年来，在宏观经济下行、全社会就业压力较大的背景下，建筑业吸纳大量城乡富余劳动力，有助于缓解全社会就业压力，稳就业作用更加突出。

筑牢产业发展阵地　服务民生改善民生

党的十八大以来，建筑业紧紧抓住国家基础设施"补短板"、推进新型城镇化建设及美丽宜居乡村建设新机遇，在促进城乡区域协调发展、改善民生方面发挥了积极作用，发展成就惠及千家万户，建筑业与"优势产业""富民产业"实实在在画上了等号。

为经济社会发展提供强有力的基础设施保障。逢山开路，遇水架桥。我国建筑业完成一系列关系国计民生的重大基础设施建设，

位于贵州省境内的 500 米口径球面射电望远镜，是世界上最大的射电望远镜，被称为"中国天眼"。2011 年 3 月，该项目正式开工建设，2015 年 8 月首块面板安装成功，2016 年 9 月 25 日，宣告落成使用。

"中国天眼"建设过程

确保了我国农田水利设施建设快速推进，交通路网建设持续提速，信息和能源等设施建设迈上新台阶，城乡医疗设施、大中小学以及幼儿园校舍建设成绩显著，为宽带中国、美丽中国、健康中国建设提供了强有力的保障，极大改善了人民住房、出行、通信等条件。

显著改善了城乡面貌和人民群众居住条件。党的十八大以来，我国建筑业积极参与城市地上地下设施、海绵城市建设，持续推进棚户区改造、城乡园林绿化和农村基础设施建设，改善城乡环境成果丰硕，助力城镇化建设，助力美丽中国建设，城乡面貌焕然一新。如城市轨道交通建设快速发展，截至2021年底，城市轨道交通建设线路总长度达到8571千米，是2012年的4倍多，年客运量达到了236亿人次，极大地方便了人民群众的出行。

北京市加快发展城市轨道交通

北京市轨道交通建成通车里程由2016年底的574千米增加到783.1千米，平均每年增加41.8千米。截至2021年底，北京已经形成总里程世界第二的超大城市轨道交通线网。

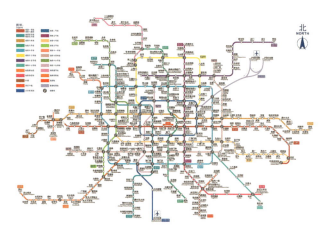

在房屋建筑方面。2021 年，全国建筑业企业房屋施工面积 157.55 亿平方米，是 2012 年的 1.6 倍。特别是全国住宅建设规模跃上历史新台阶，显著改善了人民群众居住条件，增进了人民福祉，2012—2021 年全国累计竣工住宅面积 269.96 亿平方米。住宅种类丰富，满足了人民日益增长的多种居住需求。新建小区环境宜人，学校、医院、商场及健身设施配套齐全，居住条件和环境质量不断提升，人民在住有所居中享受新生活，创造新生活。

温州市新建小区环境宜人

浙江省温州市瓯海区新桥社区作为全国第一批美好环境与幸福生活共同缔造试点、全国智慧健康养老示范基地、第一批浙江省共同富裕试点，随处可见的"智慧化"生活场景让未来生活有了样板。

从"建造大国"迈向"建造强国"打造"中国建造"品牌

党的十八大以来，建筑业深入贯彻新发展理念，实施创新驱动发展战略，以技术创新引领传统建筑产业转型升级，打通了从科技强到产业强、经济强的通道，不断强化高质量发展硬核支撑。2021 年，全国建筑业企业签订合同总额 65.7 万亿元，是 2012 年的 2.66 倍。2012—2021 年，全国建筑业企业签订合同额总量年均增长 12.1%，我国从"建造大国"向"建造强国"迈进。

2012—2021 年全国建筑业企业签订合同情况

推进建筑工业化升级，助力"双碳"目标落地。党的十八大以来，我国大力发展以装配式建筑为代表的新型建筑工业化，推动"中国建造"优化升级。2021 年，全国新开工装配式建筑面积达 7.4 亿平方米，占新建建筑面积的 24.5%。工程软件自主创新水

深圳市在保障性住房建设中推广装配式建筑

广东省深圳市长圳公共住房及其附属工程项目是全国最大的装配式保障性住房项目之一，总建筑面积约 116 万平方米，建成后将提供近万套人才安居住房。

建筑工人正在进行装配式建筑吊装作业

平日益提升，装备水平不断提高，一系列世界顶尖水准建设项目成为"中国建造"的醒目标志，建筑业从现场搅拌砂浆、"满面尘灰"的传统粗放的工程建造方式，发展到"像造汽车一样造房子"的建筑工业化时代，正在向数字化、智能化建造迈进。

大力发展智能建造，以科技创新赋能高质量发展。智能建造是建筑业与新一代信息技术深度融合，推动行业转型发展的重要突破口。2020 年 7 月，住房和城乡建设部等 13 部门联合印发《关于推动智能建造与建筑工业化协同发展的指导意见》，明确提出了发展智能建造的目标和重点任务。近两年来，住房和城乡建设部积极开展智能建造试点，总结印发了一批可复制经验做法，遴选发布了 5 大类 124 个创新服务典型案例，在数字设计、智能生产、智能施工和建筑产业互联网、建筑机器人等方面取得初步成效。目前，发展智能建造已成为行业共识。

"空中造楼机"——超高层住宅施工装备集成平台，让建设者在数百米高空如履平地，极大提高建设效率，施工速度最快可实现 3 天一层楼，整体达到国际领先水平。

　　一批拥有自主知识产权、具有国际先进水平的建筑施工设备成为建筑业的"国之重器"。大型地铁盾构机、大型挖泥船等，打破了国外技术垄断，成为我国地铁建设、海岛吹填等工程的推进利器。盾构机被称作"工程机械之王"，其技术水平是衡量一个国家地下施工装备制造水平的重要标志。过去，盾构机主要被德国、日本等国家垄断，国内需要高价购买。近几年，中国企业自主攻关，突破了一系列世界级技术难题，国产盾构机在国内市场占有率已达 90% 以上。

　　2020 年 9 月，一台最大开挖直径达 16.07 米的超大直径盾构机在中国铁建重工集团长沙第一产业园下线，这是我国研制的最大直径盾构机之一。

　　一系列世界顶尖水准的工程项目成为"中国建造"的醒目标志。代表着中国工程"速度"和"密度"的高铁工程，代表着中国工程"精度"和"跨度"的港珠澳大桥，代表着中国工程"高度"的上海中心大厦，代表着中国工程"深度"的洋山深水港码头，代表着中国工程"难度"的"华龙一号"全球首堆福清核电站 5 号机组，创造了世界奇迹的雷神山、火神山医院建设……这些超级工程的接踵落地和建成，充分彰显了我国建筑业的设计和施工实力。

港珠澳大桥是世界最长的跨海大桥，历经 6 年筹备、9 年施工，数万名建设者披荆斩棘，创造了世界桥梁史上的奇迹。

一批极具科技感和中国风的赛事场馆成为北京冬奥会的一大亮点。2019 年 2 月，习近平总书记在北京看望慰问基层干部群众时强调，"场馆建设是办好北京冬奥会、冬残奥会的重中之重。要坚持奥运标准，倒排工期，有序推进场馆新建、改造和重大配套基础设施建设，确保按期保质完工并投入使用。要突出科技、智慧、绿色、节俭特色，注重运用先进科技手段，严格落实节能环保要求，保护生态环境和文物古迹，展示中国风格。"从"冰丝带"到"冰立方""雪飞天""雪如意"，从智能建造技术到绿色低碳技术，从满足赛事需要到赛后循环利用……2022 年北京冬奥场馆建设处处体现出科技奥运、绿色奥运的理念。从向国外标准看齐到引领国际标准，让世界见证了"中国建造"的科技力量，展示了建筑业工业化、数字化和绿色化转型的广阔前景。国际奥委会主席巴赫表示："科技的潜力令人惊叹，北京冬奥会在奥运会历史上第一次真正挖掘了这种潜力。"

地方实践

"水立方"与"冰立方"自由转换

智能技术点"水"成"冰"。通过创新应用智慧场馆、转换场地、可拆装制冰系统和可转换环境等技术，实现了"水立方""冰立方"分别作为夏季和冬季场景的自由转换。"冰立方"也因此成为历史上第一个水上项目和冰上项目均可运行的"双奥"场馆。

推动"放管服"改革　释放市场主体活力

党的十八大以来，以习近平同志为核心的党中央高度重视建筑业高质量发展。2017年2月，国务院办公厅印发《关于促进建筑业持续健康发展的意见》，全面系统提出推动建筑业高质量发展的总体要求和重点任务，深化建筑业"放管服"改革，加快完善监管体制机制，着力优化建筑业营商环境，增强了建筑业企业的核心竞争力和市场活力。

积极推进企业资质改革，市场准入制度进一步完善。2020年11月，国务院常务会议审议通过《建设工程企业资质管理制度改革方案》，大幅压减企业资质类别和等级。建筑工程、市政公用工程的施工总承包一级资质和监理甲级资质全面实行告知承诺制审批，切实减轻了企业负担。各级住房和城乡建设主管部门落实"双随机、一公开"监管机制，开展企业申报业绩实地核查，加大对通过欺骗手段申请、取得资质企业的查处力度，增强了监管威慑力。

招标投标制度进一步完善，监管效能大幅提升。2019 年 12 月，住房和城乡建设部发布《关于进一步加强房屋建筑和市政基础设施工程招标投标监管的指导意见》，全面落实招标人负责制，推行评定分离、全过程电子化和异地远程评标，有效降低了企业投标成本、大幅提升了开标效率，评审更加客观、公平、公正，交易过程更加透明。

多措并举推进施工许可制度改革。通过简化建筑工程施工许可条件，缩短办理时限，调整办理限额，推行电子证照。2019 年，修订《中华人民共和国建筑法》，将申请领取施工许可证的条件由 8 条减少为 6 条，发证时间由 15 日缩短为 7 日。2020 年，全面推行建筑工程施工许可证电子证照，加强对施工许可电子证照信息的归集、共享和跨区域共用，推进相关政务服务标准化、规范化和便利化。

标准体系日趋完善，引领作用不断显现。高水平的工程建设标准是推动建筑业高质量发展的重要技术支撑。2016 年以来，住房和城乡建设部陆续印发《关于深化工程建设标准化工作改革的意见》等文件，提出政府制定强制性标准、社会团体制定自愿采用性标准的长远目标，明确了逐步用全文强制性工程建设规范取代现行标准中分散的强制性条文的改革任务，逐步形成由法律、行政法规、部门规章中的技术性规定与全文强制性工程建设规范构成的"技术法规"体系。截至 2022 年 7 月，住房和城乡建设部已批准发布 29 项全文强制性标准，其他项目也在稳步推进中，强制性工程建设规范体系已基本确立，有效支撑了建筑工业化、数字化、绿色化转型。

持续推进工程造价市场化改革，促进建筑业高质量发展。2020 年 7 月，住房和城乡建设部印发《工程造价改革工作方案》，组织开展工程造价改革试点，全面推行清单计量、市场询价、自主报价、竞争定价的工程计价方式，充分发挥市场在资源配置中的决定性作用。2022 年 6 月，财政部、住房和城乡建设部联合印发《关于完善建设工程价款结算有关办法的通知》，将政府机关、事业单位、国有企业建设工程进度款支付比例下限提高至 80%，进一步减轻建筑业企业负担。探索建设国家工程造价数据库，建立国家工程造价数据监测平台，截至 2022 年 7 月，数据覆盖全国 31 个省份、260 个地市。

工程担保制度体系初步建立，助力企业降本增效。2016 年，国务院办公厅发布《关于清理规范工程建设领域保证金的通知》，要求转变保证金缴纳方式，对保留的投标、履约等四项保证金推行银行保函制度，建筑业企业可采用银行保函方式缴纳。2019 年 7 月，住房和城乡建设部、国家发展和改革委员会等 6 部门印发《关于加快推进房屋建筑和市政基础设施工程实行工程担保制度的指导意见》，大力推行工程担保制度，提升各类保证金的保函替代率，帮助企业防范应对工程风险、减轻经营负担，进一步优化建筑业营商环境。

市场监管平台基本建成，信用管理制度不断完善。"全国建筑市场监管公共服务平台"实现全国覆盖，标志着全国建筑业企业、注册执业人员、工程项目、诚信信息基础数据库正式建立。借助平台，将行业关键要素与资质、业绩等挂钩，形成有效抓手，提高行业监管效率。2017 年 12 月，住房和城乡建设部发布《建筑市场信用管理暂行办法》，要求建立完善建筑市场各方主体守信激励和失信惩戒机制。各地通过省级建筑市场监管一体化工作平台，认定、采集、审核、更新和公开本行政区域内建筑市场各方主体的信用信息，加快推进建筑市场信用体系建设，规范建筑市场秩序。

深化劳务用工制度改革，培育产业工人队伍。加快培育新时代建筑产业工人队伍是建筑业持续健康发展的关键。2020 年 12 月，住房和城乡建设部会同 11 部门联合印发《关于加快培育

住房和城乡建设部建设
全国建筑工人管理服务信息平台

新时代建筑产业工人队伍的指导意见》，以构建社会化专业化分工协作的建筑工人队伍为目标，进一步强化建筑业人才支撑。目前，各地已全面推行建筑工人实名制管理，正在制定实施施工现场技能人才配备标准，不断完善建筑工人终身职业技能培训和职业技能鉴定体系，为建筑业持续健康发展和推进新型城镇化提供人才支撑。全国建筑工人管理服务信息平台初步建成，实现与各省平台的互联互通，截至 2022 年 8 月，信息平台已覆盖 5000 多万名建筑工人，为规范劳务用工管理、根治拖欠农民工工资工作发挥了重要作用。

风雨不动安如山，赖有砥柱立中流。党的十八大以来，建筑业的跨越式发展，彰显了中国建造的奇迹，展现出了大国崛起的伟岸身影。肩负着新时代的新使命，在全面建设社会主义现代化国家、实现中华民族伟大复兴中国梦的新征程上，"中国建造"必将作出新的更大贡献！

第 20 章

质量安全重于泰山

　　无论规划、建设还是管理，都要把安全放在第一位，把住安全关、质量关，并把安全工作落实到城市工作和城市发展各个环节各个领域。这是一条硬杠杠。规划和建设要强化有关安全的强制性标准和要求，全面落实工程质量责任，明确建设、勘察、设计、施工、监理等五方主体质量安全责任，加强工程建设全过程质量安全监管，落实安全责任终身追究制。

习近平总书记在中央城市工作会议上的讲话

（2015 年 12 月 20 日）

　　建筑工程质量安全事关人民群众生命财产安全，是经济社会协调健康发展的标志。

　　建筑工程质量安全问题，不仅是工程建设问题和经济问题，更是社会问题、民生问题和政治问题。在城市建设突飞猛进、城乡面貌日新月异的今天，确保建筑工程质量和生产安全，是人民群众最为基本的需求。守住了质量和安全，也就守住了民心。

　　党的十八大以来，住房和城乡建设部坚决贯彻落实党中央、

2012—2021 年全国房屋市政工程较大以上事故死亡人数及占比

国务院决策部署，持续加大工程建设质量安全工作力度，采取有力措施，促进工程质量水平不断提升，全国房屋市政工程安全生产形势总体平稳，较大以上事故死亡人数及其占比明显下降。

塑造质量安全工作的"中国理念"

党的十八大以来，以习近平同志为核心的党中央高度重视安全生产工作。习近平总书记就安全生产工作作出一系列重要指示和重要讲话，系统回答了如何认识安全生产工作，如何做好安全生产工作等重大理论和现实问题，是安全生产经验教训的科学总结，而且工程质量与安全息息相关，可以说质量是安全的基础，质量和安全是工程建设必须守住的底线。习近平总书记关于质量安全的重要论述，为住

习近平总书记在北京新机场视察时强调，安全生产必须落实到工程建设各环节各方面，防止各种安全隐患，确保安全施工，做到安全第一

289

房和城乡建设部进一步做好工程质量安全监管工作提供了根本遵循和行动指南。

统筹发展和安全，坚持总体国家安全观。安全是发展的前提、发展是安全的保障。发展决不能以牺牲安全为代价。我国经济已由高速增长阶段转向高质量发展阶段，高质量发展是体现新发展理念的发展，是在统筹发展和安全的基础上更为安全的发展。习近平总书记指出，"坚持统筹发展和安全，坚持发展和安全并重，实现高质量发展和高水平安全的良性互动""我们必须牢固树立这样一个理念，就是不能要带血的生产总值"，这些都深刻地阐明了发展和安全的辩证关系。习近平总书记特别强调要树牢安全发展理念，加强安全生产监管，切实维护人民群众生命财产安全。

建筑工人利用 AR＋VR 技术进行安全生产技能培训

人民至上，生命至上。生命重于泰山，人民的生命安全高于一切。2020 年 5 月，习近平总书记在参加十三届全国人大三次会议内蒙古代表团的审议时指出，"人民至上、生命至上，保护人民生命安全和身体健康可以不惜一切代价。"习近平总书记强调，"人命关天，发展决不能以牺牲人的生命为代价。这必须作为一条不可逾越的红线。"党的十八大以来，在党中央、国务院的坚强领导下，住房和城乡建设部不断强化工程质量安全监管措施，全国建筑施工安全生产形势明显好转，在建筑业高速发展的同时，单位总产值事故死亡率显著下降，从 2012 年 0.45 人 / 百亿元，下降至 2021 年 0.27 人 / 百亿元，降幅 39.7%。

百年大计，质量第一。质量强则国家强，质量兴则国家兴。党的十八大以来，以习近平同志为核心的党中央把质量摆到了前所未有的重要位置。习近平总书记指出，"要树立质量第一的强烈意识，下最大气力抓全面提高质量，开展质量提升行动，提高质量标准，加强全面质量管理。"针对建筑工程质量，习近平总书记在中央城镇化工作会议上强调，"建筑质量事关人民生命财产安全，事关城市未来和传承，要加强建筑质量管理制度建设，对导致建筑质量事故的不法行为，必须坚决依法打击和追究。"建筑质量关联着民生质量，事关人民群众的获得感、幸福感、安全感，必须久久为功，为推进建设质量强国筑牢工程质量防线。

施工现场工程质量安全宣传标语

促一方发展，保一方平安。进入新时代，人民群众日益增长的美好生活需要，很重要的一部分是对安全和健康的新期待。习近平总书记指出，"安全生产工作，不仅政府要抓，党委也要抓……党政一把手要亲力亲为、亲自动手抓"，坚持党政同责、一岗双责，这是习近平总书记的重大制度创新，意味着党委和政府对安全生产要同样重视，发生事故也要同样担责。2022 年 3 月，习近平总书记对安全生产作出重要指示，"管行业必须管安全，管业务必须管安全，管生产经营必须管安全。"这是习近平总书记为落实部门安全生产监管责任提出的制度性要求，成为界定部门安全生产责任的重要原则。

专职安全生产管理人员进行设备检查

排险除患，防患未然。明者防祸于未萌，智者图患于将来。有效遏制安全事故发生的关键在于源头管控，将问题解决在萌芽之时、成灾之前。习近平总书记指出，"要坚持标本兼治，坚持关口前移，加强日常防范，加强源头治理、前端处理""要站在人民群众的角度想问题，把重大风险隐患当成事故来对待""要针对安全生产事故主要特点和突出问题，层层压实责任，狠抓整改落实，强化风险防控，从根本上消除事故隐患，有效遏制重特大事故发生"，均表明了党中央全力以赴维护广大人民群众生命财产安全的坚定决心。

齐抓共管，失职追责。"党政同责、一岗双责、齐抓共管、失职追责"构成了一个严密的安全生产责任体系。只有严格地问责追责，才能督促各级领导干部履职尽责。党的十八大以来，党对领导干部问责力度不断加大。2018 年，中共中央办公厅、国务院办公厅印发《地方党政领导干部安全生产责任制规定》，这作为我国安全生产领域的第一部党内法规，明确界定了地方党政领导干部安全生产责任追究问题。习近平总书记指出，"追责不要姑息迁就。一个领导干部失职追责，撤了职，看来可惜，但我们更要珍惜的是不幸遇难的几十条、几百条活生生的生命""对责任单位和责任人要打到疼处、痛处，让他们真正痛定思痛、痛改前非，有效防止悲剧重演"。

勤于宣传，注重教育。愚昧从来没有给人带来幸福，幸福的根源在于知识。知识决定思想，思想决定行为。普及安全生产知识，发挥宣传教育对从业人员安全生产理念的培养、引导、激励作用，是有效培养安全生产意识，

湖北省某工地开展安全生产宣传教育活动

预防和遏制安全事故发生的重要手段，也是构建安全预防控制体系的重要环节。当然，安全生产意识不可能形成于一朝一夕，这就决定了安全生产宣传教育是一项长期性工作，必须制定长远规划，持之以恒。习近平总书记强调，"安全生产必须警钟长鸣、常抓不懈，丝毫放松不得，每一个方面、每一个部门、每一个企业

2021 年 6 月是第 20 个全国"安全生产月"，主题是"落实安全责任，推动安全发展"。按照国务院安全生产委员会办公室统一部署，住房和城乡建设部组织各地开展相关活动。

安全生产宣传咨询日
活动现场展示安全生产设施

都放松不得，否则就会给国家和人民带来不可挽回的损失""安全稳定工作连着千家万户，宁可百日紧，不可一日松"。

提高工程质量的"中国智慧"

强化顶层设计。党中央、国务院部署建设质量强国战略，提升建筑工程品质，落实主体责任，强化工程质量监管，健全工程质量体系，提高建设工程质量水平。2019 年 9 月，国务院办公厅转发住房和城乡建设部《关于完善质量保障体系提升建筑工程品质的指导意见》，从强化各方责任、完善管理体制、健全支撑体系和加强监督管理等方面提出 18 项重点任务，明确了新时代完善工程质量保障体系的总体思路、重点任务和改革方向，是今后一段时期做好工程质量工作的根本遵循。

2022 年 9 月是第 45 个全国"质量月"，全国住房和城乡建设系统"质量月"暨工程质量数字监管交流观摩活动在北京举办。活动以"强化数字赋能、建设建造强国"为主题，集中展示工程质量显著成果，推广智能建造、绿色建造，强化数字监管，提升建筑工程品质。

落实建设单位工程质量首要责任。建设单位作为工程建设活动的总牵头单位，是工程质量第一责任人，依法承担工程质量全面责任，对保障工程质量具有主导作用，依法界定并严格落实建设单位工程质量首要责任至关重要。2020 年 9 月，住房和城乡建设部印发《关于落实建设单位工程质量首要责任的通知》，首次明确了建设单位工程质量首要责任的内涵，明确了建设单位项目质量管理标准，以此加强对工程建设全过程的质量管理，不断提高房屋建筑和市政基础设施工程质量水平。

湖北省创新"一证两书"制度
提升住宅工程品质

2021 年 8 月，湖北省在新建住宅工程中全面实施"一证两书"制度，包括住宅工程质量信息公示、住宅质量合格证、住宅质量保证书、住宅使用说明书 4 项内容。截至 2022 年 9 月，全省已实现"一证两书"制度全覆盖，共发放"一证两书"68 万余份。《住宅质量保证书》和《商品住宅使用说明书》为住户详细介绍房屋和小区基本信息，包括住宅基本设置、设计参数指标和使用说明，并对建筑结构和水电暖通等装饰装修做出安全提示。

地方
实践

安徽省创新推进"四个工地"试点和业主开放日制度

党建引领推进"红色工地"，凝聚工作合力。科技赋能推进"智慧工地"，加快信息技术与质量安全深度融合。绿色施工推进"绿色工地"，推动建筑工地节能、减碳、降废。金融助力推进"安心工地"，探索建立工程质量保险与工程质量管理、工程品质提升、工程质量保修相结合的良性互动机制。推行住宅工程业主开放日制度，落实建设单位工程质量首要责任，提升人民群众对住宅工程质量的满意度。自 2019 年 9 月以来，黄山市组织开放日活动 54 次，建筑面积约 230 万平方米，涉及 20900 套住宅。质量投诉起数从 2019 年的 141 件降至 2020 年的 66 件、2021 年的 15 件。

加强政府监管。建立覆盖省、市、县三级的质量监管体系，开展层级指导与监督考核机制，打造一支政治素质硬、业务能力强、专业水平高的工程质量监督队伍。截至 2021 年，全国质量监督机构 3037 家，机构人员总数约为 4.36 万人，有力地保障了工程质量。

开展建筑工程质量专项行动。重点聚焦涉及结构安全的重点部位、关键环节和关系人民群众居住品质的质量通病治理等方面，着力防范重大质量安全风险、创新手段提升住宅工程居住品质，促进我国工程质量水平持续提高。

在工程质量专项抽查中全面推行"双随机、一公开"检查方式，探索建立工程质量风险等级分类监管机制，增强监管精准性

青岛市创新先验后收保维修机制
走出"青岛住宅＋"管服特色路径

为解决全装修住宅工程"精装变惊装"难题，青岛市按照"工作标准化、标准程序化、程序公开化"原则，率先实施可视化分户验收、交付前业主开放、强化质量保修等措施，探索出先验后收保维修的

"青岛住宅＋"模式。2021 年以来，实施分户验收 7.4 万户，累计消除质量缺陷 10 万余条；业主开放活动惠及人民群众 1.4 万余户，消化业主提出的质量缺陷近 5.7 万条，获得良好工作成效和社会成效。

工程质量安全提升三年行动

2017 年 4 月，住房和城乡建设部部署在全国范围内开展为期三年的工程质量安全提升行动，进一步严格工程质量安全责任落实，强化政府监管，不断提高工程项目质量安全管理水平，推动全国工程质量安全水平持续提升。

全国工程质量安全提升行动部署会议现场

和威慑力。健全工程质量诚信体系，畅通信用信息归集渠道，加大信用信息公开力度，充分运用守信激励和失信惩戒手段，提升市场主体质量意识，营造活力有序和"一处失信，处处受限"的良好信用环境。开展人工智能辅助施工图审查、施工图 BIM 智能化审查试点，探索利用人工智能和大数据技术，自动识别图纸信息、排查图纸错漏，提高施工图审查效率和质量。

完善市场机制和社会评价机制。健全工程质量评价指标体系，指导地方开展省、市级工程质量评价工作，鼓励通过政府购买服务等方式委托具备条件的第三方机构独立开展工程质量评价，客观衡量工程质量水平，为健全工程质量保障体系和推动工程质量管理制度创新提供支撑。深入开展工程质量保险试点，创新质量保险制度，研究建立全国工程质量保险信息平台，在具备条件的项目中推行工程质量保险，运用市场手段化解质量安全风险。

加强工程质量标准化管理。近年来，住房和城乡建设部积极推进建设工程质量标准化管理，制定《工程质量安全手册》，明确企业和现场项目管理机构的质量责任和义务，规范重点分项工程、关键工序做法及管理要求。积极实施质量管理标准化示范工程，创建品质工程，发挥示范带动作用，推动工程建设领域优质化、品牌化发展。进一步完善工作机制，制定施工质量标准化管理技术指南，指导建筑行业总结、提炼、研发成熟可靠的新技术，并

知识速递

《工程质量安全手册》

2018 年 9 月，住房和城乡建设部制定了《工程质量安全手册（试行）》，对房屋建筑和市政基础设施工程建设、勘察、设计、施工、监理、检测等单位的工程质量安全责任、行为准则及具体要求等进行了详细规范。

在建筑业 10 项新技术修订中推广应用。创新开展工程建设工法研发、评审、推广，加强先进质量管理模式和方法高水平应用，推动精品建造和精细管理，推动工程质量总体水平提升。

创新科技引领。科技引领未来，创新驱动发展，科技创新是推动工程建设领域高质量发展的动力源泉，也是推动住房和城乡建设行业可持续健康发展的"看家本领"和"技术担当"。在工程建设领域，大力倡导技术革命和科技创新，是保障建设工程质量、提升生活品质的新动力。近年来，住房和城乡建设部围绕工程建设领域科技创新，开展了大量工作，如编制印发《城市轨道交通工程创新技术指南》《中国建筑技术政策》《建筑业 10 项新技术》等，指导工程建设行业开展技术变革，有力推动了工程建设领域科技创新发展。

中建二局广东建设基地完成主体结构打印"世界首例原位 3D 打印双层示范建筑"　　中建三局武汉某项目产品化应用"造楼机"，打造施工现场"类工厂"作业

减少安全事故的"中国方案"

加强安全风险分级管控。施工现场的安全风险是客观存在的，如果不对风险进行管控，风险极有可能会演变为事故，特别是危险性较大的分部分项工程（以下简称"危大工程"）具有数

量多、分布广、管控难、危害性大等特征，安全风险大，易造成群死群伤事故。为科学指导施工现场的安全管理，有效管控和化解重大安全风险，住房和城乡建设部先后出台了《危险性较大的分部分项工程安全管理规定》《危险性较大的分部分项工程专项施工方案编制指南》等部门规章和文件，重点解决危大工程安全管理体系不健全、危大工程安全管理责任不落实、法律责任和处罚措施不完善等突出问题。同时，提出对专项施工方案所涉及的分部分项工程进行风险因素辨识及安全风险分级，并建议制定相应的风险应对措施和风险分级管控措施，规范了危大工程的安全管理。

低风险　　一般风险　　较大风险　　重大风险

某项目正在开展安全风险分级管控和隐患排查治理

　　开展事故隐患排查治理。减少安全事故最好的办法就是预防，安全生产工作要做到"防患于未然"，将事故隐患消除在萌芽状态。住房和城乡建设部深入贯彻"隐患就是事故"的理念，出台了一系列防范化解风险隐患的指导性文件。制定《房屋市政工程生产安全重大事故隐患判定标准（2022版）》，明确基坑工程、模板工程、脚手架工程、起重机械及吊装工程等重点环节共计34项重大事故隐患情形，为有效开展重大事故隐患排查治理提供了依据。

提升施工现场本质安全。党的十八大以来，我国建筑施工水平显著提高，施工工艺、设备和材料在先进性和安全性方面取得了长足进步，对建筑施工安全形势稳定好转起到了重要推进和保障作用。与此同时，建筑施工领域仍存在工艺工法落后、设备材料安全性能不高的问题，直接或间接导致了一些房屋建筑和市政基础设施工程生产安全事故的发生，给人民群众生命财产造成了严重损失。住房和城乡建设部深入贯彻落实党中央、国务院关于安全生产的决策部署，发挥建筑行业技术进步对安全生产的保障作用，从施工工艺、设备和材料方面杜绝安全事故发生，制定出台了《房屋建筑和市政基础设施工程危及生产安全施工工艺、设备和材料淘汰目录（第一批）》。

限制淘汰危及生产安全的施工工艺、设备和材料

2021年，住房和城乡建设部发布《房屋建筑和市政基础设施工程危及生产安全施工工艺、设备和材料淘汰目录（第一批）》，淘汰了一批危及生产安全的落后施工工艺、设备和材料，从源头上防范化解重大安全风险。

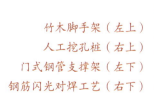

竹木脚手架（左上）
人工挖孔桩（右上）
门式钢管支撑架（左下）
钢筋闪光对焊工艺（右下）

　　推行安全生产标准化。建筑施工安全生产标准化工作是督促企业落实主体责任、加强安全生产管理工作的重要措施，也是预防和减少伤亡事故发生、提高建筑安全管理水平的有效途径。近十年来，住房和城乡建设部围绕安全生产标准化开展了大量工作，2014年，印发《建筑施工安全生产标准化考评暂行办法》，确立了建筑施工安全生产标准化管理制度和考评办法，在此基础上，制定《工程质量安全手册（试行）》，推广使用《房屋市政工程安全生产标准化指导图册》，制定《城市轨道交通工程建设安全生产标准化管理技术指南》等文件。

　　落实参建单位和关键人员安全生产责任。一人把关一处安，众人把关稳如山。安全生产管理的重点在于责任必须落实到岗、明确到人。分析典型的生产安全事故不难发现，大部分事故的发生其根源在于参建单位安全生产主体责任不落实、安全管理薄弱、未履

落实安全生产责任的相关制度

《建筑施工企业主要负责人、项目负责人和专职安全生产管理人员安全生产管理规定》

《建筑施工项目经理质量安全责任十项规定（试行）》

《建设单位项目负责人质量安全责任八项规定（试行）》

《建筑工程勘察单位项目负责人质量安全责任七项规定（试行）》

《建筑工程设计单位项目负责人质量安全责任七项规定（试行）》

《建筑工程项目总监理工程师质量安全责任六项规定（试行）》

《关于加强建筑施工安全事故责任企业人员处罚的意见》

……

行安全生产法定职责等。近年来，住房和城乡建设部印发了一系列规范性文件，进一步落实参建单位和关键人员安全生产责任。2014年发布了《建筑施工企业主要负责人、项目负责人和专职安全生产管理人员安全生产管理规定》，明确了"三类人员"考核发证、安全责任等，极大促进"三类人员"履职尽责，提高安全生产管理能力。随着我国社会信用管理体系不断完善，信用监管手段不断加强，未来在工程建设领域将发挥极大的作用，对参建单位和关键岗位人员安全生产责任的落实也将起到极大的激励作用。

深入扎实开展安全生产检查。2018 年 3 月，住房和城乡建设部部署开展了为期两年的建筑施工安全专项治理行动，要求各地切实加强危大工程安全管控，强化安全事故责任追究，构建安全监管长效机制。2019 年 3 月，住房和城乡建设部印发《住房和城乡建设部办公厅关于深入开展建筑施工安全专项治理行动的通知》，再次部署动员安全生产检查治理工作。2022 年 4 月，住房和城乡建设部部署开展为期两年的房屋市政工程安全生产治理行动，围绕严格管控危险性较大的分部分项工程，全面落实工程质量安

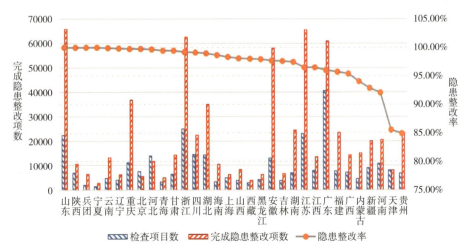

全国房屋市政工程安全生产治理行动危大工程隐患排查整改图（截至 2022 年 7 月底）

大美城乡 安居中国

2021 年 5 月，全国工程质量安全监管信息平台正式启动。截至 2022 年 8 月，平台已累计共享建筑施工企业安全生产许可证信息 60.64 万条、安全生产管理人员信息 709.47 万条、特种作业人员信息 247 万条、建筑起重机械信息 40.95 万条，为提升监管效能和政务服务能力提供了有力支撑。

全手册制度，提升施工现场人防物防技防水平，严厉打击各类违法违规行为，充分发挥政府投资工程示范带头作用五大重点任务，全面排查整治安全隐患，切实管控重大安全风险。

推动质量安全监管数字化转型。随着数字时代的到来，我国提出了建设网络强国、数字中国、数字政府等战略部署。当前，各行业各领域也都在充分运用数字化手段，全面推进经济社会数字化转型发展。住房和城乡建设部积极探索研究建筑施工安全信息化监管，开发了覆盖建筑施工企业、从业人员、起重机械、工程项目、安全事故、监督机构和人

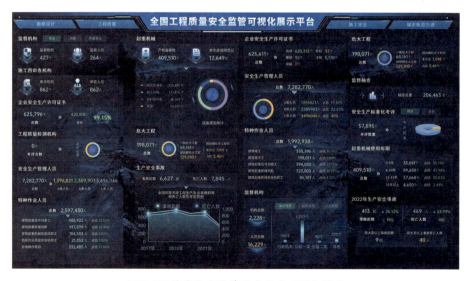

全国工程质量安全监管信息平台可视化展示

员管理的建筑施工安全监管业务系统，供各地免费使用。2018 年 1 月，住房和城乡建设部印发《全国建筑施工安全监管信息系统共享交换数据标准（试行）》，拟构建全国建筑施工安全监管数据库。2021 年起，住房和城乡建设部全面推行"互联网＋监管"模式，构建了一体化的全国房屋建筑和市政基础设施工程质量安全监管信息平台。

2020 年初，一场突如其来的新型冠状病毒肺炎疫情席卷大江南北，湖北武汉作为疫情暴发之初受灾最严重的地区，牵动着亿万国人的心。一方有难，八方支援。在党中央、国务院的坚强领导下，住房和城乡建设部第一时间组织以中建集团等央企为代表的施工单位尽锐出战，4 万余名建设者逆行出征，2000 多家供应商和分包商积极响应，2500 余台大型设备及运输车辆集结武汉，10 天建成武汉火神山医院、12 天建成雷神山医院，提供床位 2500 张，疫情期间收治病患 5070 名，书写了人类抗疫史上的"奇迹"，将"不可能"变为"可能"。

武汉雷神山医院项目施工现场

住房和城乡建设部坚持系统观念，积极应对新冠肺炎疫情带来的冲击，在抓紧排查整治住房和城乡建设领域重大安全风险的同时，注重从实际出发，统筹推进安全生产和疫情防控工作。同时，也出台了若干统筹安全生产和疫情防控的指导性文件，积极推进工程项目稳步有序复工复产，维护社会和谐稳定大局。

江门市开展工地疫情防控应急演练

2022 年 4 月 28 日，广东省江门市新会区住房和城乡建设局联合中建五局江门地区项目联合党支部在新悦锦云项目部开展了疫情防控应急演练，进一步强化新冠肺炎疫情防控工作，提高防范和应急处理能力。疫情防控演练以现场实战为主，桌面推演为辅，以发现一名管理人员进场"健康码显示红码、体温超标"为背景，依据建设工地疫情防控应急演练预案进行开展，并实时投屏反映现场状况。

第 21 章

从审批"万里长征图"
到"不见面"审批

转变政府职能，深化简政放权，创新监管方式，增强政府公信力和执行力，建设人民满意的服务型政府。

习近平总书记《决胜全面建成小康社会 夺取新时代中国特色社会主义伟大胜利——在中国共产党第十九次全国代表大会上的报告》（2017 年 10 月 18 日）

工程建设项目审批直接影响市场主体投资建设活动，是推进政府职能转变和深化"放管服"改革、优化营商环境的重要方面。近些年，在方便企业群众办事创业、降低制度性交易成本等方面取得了明显成效，但是工程建设项目审批手续多、办事难、耗时长等问题仍然较为突出，广州市一位政协委员曾绘制了一幅审批万里长征图，展示了建设一个项目需要跑 20 多个部门、盖上百个公章，企业群众反映强烈。世界银行营商环境评估中反映工程建设项目审批情况的办理建筑许可指标，我国长期排名居后。

对此，党中央、国务院高度重视，2018 年部署开展工程建设项目审批制度改革。国务院常务会议多次研究部署，在历年《政

数说

- ·审批时间压减至 120 个工作日以内；
- ·审批事项压减至平均 66 项；
- ·世界银行营商环境评价办理建筑许可指标全球排名提升至第 33 位；
- ·每年为市场主体节约成本 3000 亿元以上。

府工作报告》中提出明确要求，召开专题会议部署推动改革。

住房和城乡建设部会同相关部门深入贯彻落实党中央、国务院决策部署，坚持以人民为中心，以更好更快方便企业群众办事为导向，以提升市场主体便利度、感受度、满意度为目标，推动各地扎实开展工程建设项目审批制度改革。各项改革任务全面落实，全流程审批服务效能大幅提升，企业群众办事更加便捷，满意度不断提高，改革取得明显成效。

试点先行　逐步推广
工程建设项目审批制度改革蹄疾步稳

工程建设项目审批制度改革是党中央、国务院在新形势下作出的重大决策，是贯彻落实新发展理念的重要举措，是新阶段形成国内统一开放大市场、构建新发展格局的重要基础性工作。

试点先行，探索改革路径。2018 年 5 月，住房和城乡建设部报请国务院办公厅印发《关于开展工程建设项目审批制度改革试点的通知》，部署在北京、天津、上海、重庆、沈阳、大连、南京、厦门、武汉、广州、深圳、成都、贵阳、渭南、延安和浙江省开展试点，提出统一审批流程、精简审批环节、完善审批体系、强化监督管理等改革任务，要求试点地区要建成工程建设项目审批制度框架和管理系统，按照规定的流程，审批时间压减一半以上。

经过一年时间试点，各项改革举措全面落实，形成一批可复制可推广的经验。

全国铺开，全面实施改革。2019 年 3 月，住房和城乡建设部会同相关部门深入总结试点经验，研究起草并报请国务院办公厅印发《关于全面开展工程建设项目审批制度改革的实施意见》，在全国范围内全面开展工程建设项目审批制度全流程、全覆盖改革，提出统

工程建设项目审批制度改革改什么？

工程建设项目审批制度改革最突出的特点就是全流程、全覆盖。

"全流程"，指的是在审批流程上，涵盖工程建设项目审批全过程，包括从立项一直到竣工验收和公共设施接入服务。

"全覆盖"，指的是在工程项目类别上，覆盖房屋建筑和城市基础设施等工程，除了特殊工程和交通、水利、能源等领域的重大工程外，都要纳入改革范围，既包括政府投资工程，也包括社会投资工程；在办理事项上，既覆盖用地预审、工程规划许可、施工许可等行政许可事项，又覆盖设计方案审查、施工图审查等技术审查、中介服务和供水、供热、供气等市政公用服务等各类型事项，推动流程优化和标准化。

主要目标

2019上半年
全国工程建设项目审批时间压缩至**120个工作日以内**

省（自治区）和地级及以上城市**初步建成**工程建设项目审批制度框架和信息数据平台

2019年底
工程建设项目审批管理系统与相关系统平台**互联互通**

试点地区**继续深化改革**，加大改革创新力度，进一步精减审批环节和事项，减少审批阶段，压减审批时间，加强辅导服务，提高审批效能

2020年底
基本建成全国统一的工程建设项目审批和管理体系

一审批流程、统一信息数据平台、统一审批管理体系、统一监管方式的"四个统一"改革任务，要求全国工程建设项目审批时间压缩至 120 个工作日以内，基本建成全国统一的工程建设项目审批和管理体系。国务院召开全国工程建设项目审批制度改革工作电视电话会议，要求坚持一切从实际出发，坚决杜绝形式主义，政策执行上不搞"一刀切"，在实践中找准并解决关键和突出问题，让市场主体切实感受到改革成效。

上下联动，推动改革落实。住房和城乡建设部成立由主要负责同志为组长的工程建设项目审批制度改革工作领导小组，统筹推进改革。制定《改革实施方案编制要点》，先后组织多次现场培训和电视电话培训，培训各地政府和有关部门负责同志及相关企事业单位人员 20 万余次，并通过简报通报、调研督导等多种方式指导各地落实改革措施。各省（区、市）成立以政府主要负责同志任组长的工程建设项目审批制度改革工作领导小组，结合本地

部省合作深化工程建设项目审批制度改革

住房和城乡建设部和海南省人民政府签署合作协议，支持海南省深化工程建设项目审批制度改革，打通各部门和各市县纵横向的审批壁垒，打造全省统一的工程建设项目审批管理系统，推动各相关系统平台深度融合，进一步提升系统数字化、网络化、智能化水平，实现工程建设项目审批 100% 电子证书，"三级工程编码＋单位工程编码"智能化管理。推动"土地超市＋工改直通车"改革，实现土地供应与工程建设项目审批的互联互通，项目落地速度明显提升，营商环境得到明显改善。

实际情况制定改革实施方案，出台各项配套政策措施，建立工作协调推进机制，开展宣传培训，抽调精干力量开展工作，推动各项改革任务落实。

推广经验，持续深化改革。住房和城乡建设部及时总结地方推进改革的经验做法，先后在全国推广三批典型经验。2019 年，国务院颁布《优化营商环境条例》，明确优化工程建设项目审批流程，推行并联审批、多图联审、联合竣工验收等方式，实施区域评估，简化审批手续，提高审批效能。2020 年，中共中央、国务院出台《关于新时代加快完善社会主义市场经济体制的意见》指出，全面开展工程建设项目审批制度改革。《国务院办公厅关于进一步优化营商环境更好服务市场主体的实施意见》《国务院办公厅关于服务"六稳""六保"进一步做好"放管服"改革有关工作的意见》等均对工程建设项目审批制度改革提出了明确要求。

实践证明，工程建设项目审批制度改革全面提升企业群众办事便利度，规范政府管理和企业建设行为，推动从碎片化部门管理向政府综合管理转变，推动政府职能从管理型向服务型转变。

以全流程全覆盖推动"四个统一" 建立全国统一的工程建设项目审批和管理体系

相比其他方面的审批制度改革，工程建设项目审批制度改革是一次全流程、全覆盖的改革，通过统一审批流程、统一信息数据平台、统一审批管理体系、统一监管方式，基本建立全国统一的工程建设项目审批和管理体系。

统一审批流程。为了彻底改变过去工程建设项目前置审批多、串联审批多、审批效率慢的问题，住房和城乡建设部制定全国统

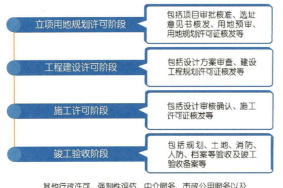

立项用地规划许可阶段 —— 包括项目审批核准、选址意见书核发、用地预审、用地规划许可证核发等

工程建设许可阶段 —— 包括设计方案审查、建设工程规划许可证核发等

施工许可阶段 —— 包括设计审核确认、施工许可证核发等

竣工验收阶段 —— 包括规划、土地、消防、人防、档案等验收及竣工验收备案等

其他行政许可、强制性评估、中介服务、市政公用服务以及备案等事项纳入相关阶段办理或与相关阶段并行推进

审批流程

一的工程建设项目审批流程图示范文本和审批事项清单，将工程建设项目审批流程划分为立项用地规划许可、工程建设许可、施工许可、竣工验收四个阶段，每个阶段实行"一家牵头、并联审批、限时办结"。

各地通过精简审批事项和条件、下放审批权限、合并审批事项、转变管理方式、调整审批时序等措施，精简审批环节，规范审批事项，参照制定本地区工程建设项目审批流程图和审批事项清单。

山东省大力精简规范全流程审批服务事项

山东省采取取消、整合、下放等多种方式，持续精简规范全流程审批服务事项和环节。2020年以来先后修订10部地方性法规规章，废止3部，取消"学校等抗震设防专项审查""建筑节能认可""房地产开发项目竣工综合验收备案"等省级设定事项。将21个同阶段、同部门办理的相近事项整合为6个，实行"一次申请、一并审批、一证办结"。实行"按需放权"，颁布省政府规章，向各地级市和国家级开发区下放部分类型项目的环评、水土保持等省级权力44项。探索"市县同权"，指导各地运用直接下放、窗口前移、下放实质性审核权等方式，将市级行政许可事项调整由县级实施，有效破解"上下跑"难题。

部分地方结合本地实际情况进一步分类优化工业项目、房屋建筑工程、老旧小区改造等项目审批流程，加快构建流程最优、用时最短、办事最方便的审批流程。联合审图、联合验收、区域评估、告知承诺制等一大批精简审批的改革举措在全国范围内全面实施。

什么是联合审图、联合验收、区域评估、告知承诺制？

联合审图：消防、人防、技防等技术审查并入施工图设计文件审查，相关部门不再进行技术审查。

联合验收：实行规划、土地、消防、人防、档案等事项限时联合验收，统一竣工验收图纸和验收标准，统一出具验收意见。对于验收涉及的测绘工作，实行"一次委托、联合测绘、成果共享"。

区域评估：在各类开发区、工业园区、新区和其他有条件的区域，推行由政府统一组织对压覆重要矿产资源、环境影响评价、节能评价、地质灾害危险性评估、地震安全性评价、水资源论证等评估评价事项实行区域评估。

告知承诺制：对通过事中事后监管能够纠正不符合审批条件的行为且不会产生严重后果的审批事项，实行告知承诺制。公布实行告知承诺制的工程建设项目审批事项清单及具体要求，申请人按要求作出书面承诺的，审批部门可以根据申请人信用等直接作出审批决定。

统一信息数据平台。全国地级及以上城市按照"横向到边、纵向到底"的原则，整合建设覆盖地方各有关部门和区、县的工程建设项目审批管理系统，基本实现统一受理、并联审批、实时流转、跟踪督办。住房和城乡建设部建立完善国家工程建设项目审批管理

内蒙古自治区纵深推行区域评估 让企业省事又省钱

内蒙古自治区持续深入推进区域评估工作，明确 10 类评估事项工作要点、技术标准、应用指南，加快形成区域评估成果。全区 62 个各类园区形成区域评估成果 664 个，1290 多个项目使用区域评估成果 3480 多次，节约成本 9560 多万元。随着越来越多的企业享受到区域评估改革红利，不仅为企业节省了成本，也让项目落地提速增效，进一步优化了营商环境，增强了企业的获得感和满意度。

系统，与各省、城市工程建设项目审批管理系统对接，加强对全国工程建设项目审批的监督管理，督促各地加快将工程建设项目全流程事项和环节以及市政公用服务纳入线上审批和管理，不断提升审批效率。截至 2021 年底，各省（区、市）通过工程建设项目审批

吉林省开展工程建设项目全流程在线审批

吉林省一体推进工程建设项目审批制度改革和数字政府建设，采取"全省统筹、省建市用"模式，省、市、县三级相关部门共同应用一套系统开展工程建设项目全流程在线审批。工程建设项目审批管理系统与全省一体化政务服务平台、数据共享平台、政务服务事项库、信用综合服务平台、统一身份认证系统、营商环境智能管理平台、互联网＋监管 7 个政务基础支撑平台有机衔接，并与发改、住建、自然资源等部门业务系统实现对接，做到全省上下贯通、业务联通、数据畅通、标准融通。

管理系统审批项目 124.54 万个,办理审批服务 346.71 万件。

部分地方加快推进"掌上办""指尖办"、全流程在线审批、BIM 报建和智能化审查,加强工程建设项目审批电子证照应用,持续提升审批效率。新冠肺炎疫情期间,各地通过网上审批有力保障了工程建设项目顺利推进和企业复工复产。

广州市基于 BIM 的智能化辅助审查

作为全国首批 CIM 平台建设试点城市,广东省广州市研发了基于 BIM 的房屋建筑工程施工图三维智能辅助审查系统,自 2020 年 10 月起正式上线运

行。辅助审查系统实现了建筑、结构、给水排水、暖通、电气五大专业,消防、人防、节能三大专项,共计 283 条国家标准规范条文的智能辅助审查。通过 BIM 审查,可以智能检查出 BIM 模型违反重难点规范条文的部分,提高设计人员和审图专家的工作效率和质量。通过审查后的 BIM 模型在 CIM 平台汇聚,形成智慧城市数字底座。广州市已有 892 个房屋建筑项目申报施工图 BIM 审查,其中已通过 BIM 审查的项目达 647 个(模型总数 7084 个),参与建设单位 362 家、设计单位 244 家。

统一审批管理体系。完善的审批管理体系是确保工程建设项目审批制度改革成功的重要基础和保障。各地按照改革要求,持续健全"四个一"的审批管理体系。

　　"一张蓝图"统筹项目实施：各地加快统筹整合各类规划，建立基于"多规合一"的项目策划生成机制，统筹协调各部门提出建设条件和要求，为审批提速打下基础。天津、厦门等地持续优化项目策划生成服务，推动"以商选地"向"以地引商"转变。

厦门市创新项目策划生成

　　福建省厦门市依托全市空间规划"一张蓝图"，创新项目策划生成机制，加快项目落地实施。建立分级项目储备库，为不同项目类型量身定制策划生成流程，通过多部门在线协同，解决策划生成多头管理、多次反复的问题。明确策划生成意见作为后期审批依据，后续审批中不得提出与策划生成阶段不一致的意见，审批部门通过共享空间规划数据，共商项目建设规模、预选址等建设条件，进一步提高项目策划的科学性和便捷度，后续审批明显提速增效。

　　"一个窗口"提供综合服务：各地在政务服务大厅设立工程建设项目审批综合服务窗口，建立完善"前台受理、后台审核"机制，统一收件、出件，实现"一个窗口"服务和管理。江苏省南京市建成"二级机构、三级功能"的代办服务体系，建设全市"代办服务"一体化平台，为各类工程建设项目提供"政策咨询、申报指导、审批协调、帮办代办"四个方面的免费服务，在工程建设项目申报审批中发挥积极作用。

　　"一张表单"整合申报材料：各地按照立项用地规划许可、工程建设许可、施工许可、竣工验收四个阶段编制统一的办事指南和申报表格，各阶段均实行"一份办事指南，一张申请表单，一套申

践行"整体政府"理念 打造行政审批"上海速度"

上海市借鉴"整体政府"创新理念,从市场主体需求和视角出发,整合审批资源,建立市、区两级工程建设项目审批审查中心。通过跨部门数据共享、流程再造和业务协同,全面推行"只登一扇门""只对一扇窗""只见一部门"。加快建立健全"前台一窗收发、后台联合会审"的"一站式"政务服务实体化运作模式,推动实现工程建设项目审批所涉各行政审批事项、行政审批中介服务(政府委托)事项、市政公用服务事项等纳入"中心"统一申报、受理、出证、验收。

报材料,完成多项审批"的清单管理运作模式。湖南、宁夏等地制定省级层面工作指南,有效提升工程建设项目审批标准化水平。

"一套机制"规范审批运行:各地各部门制定出台一系列保障和推进改革的配套制度文件,确保审批各阶段、各环节无缝衔接。住房和城乡建设部推动完成建筑法、消防法、城乡规划法、建设

湖南省优化申报材料清单 推动审批服务惠企利民

湖南省细化项目分类,优化工程建设项目办事指南、审批事项、审批时限、审批流程和申报材料,编制形成《湖南省工程建设项目审批工作指南(第四版)》。优化项目策划生成、立项用地规划许可、工程建设许可、施工许可阶段的办事指南、申请表单、申报材料清单,更新优化可实行告知承诺制的审批事项和申报材料清单,新增工程建设领域中介服务事项指导目录,进一步推动工程审批服务惠企利民。

地方实践

宁夏回族自治区积极推进工程建设项目标准化审批改革

2019年以来，宁夏回族自治区持续推进工程建设项目"一个标准管到底、办到底"改革，印发涵盖15类工程建设项目的《全流程审批操作指引规范》，构建了事项材料"一张清单"、流程时限"一份指南"、办事大厅"一个窗口"、全程网办

"一站式"免费代办服务中心

"一个平台"、中介服务"一套标准"、审批监管"一个链条"，"全域一体、上下贯通"的审批管理标准化体系，全面规范各地工程建设项目审批行为和办理规则，提升工程建设项目审批便利度。

工程质量管理条例等法律法规和部门规章的修订。

统一监管方式。各地建立以"双随机、一公开"监管为基本手段、以重点监管为补充、以信用监管为基础的新型监管机制。对于告知承诺制审批，审批部门要在规定时间内对履行承诺情况进行检查。湖南、四川等地加强工程建设项目审批管理系统与信用平台、建筑市场监管公共服务平台等互联互通，推动"项目库""企业库""人员库""信用库""审批库"信息共享，强化工程建设全方位监管。

各地建立健全中介服务和市政公用服务管理制度，建立中介服务网上交易平台，对中介服务实施全过程监管。供水、供电、燃气、热力、排水、通信等市政公用服务全部入驻政务服务大厅，实施统一规范管理，为建设单位提供"一站式"服务。上海、青岛等地推进市政联合报装和线上办理，提升市政公用服务效能。

以市场主体感受作为改革评价标准
推动工程建设项目审批制度改革迈向纵深

工程建设项目审批制度改革形成了闭合成熟的审批管理机制，有效破除了藩篱、提高了效率、改进了工作，大幅减少了手续、缩短了时间、激发了活力、提升了国际竞争力，促使政府从过去的"严进、松管、轻罚"向"宽进、严管、重罚"转变，显著增强了市场主体的可预期性和获得感。

全流程审批环节和时间有效压减。改革后，各地通过精简规范审批事项和条件，将全流程审批事项压减至平均 66 项。全流程审批时间（政府部门审批所用时间）压减至 120 个工作日以内，部分地区全流程审批时间压减到 80 个工作日以内，社会投资工业和小型低风险等项目审批时间更短。

北京市全面提升低风险项目审批服务效能

2019 年初，北京市聚焦低风险项目，对审批服务事项进行精简，搭建"一站通"系统实现"一网通办"。2019 年底，进一步将低风险项目适用范围扩大至 10000 平方米，在新改扩建基础上增加装饰装修，办理时限压缩至 13 个工作日。2020 年以来，将规划许可与施工许可合并，满足条件的低风险项目的规划许可和施工许可实行告知承诺，联合验收和不动产登记合并办理，建设单位体感环节减少为 3 个，办理时限为 9 个工作日。截至 2022 年 7 月，北京市已有 2893 个项目享受到了改革红利。

及时回应企业群众关切。通过"工程建设项目审批制度改革建议和投诉"微信小程序，在住房和城乡建设部网站公开、广泛听取意见和建议，持续深入推进改革。

2019 年以来，国务院发展研究中心、厦门大学开展的工程建设项目审批制度改革第三方评估显示，85% 以上的企业表示改革后审批手续和时间得到有效压减，办事更加便捷，满意度明显提高。全国工商联组织的 2020 年"万家民营企业评营商环境"显示，企业对于项目审批工作的满意度也比较高。

对标国际先进。指导北京、上海对照世界银行营商环境评价办理建筑许可指标，研究提出深化改革的具体措施，先后制定出台 5 轮改革方案。改革后，我国在世界银行营商环境评价办理建筑许可指标的全球排名持续提升，2020 年提升至全球第 33 位，比 2019 年跃升 88 位，比 2018 年跃升 139 位。

建立以评促改的深化改革工作机制。住房和城乡建设部借鉴世界银行营商环境办理建筑许可评价标准，建立我国工程建设项目审批制度改革评估指标体系，在办理建筑许可指标评价的社会投资小型仓储项目基础上，增加在我国更具代表性的社会投资工业、住宅和政府投资房屋建筑等 3 类项目，评估内容主要为工程建设项目审批便利度和各项改革措施落实满意度，每年委托第三方机构对全国各省（自治区、直辖市）开展评估，推动各地和相关部门不断破解审批堵点障碍，持续推动工程建设项目审批制度改革迈向纵深。

第 22 章

让建筑更节能更绿色更舒适

建筑领域要提升节能标准。

习近平总书记在中央财经委员会第九次
会议上的讲话（2021 年 3 月 15 日）

建筑是人们生活工作的主要空间，既承载着建设美丽中国的美好愿景，也承载着人民群众对美好生活的向往。

建筑领域作为实现碳达峰、碳中和目标的重要战场，推动建筑节能低碳发展意义重大。习近平总书记指出，建筑领域要提高节能标准。近年来，住房和城乡建设部认真贯彻落实党中央、国务院决策部署，推动建筑从节能 30%、50%、65%、75%，到超低能耗建筑、近零能耗建筑、零碳建筑，建筑节能与绿色建筑发展取得重大进展，建筑节能水平已经接近发达国家。截至 2021 年底，城镇当年新建绿色建筑占新建建筑比例已达到 84%。

提高节能标准 筑牢低碳根基

建筑要实现节能，必须和当地环境相结合、和气候相适应，充分利用良好的自然条件，合理降低建筑的采暖、空调、通风等用能需求。建筑节能标准是在充分权衡气候特点、建筑功能、技术进步等因素的基础上，因地制宜确定的一系列具体指标要求，指导各类节能建筑的建造、选材和运行管理。如今我们身边的节能建筑越来越多，这些建筑不仅降低了能源消费，更是提高了人们的生活品质。

在 2022 年北京冬奥会上，五棵松冰上运动中心吸引了全世界的目光。作为冬奥会的冰球训练场馆，场馆不仅有着超高的"颜值"，还是中国节能建筑的代表作，集成了建筑围护结构、能源和设备系统、照明、智能控制、可再生能源利用等各项节能技术。被动式建筑幕墙、二氧化碳直冷跨临界制冰系统、溶液除湿系统三大技术，大大降低场馆能耗，每年可节约 300 万度电，相当于节约标准煤 800 吨，减少二氧化碳排放约 1400 吨。

回眸我国建筑节能一路走来的三十余年，可谓是笃行不怠。三十余年时间里，建筑节能工作从北方到南方、从居住建筑到公共建筑逐步拓展，颁布了各个气候区居住建筑、公共建筑、农村建筑等节能设计标准，新建建筑节能水平大幅提升，建筑能耗水平大幅下降。

谋定而后动，我国建筑节能标准体系日益健全。自我国颁布了第一部建筑节能标准《民用建筑节能设计标准（采暖居住建筑部分）》以来，实现了从节能率 30%、50%、65% 到 75% 四步走的跨越。《夏热冬冷地区居住建筑节能设计标准》《夏热冬暖地区居住建筑节能设计标准》《公共建筑节能设计标准》等标准也相继出台，极大地推动了我国建筑节能的快速发展。

厚积而薄发，党的十八大以来我国建筑节能标准更新全面提速。《夏热冬暖地区居住建筑节能标准》《公共建筑节能设计标准》分别于 2012 年和 2015 年进行修订，进一步提升了建筑节能要求。2013 年，《农村居住建筑节能设计标准》颁布，着力改善农村居住建筑节能性能。2016 年，《民用建筑能耗标准》发布，加快推进建筑运行由设计节能向运行节能转变。2019 年，《温和地区居住建筑节能设计标准》施行，填补了该气候区建筑节能设计标准的空白，我国建筑节能设计标准也实现了所有气候区的全覆盖。2021 年，颁布国家全文强制性标准《建筑节能与可再生能源利用通用规范》，将我国新建居住建筑和公共建筑平均设计能耗在 2016 年执行的节能设计标准基础上进一步降低了 30% 和 20%。以此为基础，我国正式启动实施了新建民用建筑能效"小步快跑"提升计划，开始分阶段、分类型、分气候区提高城镇新建民用建筑节能强制性标准。

目前，我国建筑节能工作已形成了目标清晰、政策配套、标

数说

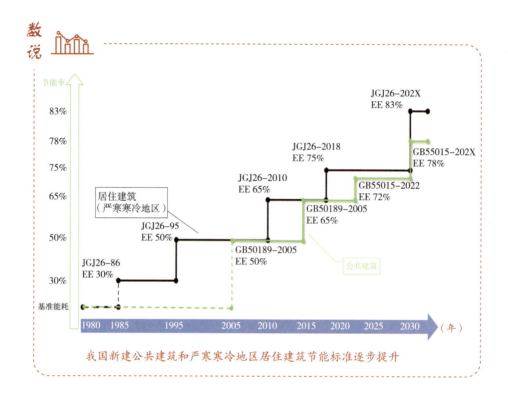

我国新建公共建筑和严寒寒冷地区居住建筑节能标准逐步提升

准完善、管理到位的推进体系，新建建筑节能水平基本实现了从"跟跑"到"并跑"的转变，并为"领跑"创造了条件。

推广超低能耗 引领绿色生活

较普通建筑而言，超低能耗建筑所采用的材料性能更优、建造过程更精细、使用寿命更长，可以营造舒适性更高、空气品质更好、隔声效果更佳的建筑室内环境，已成为我国城乡建设领域实现碳达峰、面向碳中和的重要措施。近年来，我国超低能耗建筑快速发展，取得了令人瞩目的成绩，正迎头赶上发达国家。

日日行，不惧千万里，我国超低能耗建筑实现从无到有的突破。

什么是超低能耗建筑？

　　超低能耗建筑是指适应气候特征和场地条件，通过被动式建筑设计最大幅度降低建筑供暖、空调、照明需求，通过主动技术措施最大幅度提高能源设备与系统效率，充分利用可再生能源，以最少的能源消耗提供舒适室内环境的建筑。

　　2012 年以来，以国际合作为基础，我国启动了超低能耗建筑关键技术合作研究与示范等项目，因地制宜探索了适宜我国国情的超低能耗建筑解决方案。2013 年，首个超低能耗居住建筑项目秦皇岛市"在水一方"C15 号楼竣工并通过测试；2014 年，中国建筑科学研究院近零能耗建筑示范楼落成并投入使用，实现了工程应用的突破。

　　通过试点示范，超低能耗建筑得到了社会各界的充分认可，也于 2016 年被首次写入《"十三五"节能减排综合工作方案》《城市适应气候变化行动方案》等国家文件，积极引导各地开展试点示范。随着建设规模的扩大以及建筑类型的完善，在充分总结经验做法的基础上，2019 年，国家推荐性标准《近零能耗建筑技术标准》颁布施行，是国际上零能耗建筑领域首部以国家标准形式颁布的技术文件，提出了不同气候区、不同类型的超低能耗建筑的室内环境参数、建筑能耗指标等约束性控制指标，实现了标准体系的突破。

"十三五"期间，"近零能耗建筑技术体系及关键技术开发"等国家重点研发计划项目启动，研发了高性能节能窗、低温热泵热风机、新风环境控制一体机和群智能楼宇控制等一系列新设备，实现了技术的突破。截至 2021 年底，我国累计建设完成超低、近零能耗建筑面积 1000 余万平方米。

常常做，不怕千万事，我国超低能耗建筑正由试点示范向规模化发展转变。2021 年以来，北京、河北、山东等省市以及沈阳、大连等城市，在建筑节能和绿色建筑、城乡建设发展、生态环境保护、资源节约和循环经济等规划中都明确了超低能耗建筑的发展目标，规划建设规模已超过《"十四五"建筑节能与绿色建筑发展规划》提出的 0.5 亿平方米的发展目标，更是达到"十三五"全国建设总量的 5 倍以上。

超低、近零能耗建筑的发展，带动了高性能建筑技术和产品创新与应用、新兴产业的培育与发展、人才队伍的建设与培养，促进了我国建筑业的升级和在国际市场竞争力的增强。当前，我国正处于实现碳达峰的关键期、面向碳中和的起步期，规模化发展的超低能耗建筑，将在推进节能降碳、保障能源安全、产业低碳转型、提高生活品质等方面扮演重要角色。

加强节能改造　实现一举多得

习近平总书记强调，要落实以人民为中心的发展思想，想群众之所想、急群众之所急、解群众之所困。既有居住建筑节能改造就是实现建筑节能目标、顺应群众呼声的重要举措，并取得了显著成效。

2012 年，《节能减排"十二五"规划》发布，进一步加大了支持力度，将改造目标提升至"十一五"期间的 2 倍以上，同时启动了供热计量及节能改造重点市县建设，实现了重点突破、全面带动。同年，《关于推进夏热冬冷地区既有居住建筑节能改造的实施意见》正式颁布，进一步拓展了既有居住建筑节能改造范围，积极探索了夏热冬冷地区适宜的技术路径。"十二五"期间，我国累计完成既有居住建筑节能改造近 10 亿平方米，在改善民生、节能减排、拉动经济等方面取得显著成效。地方政府将其称为"谋民利，解民忧"的民心工程，群众评价它是"雪中送炭"的民生工程。

老屋换新颜，房暖心更暖。通过采用围护结构节能改造、用能系统节能改造等措施，既有居住建筑内墙体发霉结露现象得到明显改善，冬季室内温度普遍提升 3~5 ℃，夏季降低 2~3 ℃，门窗气密性显著增强，隔声防尘效果提升，居民居住环境明显改善，既有居住建筑节能改造受到广大群众的热烈欢迎，暖了房了更暖了人心。

变化看得见、幸福摸得着。2017 年以来，既有居住建筑节能改造被纳入到北方地区冬季清洁取暖、城镇老旧小区改造等统筹推进，在降低能源消费水平的基础上，同步实施热源清洁替代、老旧管网更换、配套设施更新、环境综合整治等综合改造，改造后的老房子外观漂亮、冬暖夏凉、功能齐全，有颜值、有品质，

数说

"十三五"时期，完成既有居住建筑节能改造面积 5.14 亿平方米，惠及超过 642.5 万户居民，年可节约 349.52 万吨标准煤，减少碳排放约 863.31 万吨。实现了"惠民生、增福祉、暖民心"与建筑节能工作的完美结合。

青岛市场化开展既有居住建筑改造

"十三五"期间，山东省青岛市政府将既有居住建筑节能改造纳入市办实事工程，采用"先干后奖"的市场化运作方式重点推进，完成既有居住建筑节能改造 2447 万平方米，惠及居民 30.5 万户，年可节约 16.64 万吨标准煤，减少碳排放约 41.1 万吨。

改造前　　　　　　　　　　　　改造后

既满足居民基本生活需求，也为居民生活提供了便利，极大地满足了人民群众对美好生活的需求。

提升公建能效　重焕旧楼生机

针对公共建筑增长势头猛、能耗水平高、节能改造进展缓慢等突出问题，近年来，住房和城乡建设部建立健全公共建筑节能监管法规体系，完善公共建筑节能监管技术标准体系。2011 年至 2017 年，住房和城乡建设部会同财政部先后启动了三批 32 个公共建筑能效提升重点城市建设工作，大力推广合同能源管理，初步形成了市场机制为主、政府引导为辅的公共建筑节能改造模式。

成都市大力推进公共建筑节能改造

　　在四川省成都市，始建于 1985 年的四川省建筑科学研究院有限公司大楼"焕发新生"。屋顶上，是一大片排列整齐的太阳能光伏板，基本满足大楼的照明用电需要；办公区域全部使用低功率 LED 照明灯，节能约 50%；办公室安装三玻两腔中空玻璃，不仅将室外的噪声降到最低，还能起到隔热、保温的效果……据测算，仅这一栋大楼，每年可减少碳排放 470 吨。

　　一呼百应，多点开花，各地方因地制宜，探索多元化公共建筑节能监管举措，亮点纷呈。

　　北京市制定《北京市公共建筑电耗限额管理暂行办法》，对建筑面积 3000 平方米以上的公共建筑进行电耗限额管理工作，定期开展年度考核工作并发布考核不合格名单。

　　重庆市积极推广公共建筑市场化改造模式、合同能源管理模式，实施节能改造的项目比例达 94% 以上，银行金融机构累计授信贷款额度超过 25 亿元，节能服务公司累计投入超过 10 亿元，培育发展了 20 余家专业化的节能服务公司，为公共建筑业主提供节能咨询、诊断、设计、融资、改造、运行托管等全过程服务。

上海市公共建筑节能显成效

上海市公共建筑能耗监测系统包括1个市级平台、17个区级分平台和1个市级机关分平台，连续7年发布公共建筑能耗监测情况报告，公共建筑能耗监测系统达到全国领先水平。"十三五"期间，累计完成公共建筑节能改造1270万平方米，累计创建79个上海市既有建筑绿色化改造示范工程，产生了良好的社会效应。

截至2021年底，通过重点突破、全面带动的方式，全国累计实施公共建筑节能改造面积3.27亿平方米，每年可节约标准煤127万吨，实现碳减排254万吨，公共建筑能效提升效果凸显。

优化用能结构　助力"双碳"目标

习近平总书记强调，推进"双碳"工作，要把促进新能源和清洁能源发展放在更加突出的位置。

建筑是可再生能源安装和使用的重要载体，同时可再生能源建筑应用也是实现建筑节能，促进建筑领域用能结构优化，落实碳达峰、碳中和目标的重要举措。建筑物从建设到使用的全过程都离不开能源的消耗，将可再生能源引入和应用于建筑物，可以有效替代传统化石能源的消耗，直接表现出较为明显的节能减碳效果，在维持建筑行业可持续发展的同时，也可以缓解社会发展过程中面临的能源短缺问题。

近年来，住房和城乡建设部逐步建立健全相关技术标准体系，持续扩大可再生能源在生活热水、清洁供暖、新型电力系统等领域的应用规模，应用质量显著提升，建筑用能结构清洁化、低碳化成效显著。

太阳能光伏建筑应用　点亮建筑"零碳"梦想

太阳能光伏建筑应用是建筑可再生能源利用的重要组成部分，是降低化石能源消耗，实现建筑"零碳"目标必不可少的措施。

世界园艺博览会中国馆，东西两侧屋面采用薄膜光伏组件，兼具功能与美观

建筑优化用能结构主要包括可再生能源建筑应用和建筑用能电气化等内容。可再生能源建筑应用是利用地热能、太阳能、空气热能、生物质能等可再生能源，解决建筑的采暖空调、热水供应、照明等能源消耗。建筑电气化是利用电能，满足建筑炊事、供暖、照明、交通、热能等用能需求，充分发挥电力在建筑终端消费清洁性、可获得性、便利性等优势，建立以电力消费为核心的建筑能源消费体系。

2012 年，在建筑应用示范和示范市（县、区、镇）建设的基础上，相继启动可再生能源建筑应用集中推广重点区、太阳能综合利用等示范；2015 年底，我国实现可再生能源建筑应用从项目示范、到区域示范、再到全面推广的"三步走"战略。"十三五"以来，结合北方地区冬季清洁取暖等工作，可再生能源类型和建筑应用技术也实现了多样化、多元化发展。截至 2021 年底，我国城镇可再生能源替代率已超过 6%。

发展绿色建筑　共享宜居环境

近年来，随着经济发展和生活水平的提高，人民群众对建筑绿色宜居的水平提出了更高要求。但建筑能源资源消耗水平高、公共服务设施配套不全、活动空间不足、冬天窗户透冷风、房间甲醛超标、隔声效果差等问题，一直是老百姓身边的"揪心事、烦心事"。为从建筑领域满足人民群众日益增长美好生活需要，住

什么是绿色建筑？

绿色建筑具有安全耐久、健康舒适、生活便利、资源节约、环境宜居的特点，可在全寿命期内，节约资源、保护环境、减少污染，为人们提供健康、适用、高效的使用空间，是最大限度地实现人与自然和谐共生的高质量建筑。

房和城乡建设部开展了推动绿色建筑工作，为解决上述问题提供了有效途径。

安全耐久是指采用安全防护措施、产品或配件以及路面防滑和人车分流等方式提升建筑安全水平。同时，采用灵活隔断等适变性措施以及高耐久性材料，有效降低建筑运营维护成本。

楼门安全装置　　　　　　　　　　　　小区人车分流

健康舒适是通过提升室内空气品质、水质，营造良好的声环境、光环境和室内热湿环境等方式，让建筑能够冬暖夏凉、安静舒适、空气清新。例如，绿色建筑项目室内空气污染物浓度可以降低约10% 以上。

CO_2 监测与风机联动系统　　　CO 监测与风机联动系统　　　室内环境质量监测 App

生活便利是指通过合理设置公共交通站点和无障碍设施，开展智慧运行、配置完善公共服务设施、加强物业管理等方式，为使用者提供便利的生活条件。例如，部分绿色住宅项目在场地出入口 1000 米内会设置幼儿园、中小学、医院、群众文化活动场地等公共服务设施，有效提升了居民生活便利水平。

国家会展中心智慧运行管理平台

资源节约是指通过合理规划设计，高效利用土地资源，充分利用自然采光、自然通风等被动措施，采用高效电气设备，充分利用太阳能、地源热泵等可再生能源，同时合理利用非传统水源、绿色建造和绿色建材等技术，提升建筑能源资源利用效率，有效降低碳排放水平。例如，绿色建筑供暖空调负荷一般可降低 5%~15%，有效节约了能源消耗。

屋顶自然采光

太阳能光伏

环境宜居是指通过合理规划地表和屋面雨水径流、设置绿化用地、雨水花园等设施有效改善场地生态和景观环境，加强场地噪声和光污染管控，室外风环境优化，并有效降低热岛效应，营造舒适室外物理环境。例如，绿色住宅项目室外活动场地设有乔木、花架等遮阴措施的面积比例一般可达 50%，即使是炎热夏季在室外活动也十分舒适。

立体绿化

雨水花园

近年来，我国持续加大绿色建筑推广力度，积极开展绿色建筑创建行动，加强绿色建筑标识管理，创新采用绿色金融和政府采购方式推动高品质建筑建设。2021 年，把绿色建筑基本要求纳入强制性规范，整体提升了建筑绿色性能水平，预计到 2025 年我国新建建筑将全面执行绿色建筑标准。

各地认真落实各项部署要求。北京、天津、上海、重庆、江苏、河北、山东、广西、福

数说

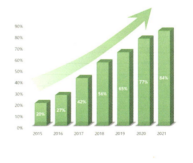

我国绿色建筑面积占新增建筑面积的比例增长迅速，从 2015 年的 20%，增长到 2021 年的 84%。

建等 10 多个省市已要求新建建筑全面执行绿色建筑标准。北京、上海等地还要求政府投资建筑和大型公共建筑执行二星级以上标准。江苏、浙江等 15 个省市印发《绿色建筑条例》等法规文件，为绿色建筑推动工作提供法律支撑。截至 2021 年底，全国累计建成绿色建筑 85.91 亿平方米。

聚焦装配式建筑　加速转型升级

2015 年中央城市工作会议召开以来，住房和城乡建设部深入贯彻落实党中央、国务院决策部署，大力推进装配式建筑。全国新建装配式建筑面积从 2015 年 7260 万平方米增长到 2021 年 7.4 亿平方米，占新建建筑比例从 2.7% 增长到 24.5%。装配式建筑的快速发展，促进了工程建设全过程转型升级，带动了建筑业整体水平提升和绿色低碳发展，成效显著。

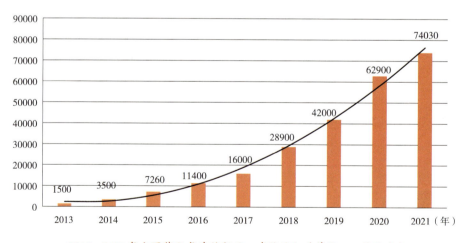

2013—2021 年全国装配式建筑新开工建筑面积（单位：万平方米）

"促""引"结合，多措并举撬动产业发展。住房和城乡建设部先后印发《关于推动智能建造与建筑工业化协同发展的指导意见》《关于加快新型建筑工业化发展的若干意见》，细化阶段性发展目标、重点任务和保障措施，指导地方在规划审批、土地供应、财政金融等方面制定具体支持措施，推动装配式建筑发展。累计创建装配式建筑示范项目 500 余个，培育装配式建筑产业基地 328个。全国装配式建筑市场规模超过 2 万亿元，装配式建筑设计、生产、施工、装配化装修及相关配套产业链已初步形成。

推动科技创新和科技成果转化应用，促进装配式建筑技术发展和产业转型。"十三五"期间，依托国家重点研发计划"绿色建筑及建筑工业化"重点专项，支持装配式建筑技术、产品与装备的研发应用，已经形成了多项成熟适用的成套技术体系，构建了"1+3"标准化设计和生产体系，提升装配式建筑标准化水平。目前，国产装配式建筑生产装备应用比例达 95% 以上，自主研发的建筑信息模型（BIM）底层平台取得突破，基本实现了 BIM 关键核心技术安全可控。

地方实践

深圳湾区会展国际酒店模块化建筑

深圳湾区会展国际酒店采用模块化建筑建造，优势明显：

- 缩短工期、减少人工
- 减少建筑垃圾排放 70%
- 节约木材 60%、水泥砂浆 55%
- 减少水资源消耗 25%
- 大幅降低施工现场粉尘和噪声污染
- 提升建筑品质

变革传统建筑业态，促进全产业链多种生态共同发展。通过发展装配式建筑，推动传统设计、施工、装修行业转型，催生预制构件生产、专用设备与运输装备生产、建筑信息软件、建筑机器人等智能化新产业新动能。"十三五"期间，全国预制构件生产企业从不足 200 家增长到 1157 家，专用生产运输装备市场规模突破 100 亿元，促进建筑机器人、建筑信息化产业发展。

发展装配式建筑，将绿色发展理念贯穿于项目策划、建筑设计、材料选用、施工建造、运营维护等全过程，建造方式绿色化升级初见成效。经测算，相比传统现浇方式，装配式建筑可以减少建筑垃圾排放 70%、节约木材 60%、节约水泥砂浆 55%、减少水资源消耗 25%，大幅减少施工扬尘、建筑垃圾及建造过程碳排放。

推行绿色建造　助推绿色发展

为推动建筑业转型升级和绿色发展，2019 年住房和城乡建设部在"致力于绿色发展的城乡建设"系列教材中，系统地提出了绿色建造的概念、发展目标和实施路径。之后在湖南省、广东省深圳市、江苏省常州市 3 个地区开展绿色建造试点，探索可复制推广的绿色建造技术体系、管理体系、实施体系以及量化考核评价体系。组织编制《绿色建造技术导则（试行）》，为开展绿色建造试点工作提供指导的同时，为全国推行绿色建造提供依据，对全国范围内推广绿色建造进行有效引导和规范，为我国进一步形成完善的绿色建造实施体系提供有力支撑。

湖南省组建高规格绿色建造"智囊团"，包括 17 位中国工程院院士、74 位国内专家和 21 位境外专家，涵盖结构设计、建筑设计、绿色建筑、装配式建筑、BIM 技术、智慧运维等各个领域，指导试点工作。出台《湖南省绿色建造试点实施方案》，开展《湖南省建筑工程绿色建造评价技术导则（试行）》等系列标准研究。明确长沙机场改扩建工程等 9 个项目作为全省第一批绿色建造试点项目，且试点项目所在地的长沙、株洲、湘潭作为全省第一批绿色建造试点城市，并总结形成可复制推广的经验和做法。

什么是绿色建造？

绿色建造是指在绿色发展理念指导下，通过科学管理和技术创新，采用与绿色发展相适应的新型建造方式，节约资源、保护环境、减少污染、提高效率、提升品质，提供优质生态的建筑产品，最大限度地实现人与自然和谐共生，满足人民对美好生活需求的工程建造活动。

广东省深圳市成立深圳市绿色建造学会，聘请多名院士，指导试点工作。出台《深圳市绿色建造试点工作实施方案》，开展《推进绿色建造产业化措施研究》《绿色建造产业链研究——基于区块链技术的绿色建材数字化管理》《绿色建造标准体系研究》等工作。选取宝安区新安街道宝城 43 区碧海花园棚户区改造项目等 15 个作为试点项目，围绕绿色策划、建筑垃圾减量化与综合利用、信息技术集成应用、工程标准化设计、采用新型组织管理模式、建立建筑产业互联网平台六大方面开展项目试点。

地方实践

深圳市长圳公共住房工程项目绿色建造示范

　　广东省深圳市长圳公共住房工程项目是全国规模最大的装配式公共住房项目、深圳市重大民生项目之一。项目全面应用绿色、智慧、科技的装配式建筑成熟技术，通过绿色策划、绿色设计、绿色建材选用、绿色生产、绿色施工、绿色交付的一体化绿色统筹，推进精益化建造，有效实现全过程绿色效益最大化。该项目共集成示范应用了16个"十三五"国家重点研发计划项目的49项关键技术成果，是深圳市公共住房优质精品的标杆。

平面标准化	立面标准化	构件标准化	部品标准化
有限模块　无限生长	标准化＋多样化	少规格、多组合	模块化、精细化

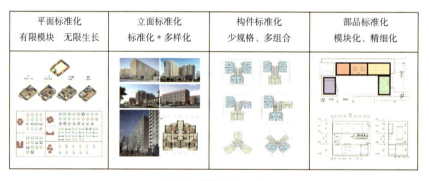

标准化设计基本思路

智能化生产

第 23 章

"中国建造"彰显中国气派

中国建筑自古以来在世界上就具有重大影响。

习近平总书记在中央城市工作会议中的讲话

（2015 年 12 月 20 日）

党的十八大以来，在新发展理念的引领下，中国建筑业的能力和水平突飞猛进，"中国建造"品牌声誉日隆。

随着我国建筑技术不断成熟进步和创新，住房和城乡建设领域一大批"精、新、绿、快"工程的建造技术达到了世界领先水平，中国建筑企业正在海内外为实现更加美好人居环境提供"中国方案"与"中国智慧"，用"中国建造"体现大国担当。

"精"——多项关键技术达世界领先水平

曾经，一幢幢摩天大厦、一座座美丽家园，是中国人最执着的梦想。随着中华民族伟大复兴号角吹响，中国掀起新一轮建设浪潮，一大批标志性建筑拔地而起，成为现代化城市的新地标。

从公共建筑到大型场站工程，从城市轨道交通到市政工程，无一不体现着中国设计、中国建造、中国速度、中国工匠的精神风貌。

数字化、信息化、智慧化等领先技术在工程中的应用，正是"中国建造"精益求精、臻于至善的体现。正所谓"国之重器，民族脊梁"，一项项关键技术就是我国建筑领域的国之重器，是我国综合实力的体现，是我国建筑业向数字化、智慧化、精益化发展的表现，充分向全世界展现了我们的大国实力和中国风采。

北京大兴国际机场，拥有全球一次建设的最大单体航站楼、最大的单体减隔震建筑，总建筑面积143万平方米。实现诸多世界第一：全球首座高铁地下穿行的机场航站楼，实现轨道交通一体化，"零距离换乘"；全球首座双层出发双层到达的航站楼、世界首创五指廊集中式布局，旅客步行距离短；工程验收一次合格率100%，13项关键建设指标全部达到世界一流；整个航站楼共使用了12800块玻璃，楼内60%的区域实现天然采光；开发应用了103项新专利、新技术，65项新工艺、新工法，被誉为"新世界七大奇迹"之首。

北京大兴国际机场航站楼

雁栖湖国际会都会议中心，应用了钢与混凝土组合结构、直立锁边铝镁锰合金金属屋面系统、大悬挑屋檐等新技术，以"鸿雁展翼，汉唐飞扬"为理念，给各国领导人留下了深刻印象。

雁栖湖国际会都会议中心

　　国家跳台滑雪中心——雪如意，由落差 136.2 米的大跳台赛道和落差 114.7 米的标准跳台赛道组成，气势宏大、线条流畅，是全球首个采用全钢筋混凝土框架结构的跳台滑雪赛道。针对花岗石质山体地层下的标高、桩深、桩径均不同的 165 根桩基础，采用人工挖孔＋定向爆破方式施工。专业助滑道安装突破国外技术垄断，实现国内首次高精度安装，保证面层助滑模块安装平顺。挡风护翼依山起伏，逐一定制安装，采用 GPS 精准定位结合动臂塔材料倒运，分构件拼装，完美实现设计意图和防护效果。

国家跳台滑雪中心——雪如意

　　国家速滑馆——冰丝带，是北京冬奥会唯一新建冰上竞赛场馆。在同一个场馆中集成超大跨度的索网结构计算分析和找形、曲面幕墙几何优化和工艺设计、先进的制冰工艺、大空间室内环境和节能、智慧场馆设计等众多先进技术，使国家速滑馆成为当今最具科技含量的场馆之一。

国家速滑馆位于奥林匹克森林公园西侧，与"鸟巢"和"水立方"共同组成北京这座世界首个"双奥之城"的奥运建筑群。场馆外立面设 22 根"丝带"，象征冰上运动的"速度"和 2022 年北京冬奥会。

国家速滑馆——冰丝带

"新"——新技术新工艺广泛应用

习近平总书记指出，"创新是引领发展的第一动力。抓创新就是抓发展，谋创新就是谋未来。"科技创新是提高社会生产力和综合国力的战略支撑。党的十八大以来，中国建筑企业围绕打造科技创新策源地和国内国际产业双循环，研发出一批重点领域新技术，开创出高质量发展的中国建造新时代，给"中国建造"注入新鲜血液。

目前，在新技术新工艺的引领下，建筑业已成为改善居民生活品质、提升人民群众幸福感获得感的重要载体，是重塑城市空间形态、增强城市承载能力、实现城市可持续发展的重要支撑。

高水平的建筑设计能力与施工工艺、超低能耗技术与装配式装修集成技术、超大直径复合地层盾构技术……很多新技术、新工艺、新工法走在世界前列。

珠海歌剧院，是粤港澳大湾区珠海城市地标文化建筑，也是我国第一座建在海岛上的剧院。项目以"珠生于贝，贝生于海"为建筑创作理念，

珠海歌剧院

创造了一幅"春江潮水连海平，海上明月共潮生"的建筑与海洋共融画卷。项目建设过程中，自主研发超高多维曲面变曲率薄壁钢骨混凝土壳体结构施工方法，解决了弧形周长 70 米壳体劲性混凝土结构竖向尤施工缝的施工难题。

平安金融中心，成功实现了 8 米超大直径嵌岩桩基成孔施工，是全球最高的写字楼。

海峡文化艺术中心，首创无规则异形空间陶瓷的建造技术，是目前世界上陶瓷用量最大的文化建筑综合体。

上海市轨道交通 11 号线，创新采用了适应突发大客流集散的敞开式、半敞开式地下车站等新型轨道交通车站形式，是国内首条跨省级行政区的地铁线路。

云桂铁路引入昆明枢纽昆明南站，是我国西南地区规模最大、抗震设防等级最高的国际性铁路客运综合交通枢纽，作为国家"八入滇、四出境"国际铁路通道的重要枢纽，昆明南站已成为"一带一路"倡议中辐射南亚、东南亚的"桥头堡"，是"泛亚铁路第

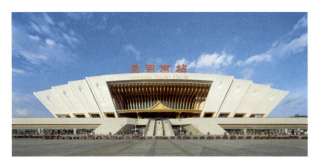

云桂铁路引入昆明枢纽昆明南站站房工程

一站"。昆明南站站房工程，在设计和施工中总结出了桥建合一及功能可视化立体疏解客流铁路车站设计建造技术，大型高铁站房

9度抗震设计及建造成套技术，大型高铁站房综合节能技术等高铁客站建造的成套自主创新技术，部分技术达到了国际领先水平。

南京丁家庄二期保障性住房项目，是江苏省首个全装配式住宅小区，也是保障性住房工业化试点。工程结构设计与施工技术整合创新，实现无外模板、无现场砌筑、无抹灰的绿色施工，整体装配率达67%。采用预制夹心保温外墙板、装配式集成化室内装修，避免质量通病，加快施工进度。探索形成了"低成本、高效益"绿色建筑产业化集成体系，是具有工业化特色的绿色、生态公租房社区。

南京丁家庄二期保障性住房项目

一次次的技术创新，正在不断提升"中国建造"的世界形象，一系列的"中国作品"正展现在世界各国眼前。

"绿"——擘画绿色建筑发展新画卷

党的十八大以来，习近平总书记多次提出"绿水青山就是金山银山"，绿色低碳发展已成为中国发展的五大理念之一。近年的建筑充分贯彻了绿色低碳的理念，并凝聚了人民群众的各类功能需求，满足了人们对建筑"适用、经济、绿色、美观"的整体要求，让"人民城市人民建，人民城市为人民"理念照进了现实。

近年来，一系列有代表性工程的顺利建成，为新时代高质量发展提供了有力支撑。中国建设者们在建设过程中，将文化、绿色、人文、科技等元素完美融入，使我国的建设水平提升到一个新高度。

在未来的建设过程中，也必将注重绿色节能环保及可持续发展的绿色低碳全生命周期解决方案在工程中的应用，大到行政办公区，小到居民住房与道路绿化，都把建设"绿色化、低碳化"工程作为核心任务。

北京城市副中心行政办公区工程，以办公楼为主，由 A、B、C、D 等片区组成，是中国典雅庄重、和谐亲民、智慧高效、绿色环保的示范性行政办公建筑。该项目充分践行开放、简约、绿色、环保、创新、精细、优质、共享理念，合理优化空间位置朝向及外窗设置；结合下沉庭院和绿化景观，改善采光通风环境；屋顶

北京城市副中心行政办公区工程

绿化有效增加含氧量，净化空气；公共空间采用导光管、屋顶自然采光，电动遮阳帘，节约能源；采用变频式水泵、箱式排风机等降噪设备，改善环境品质。

青岛新机场，采用"降低需求＋高效供给"的节能设计方法，实现空调系统全年同比建筑节能 30%。

杭州东站扩建工程，建有世界最大的太阳能光伏电，节能降碳效果显著。

深坑酒店

上海市佘山深坑酒店，是世界首个建在废石坑内的自然生态酒店，实现坑壁与建筑的完美融合，提升了我国在城市生态环境修复工作上的国际影响力。

北京市朝阳区垡头地区焦化厂公租房项目，是全国首例高层全装配式超低能耗建筑，总建筑面积 7.08 万平方米，装配率达 87.5%。装配式装修部品集成定制、干法作业。通过高保温隔热性能的外围护、地道风与带热回收功能的新风系统，整体高气密性、无热桥设计与施工等新技术，节能效率达 92.3%，树立了超低能耗建筑标杆。

上海市白龙港城市污水处理厂污泥处理工程，首创了将污泥消化产生的沼气用于污泥干化、干化处理余热回收用于消化预加热的处理工艺，最大限度地实现节能减排降耗。

昆明市环湖南路古城段景观及道路提升改造工程，利用高原湖泊资源，打造集交通与"治理、康体、文化、生态"为一体的四融合生态园林景观工程。以生态修复及景观融合为目标，海绵城市理念贯穿建设全过程，完善了环滇慢行系统，形成了一条特色滨水景观带，实现了环湖生态圈、康体圈、旅游圈的重构和提升，为探索"道路＋旅游休闲观光走廊"的新模式，树立了成功典范。

昆明市环湖南路古城段景观及道路提升改造工程

　　中国的工程师们积极聚焦和落实"双碳"目标，贴近百姓生活，践行新发展理念，致力于推进"中国建造"的科技进步和创新，提升建筑的整体性能和综合功能，促进建筑全面、协调、可持续发展，让人民能在更好的环境中工作与生活。

"快"——危难险重方显责任担当

　　城市建设和基础设施建设实力往往代表着一个国家的综合实力和建设底蕴，是国之命脉。近年来，我国城建和基建工程屡创奇迹，在国内外都享有盛名，让世界各国惊叹不已。曾经深圳罗湖口岸边上的国贸大厦，汇聚了全国最先进的人才和技术，创下了 3 天一层楼的奇迹，事实证明，2.5 小时拆除一座大桥、3 天建好一层楼不再是梦想，这些优秀的建造技艺一直延续至今。

中国建造速度之快让人叹为观止。

北京三元桥整体换梁工程，仅用 43 小时便完成并恢复通车。

地方实践

北京三元桥整体换梁工程

北京三元桥始建于 1984 年，全桥长 54.3 米，桥面宽 44.8 米，交通组织复杂，交通流量大。2015 年翻修，整体换梁工程采用 GPS、北斗双重定位系统进行粗定位，激光巡迹进行精定位，采用"千吨级驮运架一体机"拆旧梁和架新梁，重达 1600 吨的旧梁中跨由驮梁车分两幅依次移走，1300 余吨新桥钢箱梁被整体驮运精确就位。近千名工人连续施工，仅用 43 小时就完成桥体修建并恢复通车。

221 天完成港珠澳大桥人工岛筑岛，创造了世界工程奇迹，缩短工期超 2 年，至今仍是当今世界规模最大、标准最高、挑战最强的跨海大桥工程。

特别是新冠肺炎疫情发生后，中国速度更是令人印象深刻：10 天建成火神山医院，12 天建成雷神山医院，几万名建设者无缝对接、穿插作业，应用装配式建造技术，像搭积木一样让医院"拔节生长"。

武汉火神山医院

武汉火神山医院，于 2020 年 1 月 24 日开工，挖掘机、推土机、压路机、自卸车等近千台设备进场，数千名人员集结，短时间内完成地面整平、绑扎浇筑、集装箱板房吊装、水电暖设备同步作业等多项工作，累计平整场地 5 万平方米。仅用 12 小时完成医院信息系统的搭建，保证医院正常运转。正常情况下，完成这样一所体积庞大的医院，至少需要两年时间。

这一系列超级工程建成，成为彰显我国建筑业设计技术和施工实力的醒目标志，正如习近平总书记在大兴国际机场开通仪式讲的那样，"充分展现了中国工程建筑的雄厚实力，充分体现了中国精神和中国力量，充分体现了中国共产党领导和我国社会主义制度能够集中力量办大事的政治优势。"

可以说，"中国建造"已成为我国经济社会发展的重要动力，有力保障了新型城镇化战略的实施。随着建造能力不断增强，产业规模不断扩大，我国建筑业将持续快速发展，为吸纳农村转移劳动力，带动大量关联产业发展，对经济社会发展、城乡建设和民生改善作出更多贡献。

第 24 章

建筑业加快"走出去"

中国在对外开放中展现大国担当，从引进来到走出去。

习近平总书记在博鳌亚洲论坛 2018 年年会

开幕式上的主旨演讲（2018 年 4 月 10 日）

2013 年，是注定被历史铭记的一年。这一年，习近平总书记在哈萨克斯坦和印度尼西亚提出共建丝绸之路经济带和 21 世纪海上丝绸之路，即"一带一路"倡议。九年来，经过夯基垒台、立柱架梁，共建"一带一路"正在向落地生根、持久发展阶段迈进，开启了构建人类命运共同体的恢宏篇章。

从谋篇布局的"大写意"到精耕细作的"工笔画"，各国丝绸之路的历史记忆被激活，沉寂已久的丝路辉煌被唤醒。在实打实、沉甸甸的成就背后，"一带一路"建设的排头兵——中国建筑业"走出去"呈现出蓬勃发展之势，"中国建造"品牌不断擦亮。

勇当"排头兵" 打造"中国建造"品牌

　　"一带一路"建设的核心内容是促进基础设施建设和互联互通，对接各国政策和发展战略，深化务实合作，促进协调联动发展，实现共同繁荣。2017 年 2 月，国务院办公厅印发《关于促进建筑业持续健康发展的意见》，明确了加快建筑业企业"走出去"的重点任务，提出充分发挥我国建筑业企业在高铁、公路、电力、港口、机场、油气长输管道、高层建筑等工程建设方面的比较优势，有目标、有重点、有组织地对外承包工程，参与"一带一路"建设。这为建筑业"走出去"发展指明了方向。

　　"走出去"发展，气象万千。"一带一路"倡议提出以来，建筑业企业积极参与"一带一路"建设，聚焦关键通道、关键城市、关键项目，联结陆上公路、铁路道路网络和海上港口网络，深度参与沿线国家和地区重大项目的规划和建设，着力推动陆上、海上、天上、网上四位一体的设施联通建设，"走出去"的层次、水平和效益明显提升，对外承包工程完成营业额、新签合同额及大型项

2012—2021 年我国对外承包工程业务

目数量总体保持增长态势。2021 年，我国对外承包工程业务完成营业额已达到 1549 亿美元，较 2012 年增长 32.8%，新签合同额达到 2585 亿美元，较 2012 年增长 65.2%。建筑业作为"一带一路"建设"排头兵"的称号名副其实，"中国建造"品牌影响力持续提升。

"一带一路"建设给建筑业"走出去"创造了重要机遇。近年来，国内建筑业企业积极适应国际标准，探索创新经营模式，通过多方、多层次的合作，提升了海外运营的综合竞争力。2022 年度"全球最大 250 家国际承包商"榜单中，中国占据了 79 家，较 2012 年增加 27 家，国际营业额占比达 28.4%，上榜企业数量和营业额占比自 2014 年开始蝉联全球第一，充分体现了中国企业在全球建筑业的领军地位。

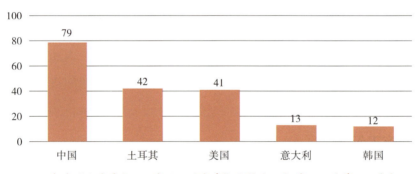

2022 年度"全球最大 250 家国际承包商"上榜企业数前五位（单位：家）

建筑业"走出去"建设的一批重大项目，已成为"一带一路"标志性工程，不仅帮助当地完善了基础设施，提供了大量就业机会，培养了专业技术人才，助力当地经济社会发展，也推动了先进的中国技术、装备、施工管理等"走出去"，树立了中国企业的良好形象。

比如，埃及新行政首都中央商务区项目。2022 年 5 月，由中国建筑承建的埃及新行政首都中央商务区项目最后一座高层建筑

埃及新行政首都中央商务区项目

封顶，标志着该项目主体结构施工全部完成，全面进入装修和机电安装阶段。项目建成后将带动埃及苏伊士运河经济带和红海经济带的开发。其中，位于埃及新行政首都中心城区西部的标志塔，高 385.8 米，被誉为"非洲第一高楼"，该项目还包含一栋高 196 米的非洲住宅第一高楼。在建造过程中，中国建筑创下多个在埃及的施工纪录，将全自动、智能化技术融入施工细节，路灯路牌采用自动化控制，生活垃圾实现自动化处理，安防、火灾报警、楼宇控制系统实现统一智能管理。

　　比如，津巴布韦议会大厦项目。该项目位于首都哈拉雷西北部，总建筑面积约 3 万平方米。作为落实"一带一路"倡议、提升中津两

津巴布韦议会大厦项目

国关系的标志性工程，津巴布韦议会大厦项目自 2018 年 9 月开工建设以来受到高度关注。经过 220 多名中方人员和 800 名当地员工的共同努力，该项目历时 3 年顺利建成。

马尔代夫社会住房项目

比如，马尔代夫社会住房项目。该项目共 16 栋楼，是马尔代夫最高、最集中的高层住宅楼群，总建筑面积 46.8 万平方米。2017 年 12 月动工，2020 年 3 月完工，为首都及周边近 3 万人改善了居住环境，极大缓解了马尔代夫的住房压力。同时，该项目创造了马尔代夫建筑史上多个"首次"：实现三天一层楼的建设速度，基坑开挖最深、采用铝模施工工艺、使用全钢轻型提升脚手架，大批量采用海沙自制砖等。

拓展"走出去"深度广度
以"硬联通"推动"心联通"

2021 年 11 月，习近平总书记在第三次"一带一路"建设座谈会上指出，在党中央坚强领导下，我们统筹谋划推动高质量发展、构建新发展格局和共建"一带一路"，坚持共商共建共享原则，把基础设施"硬联通"作为重要方向，把规则标准"软联通"作为重要支撑，把同共建国家人民"心联通"作为重要基础，推动共建"一带一路"高质量发展，取得实打实、沉甸甸的成就。

经过近十年的发展，我国建筑业"走出去"已从最初单一的劳务输出转向工程总承包、投资建设运营一体化等多元化模式。

科威特穆特拉住房基础设施建设项目是中国"一带一路"倡议和科威特"2035 国家愿景"对接的重点民生工程之一，将解决科威特约 40 万居民的住房问题。2022 年 7 月，中国能建葛洲坝集团向科方移交雨水收集系统工程，标志着该工程项目移交完成。

对外承包工程的规模不断增大、技术含量逐渐增加，地域范围从中东、非洲、东南亚等地区为主发展到全世界 190 多个国家和地区，为当地社会经济发展作出了积极贡献，联通了民心。

业务领域由单一劳务输出拓展到多元化发展。2013 年以来，我国对外承包工程积极拓展业务领域，由偏重工程总承包和土建施工向项目融资、设计咨询、运营维护、后期管理等高附加值领域拓展，在交通、建筑、电力等领域形成了竞争优势，涉及的专业领域已经扩展到矿产资源开发、房地产开发、工业设施建设、垃圾及污水处理、建筑材料生产等领域。

其中，交通、电力和一般建筑工程是建筑业"走出去"的重要业务领域，工业建设、制造加工设施建设、废水（物）处理等业务发展较快。公共卫生行业发展带来新需求，医疗设施和抗疫

2021年对外承包工程各专业领域业务情况

行业类别	新签合同额		行业类别	完成营业额	
	亿美元	比重（%）		亿美元	比重（%）
交通运输建设	643.4	24.9	交通运输建设	414.6	26.8
一般建筑	505.2	19.5	电力工程建设	290.0	18.7
电力工程建设	486.5	18.8	一般建筑	288.3	18.6
石油化工	208.0	8.0	石油化工	154.3	10.0
工业建设	159.0	6.1	通信工程建设	147.7	9.5
通信工程建设	157.0	6.1	水利建设	70.4	4.5
水利建设	83.2	3.2	工业建设	65.1	4.2
废水（物）处理	73.3	2.8	制造加工设施建设	34.4	2.2
制造加工设施建设	47.3	1.8	废水（物）处理	10.7	0.7
其他	221.7	8.6	其他	75.7	4.8

备注：此表数据以商务部正式对外发布为准。

合作加快推进，国内企业在玻利维亚、柬埔寨、马来西亚等国家签约了一批医院等医疗设施建设项目。

　　中国铁建承建的安哥拉卡宾达省供水项目采用中国标准建设，日供水能力达5万立方米，将惠及当地60万居民。

　　"这个项目实现了我们几代人的梦想，再也不用天不亮就到3千米外的河边取水了！"家住卢科拉社区的何塞激动地说。

2022年6月，安哥拉能源和水利部部长博尔赫斯（前左）和卡宾达省省长尼温加在竣工典礼上剪彩

业务范围由亚非拓展到全球主要国家。我国对外承包工程在巩固亚洲和非洲传统市场的同时，不断加大对新市场的开发力度，在欧洲、拉丁美洲、北美洲、大洋洲的业务均取得了一定突破。

2021 年对外承包工程各市场业务分布情况

洲别	新签合同额		完成营业额	
	亿美元	比重（%）	亿美元	比重（%）
亚洲	1224.7	47.5	863.5	55.7
非洲	778.8	30.2	371.2	24.0
欧洲	272.4	10.5	156.8	10.1
拉丁美洲	199.8	7.7	79.7	5.1
大洋洲	92.8	3.6	55.6	3.6
北美洲	12.1	0.5	22.7	1.5

备注：此表数据以商务部正式对外发布为准。

2021 年，国内企业在亚洲市场新签合同额 1224.7 亿美元，较 2012 年增长 87.8%，其中印度尼西亚、菲律宾、马来西亚、越南、新加坡等位居国内企业境外新签合同额前列。

非洲市场新签合同额 778.8 亿美元，交通运输建设、电力工程、工业建设、石油化工、通信工程、废水（物）处理领域实现稳定增长，中非基础设施合作的传统优势继续巩固，同时正在从传统工程施工向投资建设运营一体化转变。如国内企业在塞内加尔、尼日利亚等市场中标了项目运营合同，参股了港口运营等项目。

欧洲市场新签合同额 272.4 亿美元，较 2012 年增长 214.5%，其中中东欧市场连续六年实现增长，业务领域更加多元，涵盖废水（物）处理、铁路、公路、水电站、风电、光伏、房建等业务。

拉丁美洲市场新签合同额 199.8 亿美元，国内企业通过投资拉动、第三方市场合作等方式积极开拓市场，在拉美市场投资建设了多个交通项目。

中国铁建承建智利圣地亚哥地铁 7 号线项目 1 标段，这是中国企业首个在南美洲采用盾构施工的地铁项目，将带动中国装备走进南美洲地铁市场。

2022 年 2 月，时任智利总统塞瓦斯蒂安·皮涅拉·埃切尼克在圣地亚哥出席项目启动仪式

由基础设施"硬联通"延伸到标准规则"软联通"。2013 年以来，工程建设标准国际化能力和水平有了较大提升，在牵头制定国际标准、承担国际标准组织技术机构领导职务等方面取得突破，落地了一大批采用中国标准的海外项目，有力地提升了国内建筑业企业的国际竞争力，分享了中国技术和中国方案，展现了我国建筑业核心竞争力和综合实力。

标准国际化有力推动了技术、产品、服务"走出去"。如 2022 年，国际铁路联盟（UIC）发布实施由我国主持制定的 UIC 标准《高速铁路设计 基础设施》，不仅为世界高速铁路建设运营贡献了中国智慧和中国方案，也带动了我国"走出去"项目中相关技术产品的应用。

埃塞俄比亚轻轨一期工程全部采用中国工程技术标准和成套机电设备，是中国铁路技术标准和服务"走出去"的代表项目。项目勘察设计、施工及设备采购

主要采用中国标准，占总标准数量的 47%，用于该项目的设备、材料约有 90% 从中国进口，信号系统及钢轨采用中国标准进行认证。

　　东方风来，引领发展之路。"创造了数以万计的就业岗位""让我们从靠天吃饭的农民转变为技术工人和管理人才""我们的生活有了翻天覆地的变化"……沿线国家人民的心声，是对"一带一路"这个共同发展、合作共赢大平台的肯定，也是对"中国建造"持续发挥活力、更好助力沿线国家建设的期待。相信未来这条大家携手前进的阳光大道，必将助力人类通往和平、发展、繁荣的美好未来，"中国建造"也将始终展现负责任的大国担当，持续书写合作共赢恢宏篇章。

第五篇

党建引领树新风
——全面从严治党永远在路上

习近平总书记指出，办好中国的事，关键在党，关键在坚持党要管党、全面从严治党。党的十八大以来，住房和城乡建设系统坚持以党的政治建设为统领，推进党的各方面建设，坚定扛起全面从严治党责任，严肃政治纪律和政治规矩，持之以恒正风肃纪，为住房和城乡建设事业高质量发展提供坚强政治保障。一代代住房和城乡建设者爱岗敬业，砥砺奋进，赓续传承，涌现出了一大批国之巨匠、能工巧匠和时代楷模，为推动住房和城乡建设事业高质量发展作出了突出贡献。

第 25 章

全面从严治党引领高质量发展

中央和国家机关是践行"两个维护"的第一方阵。如果党的理论和路线方针政策在这里失之毫厘，到了基层就可能谬以千里；如果贯彻落实的第一棒就掉了链子，"两个维护"在"最先一公里"就可能落空。

习近平总书记在中央和国家机关党的建设工作
会议上的讲话（2019 年 7 月 9 日）

办好中国的事情，关键在党，关键在党要管党、从严治党。党的十八大以来，习近平总书记高度重视中央和国家机关党的建设，出席中央和国家机关党的建设工作会议并作重要讲话，强调深化全面从严治党、进行自我革命，必须从中央和国家机关严起、从机关党建抓起。

住房和城乡建设部党组坚持以习近平新时代中国特色社会主义思想为指导，以新时代党的建设总要求和新时代党的组织路线为遵循，认真贯彻落实习近平总书记在中央和国家机关党的建设工作会议上的重要讲话精神，带领直属机关各级党组织和广大党员干部，以党的政治建设为统领，着力深化理论武装，着力夯实基层基础，着力正风肃纪，着力解决和防止"灯下黑"问题，当好"三个表率"，创建模范机关，引领和推动住房和城乡建设事业高质量发展。

坚决践行"两个维护"

习近平总书记十分重视住房和城乡建设工作，多次作出重要论述和重要指示批示。2015 年 12 月，习近平总书记出席中央城市工作会议，提出"一个尊重、五个统筹"的城市工作思路。领袖的嘱托，就是前进的方向，更是奋斗的动力。住房和城乡建设部党组坚持把党的政治建设摆在首位，不折不扣贯彻落实习近平总书记重要指示批示精神，带头增强"四个意识"，坚定"四个自信"，以实际行动践行"两个维护"。

建立健全贯彻落实的工作机制。坚持把贯彻落实习近平总书记关于住房和城乡建设工作的重要讲话和指示批示精神作为住房和城乡建设部党组会议专门议题，坚定不移把党的理论和路线方针政策贯彻

坚决贯彻落实习近平总书记重要指示批示精神
持续加大保障性住房建设力度

到住房和城乡建设工作全过程各方面。认真研究完善习近平总书记重要批示件办理工作机制，制定印发习近平总书记重要批示件办理工作规定、习近平总书记对住房和城乡建设工作重要批示精神实施意见和专项工作方案，党组会议定期调度办理情况，建立

专门台账，强化督查督办。围绕打赢脱贫攻坚战、推动形成新发展格局等重大任务，主动向党中央提交关于城市开发建设方式转型的思考、实施城市更新行动等决策咨询报告。

持续创建政治过硬的模范机关。党的十八大以来，住房和城乡建设部党组牢记中央和国家机关首先是政治机关，先后研究制定关于加强党的政治建设、加强和改进中央和国家机关党的建设的具体实施办法和方案，全力创建让党中央放心、让人民群众满意的模范机关。2020 年，住房和城乡建设部直属机关扎实开展模范机关创建活动，评选表彰 10 个创建模范机关先进单位和 11 名先进个人，1 个单位被评为中央和国家机关创建模范机关先进单位。

抓好政治巡视督查的整改落实。2016 年、2018 年，十八届、十九届中央巡视组两轮对住房和城乡建设部党组开展巡视，对住房和城乡建设部进行全面深入的"政治体检"和"综合会诊"。2018 年、2019 年，中央第七巡视组先后对住房和城乡建设部党组开展脱贫攻坚专项巡视和"回头看"，督促部党组聚力打赢脱贫攻坚战。2019 年底，中央和国家机关工委对住房和城乡建设部进行党的政治建设重点督查。住房和城乡建设部党组深刻领会党中央关于全面从严治党的战略部署，主动提高政治站位和政治觉悟，坚决支持配合巡视、督查，一丝不苟抓整改，逐级逐项严落实，推动直属机关把党中央全面从严治党的严要求、高标准落实到住房和城乡建设工作的全过程各方面。

带头学懂弄通做实

知之惟深，行之愈笃。学懂弄通做实习近平新时代中国特色社会主义思想是全党的首要政治任务。住房和城乡建设部党组以高度的政治责任感和历史使命感，持续强化理论武装，深入学习贯彻党的十八大、十九大和十八届、十九届历次全会精神，在党中央统一部署下扎实开展党的群众路线教育实践活动、"三严三实"专题教育、"两学一做"学习教育、"不忘初心、牢记使命"主题教育和党史学习教育，引导党员干部加强党性修养，增强理性认同，坚定信念信心，自觉用习近平新时代中国特色社会主义思想武装头脑、指导实践、推动工作。

群众路线强党性。2013 年 5 月，住房和城乡建设部党组认真贯彻落实中共中央印发的《关于在全党深入开展党的群众路线教育实践活动的意见》，按照"照镜子、正衣冠、洗洗澡、治治病"总要求，围绕群众路线时代内涵、住房和城乡建设部"四风"的具体表现和危害、"为民、务实、清廉"的具体要求，深入贯彻落实中央八项规定精神，集中整治形式主义、官僚主义、享乐主义和奢靡之风"四风"问题，解决干部职工身边的不正之风，高质量开好民主生活会，开展批评和自我批评，积极转变政府职能、加快行政审批制度改革，真正做到让群众满意。

"三严三实"转作风。2015 年 4 月，住房和城乡建设部党组围绕习近平总书记作出的"既严以修身、严以用权、严以律己，又谋事要实、创业要实、做人要实"的重要论述，在直属机关深入开展"三严三实"专题教育，把思想教育、党性分析、整改落实、立规执纪结合起来，对党员干部在思想、作风、党性上进行了又一次集中"补钙""加油"，进一步绷紧了政治纪律和政治规矩这根弦，使全面从严治党氛围更浓厚、领导干部标杆作用更突出。

"两学一做"促深化。2016 年 2 月，住房和城乡建设部党组按照中央统一部署，扎实开展"学党章党规、学系列讲话、做合格党员"学习教育，坚持以"两学一做"为基本内容，以"三会一课"

为基本制度，以党支部为基本单位，融入日常、抓在经常，帮助直属机关广大党员坚定理想信念、坚守政治立场，始终在思想上政治上行动上同以习近平同志为核心的党中央保持高度一致。

牢记初心担使命。2019年6月，住房和城乡建设部党组扎实开展"不忘初心、牢记使命"主题教育，按照"守初心、担使命，找差距、抓落实"总要求，紧扣学习贯彻习近平新时代中国特色社会主义思想主线，突出力戒形式主义、官僚主义重要内容，围绕理论学习有收获、思想政治受洗礼、干事创业敢担当、为民服务解难题、清正廉洁作表率目标任务，锤炼党员干部忠诚干净担当政治品格，教育引导党员干部在运用党的创新理论指导实践、推动工作上不断取得新进步、新收获。

党史学习开新局。2021年2月，住房和城乡建设部党组在中国共产党成立100周年之际，认真贯彻落实中共中央《关于在全党开展党史学习教育的通知》，深入学习贯彻习近平总书记"七一"

2022年7月1日，住房和城乡建设部"光荣在党50年"
纪念章颁发暨新发展党员入党宣誓仪式

重要讲话精神，扎实开展党史学习教育，在强化专题学习、丰富主题活动、讲好专题党课、办好群众实事等方面同向发力，推动学习教育往深里走、往实里走、往心里走，推动"七一"重要讲话精神在住房和城乡建设领域落地生根，切实做到学史明理、学史增信、学史崇德、学史力行，学党史、悟思想、办实事、开新局。

着力夯实基层基础

中央和国家机关是贯彻落实党中央决策部署的"最先一公里"，基层党组织是贯彻落实党中央决策部署的"最后一公里"。住房和城乡建设部党组深刻认识中央和国家机关在党和国家治理体系中的特殊重要地位，坚持树立大抓基层的鲜明导向，把抓基层、打基础作为党建重点任务，认真贯彻落实《中国共产党党和国家机关基层组织工作条例》《中国共产党支部工作条例（试行）》，以建设"四强"党支部为抓手，扎实推进党支部标准化规范化建设，推动机关党建和业务工作深度融合，基层党组织建设取得显著成效。

强化活动牵引。组织开展"四个一流"（打造一流作风、建设一流队伍、展现一流形象、提供一流服务）主题实践和"三亮三比三评"（亮标准、亮身份、亮承诺；比技能、比作风、比业绩；群众评议、党员互评、领导点评）活动，推动窗口单位和服务行业改进服务作风、提高服务效能、增强党员素质、解决突出问题。住房和城乡建设系统开展争创"四个一流"主题实践活动的经验做法，入选全国为民服务创先争优活动"70 个特色做法"。

突出关键少数。坚持以领导班子和领导干部为重点，以提高思想政治素质为根本，深入推进学习型党组织建设活动。围绕贯彻落实党中央决策部署设置党组（党委）中心组学习专题，提高

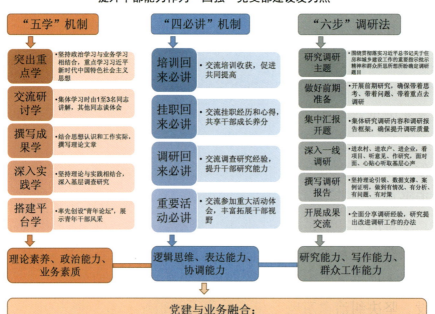 提前省略

学习质量，以中心组学习带动和促进党员干部学习。中国城市规划设计研究院"规划大视野"学习品牌被评为"中央国家机关基层党组织优秀学习品牌"。

坚持全面过硬。认真贯彻落实新时代党的组织路线，全面加强党的组织建设，有序实施基层党组织建设质量提升三年行动，加强"四强"党支部建设，严格落实"三会一课"制度，扎实做好党务干部培训、党组织设置、党员发展、组织关系接转等基础性工作。完善议事规则和决策程序，制定住房和城乡建设部党组工作规则，细化住房和城乡建设部党组落实全面从严治党主体责任清单，建立健全组织制度体系，推动基层党组织全面进步、全面过硬。

提升干部能力作为"四强"党支部建设发力点

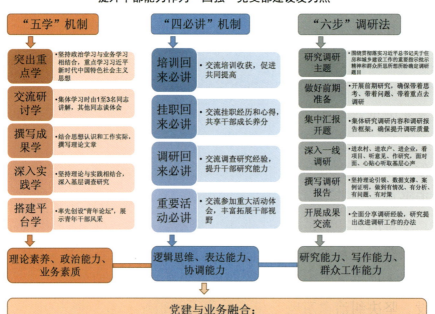

"五学"机制		"四必讲"机制		"六步"调研法	
突出重点学	坚持政治学习与业务学习相结合，重点学习习近平新时代中国特色社会主义思想	培训回来必讲	交流培训收获，促进共同提高	研究调研主题	围绕贯彻落实习近平总书记关于住房和城乡建设工作的重要指示批示精神和群众所思所想所盼确定调研题目
交流研讨学	集体学习时由1至3名同志讲解，其他同志谈体会	挂职回来必讲	交流挂职经历和心得，共享干部成长养分	做好前期准备	开展前期研究，确保带着思考、带着问题、带着重点去调研
撰写成果学	结合思想认识和工作实际，撰写理论文章	调研回来必讲	交流调查研究经验，提升干部研究能力	集中汇报开题	集体研究调研内容和调研报告框架，确保提升调研质量
深入实践学	坚持理论与实践相结合，深入基层调查研究	重要活动必讲	交流参加重大活动体会，丰富拓展干部视野	深入一线调研	进农村、进农户、进企业，看项目、听意见、作研究，面对面、心贴心听取基层心声
搭建平台学	率先创设"青年论坛"，展示青年干部风采			撰写调研报告	坚持理论引领、数据支撑、案例证明，做到有情况、有分析、有问题、有对策
				开展成果交流	全面分享调研经验，研究提出改进调研工作的办法
理论素养、政治能力、业务素质		逻辑思维、表达能力、协调能力		研究能力、写作能力、群众工作能力	

党建与业务融合：
全司政策研究、文稿起草、综合协调、战略规划能力显著提升，党支部战斗堡垒作用充分发挥

《旗帜》杂志刊发住房改革发展司（研究室）党支部关于
"五学""四必讲"机制和"六步"调研法的经验做法

持之以恒正风肃纪

纪律是铁，纪律是钢。党的纪律是全党意志的体现，是我们党无往不胜的坚强保证。党的十八大以来，住房和城乡建设部党组坚持强化勇于自我革命的政治品格，全面加强作风建设和纪律建设，推动"两个责任"落实，扎实推进反腐败工作，推动全面从严治党在部直属机关向纵深发展，努力营造和维护部直属机关良好政治生态，为建设大美城乡提供坚强作风保证。

驰而不息纠"四风"。持之以恒贯彻落实中央八项规定及其实施细则精神，整治形式主义、官僚主义，切实为基层减负松绑，作风建设稳步推进。巩固拓展落实中央八项规定精神成果。组织开展贯彻落实中央八项规定精神自查自纠，列为执纪审查工作重点。认真贯彻落实习近平总书记关于厉行节约、反对浪费特别是制止餐饮浪费行为重要批示精神，深入推进节约型机关建设。坚决纠治"四风"。严格执行力戒形式主义、官僚主义"十不准"规定，

在"不忘初心、牢记使命"主题教育中，
住房和城乡建设部党组、驻部纪检监察组带头
制定力戒形式主义、官僚主义"十不准"

把整治形式主义、官僚主义作为日常监督、部内巡视、检查考核重要内容。组织开展新任职局处级干部集体廉政谈话、重要节日廉政提醒。持续解决形式主义、官僚主义问题。着力整治文风会风，严控会议总量，全年规范性文件、通报类文件、议事协调机构成员类文件发文数量同比大幅度减少。统筹规范督查检查考核，组织开展推动城乡建设绿色发展重点工作督查检查。认真落实关于加强调查研究提高调查研究实效的实施意见，研究确定年度重点调研任务。持续推进工程建设项目审批制度、城管综合行政执法、建筑业企业资质改革，进一步向基层放权赋能。推进"互联网+政务服务"，提升政务公开服务质量。

惩治腐败零容忍。切实加强党风廉政建设，一体推进不敢腐、不能腐、不想腐。加强党的纪律建设，支持和配合驻住房和城乡建设部纪检监察组依规依纪依法履行监督执纪问责和监督调查处置职责，自觉接受纪检监督、监察监督、巡视监督和派驻监督。坚持反腐倡廉两手抓、两促进。组织对党的十八大以来案件办理情况"回头看"，做好党的十八大以来被问责和受处分干部跟踪回访工作。规范党风廉政意见审查，严把选人用人关。2020年、2021年，核查干部党风廉政情况近千人次。完善权力配置和运行制约机制。开展"权力运行制约监督机制建设年"工作，全面厘清权力事项，优化权力运行流程，梳理权力事项114项。开展人事工作专项整治。深入开展选人用人方面群众反映强烈的突出问题自查整改，成立专班强化督导，针对自查的14个问题，提出16项改进措施，逐项抓好落实，干部人事工作进一步严格规范。健全落实管党治党政治责任工作联系协调机制，及时通报重要情况，定期召开纪检工作联席会、专题会商会和党风廉政建设工作会、警示教育会。

打造高素质干部队伍

"政治路线确定之后，干部就是决定因素。"高素质专业化的干部队伍，是住房和城乡建设事业高质量发展不可或缺的重要基础。党的十八大以来，住房和城乡建设部党组坚持加强干部培养培训，着力提高全系统干部的专业能力、专业素养，为住房和城乡建设事业的高质量发展不断注入"源头活水"。

制定干部教育培训规划。2014 年出台《关于进一步加强培训办班管理的规定》，从健全培训管理制度、切实规范办班行为、全面提升培训质量、着力加强监督检查 4 个方面作出 16 条管理规定。2019 年制定《住房和城乡建设部关于贯彻落实〈2018—2022 年全国干部教育培训规划〉的实施意见》，提出今后 5 年住房和城乡建设领域干部教育培训的指导思想、主要目标、重要指标，强调深入开展习近平新时代中国特色社会主义思想教育培训，分类分级组织干部教育培训，完善干部教育培训内容，加强干部教育培训保障等工作。

聚焦提高领导干部专业化能力开展培训。认真落实《中共中央 国务院关于进一步加强城市规划建设管理工作的若干意见》提出的"中央组织部、住房和城乡建设部要定期组织新任市委书记、市长培训，不断提高城市主要领导规划建设管理的能力和水平"要求，重点围绕宣贯中央城市工作会议精神、提高城市工作能力、致力于绿色发展的城乡建设，开展地方党政领导干部专业化能力系列培训。2013—2020 年，指导全国市长研修学院累计举办市长培训班 40 期，培训地方党政领导干部 1321 人。

举办省部级干部专题研讨班。2016 年 3 月 22 日—29 日，与中央组织部、国家行政学院共同举办了省部级干部提高城市规划建设管理能力专题研讨班，对切实贯彻落实中央城市工作会议精神，进一步提高城市规划建设管理能力，提出了明确要求，作出了全面部署。这次培训班是住房和城乡建设部首次举办的省部级干部培训班，规格层次和调训规模都是空前的。2020年9月1日—5日，在中国浦东干部学院举办了省部级干部城市更新与品质提升专题研讨班。住房和城乡建设部主要负责同志作《学习贯彻习近平总书记关于城市工作的重要论述，推动城市高质量发展的思考》的专题报告。

大规模开展住建系统领导干部培训。为深入宣传贯彻中央城市工作会议精神，2016年8月—10月，在北京连续举办5期各市（地、州、盟）住房和城乡建设系统领导干部城市规划建设管理专题培训班，调训各地级市住房和城乡建设部门负责人达1000人，实现培训全覆盖。2017年4月，下发《关于举办2017年住房城乡建设系统领导干部城市规划建设管理系列培训班的通知》，确定举办16期专题培训班。2018年举办住房和城乡建设系统领导干部城市规划建设管理系列培训班21期。2019年举办住房和城乡建设系统领导干部"致力于绿色发展的城乡建设"专业能力提升系列培训班23期。2020年克服新冠肺炎疫情影响，举办6期"致力于绿色发展的城乡建设"专题培训班。

组织开发编写干部教育培训教材。落实中央城市工作会议部署，做好市长培训工作，编写符合新时代要求的地方党政领导干部城市工作专业

贯彻落实创新、协调、绿色、开放、共享的发展理念，推动城乡建设领域在践行新发展理念上重点突破、率先变革，编撰"致力于绿色发展的城乡建设"丛书

能力培训教材，提高培训的有效性和精准度，决定成立市长培训教材编写委员会。2018 年 9 月，发出《住房和城乡建设部关于成立市长培训教材编写委员会的通知》，2020 年底已编写出版《区域与城市群竞争力》等 10 册"致力于绿色发展的城乡建设"系列培训教材。

弘扬传统树新风

革命理想高于天。住房和城乡建设系统深厚的历史积淀和优良的传统作风是永远激励我们奋斗前行的精神动力，特别是时传祥、李素丽、徐虎等一大批住房和城乡建设系统重大先进典型，始终鞭策着我们把人民对幸福生活的向往作为奋斗目标。党的十八大以来，住房和城乡建设部党组大力培育和践行社会主义核心价值观，积极推进社会主义精神文明建设，扎实推进思想道德建设，开展全国文明单位、青年文明号等群众性精神文明创建工作，组织志愿服务等活动，积极宣传先进典型，引领激励干部职工弘扬优良传统、树立行业新风，在住房和城乡建设系统营造见贤思齐、创先争优浓厚氛围。

统筹推进系统精神文明建设。坚持每年召开一次住房和城乡建设系统精神文明建设工作会议，总结梳理精神文明建设先进经验，组织第四、五、六届全国文明单位评选推荐和原有全国文明单位复查工作，每两年组织开展一次全国青年文明号评选推荐和原有全国青年文明号复查活动，集中宣传一批全国文明单位、全国青年文明号先进事迹。大力宣传践行社会主义核心价值观，扎实推进诚信建设制度化，广泛开展经常性志愿服务活动，树立住房和城乡建设系统良好社会形象。以建设"为民、务实、清廉"

机关为目标，持续开展"创建文明机关、争做人民满意公务员"活动。修订印发城市供水、供热、燃气、园林绿化、物业管理、住房公积金、城市规划管理七个文明行业标准，推动职能转变、效能提高和作风改进。

大力宣传新时代突出典型。2012年、2017年底，住房和城乡建设部会同人力资源和社会保障部联合表彰395个住房和城乡建设系统先进集体、1592名先进个人。2020年，在住房和城乡建设系统组织评选表彰400名抗击新冠肺炎疫情先进个人、200个先进集体。2021年10月22日，受中央宣传部邀请举行"启航百年新征程 展现住建新担当"中外记者见面会；2021年12月1日，召开住房和城乡建设系统"学史为民"先进事迹视频报告会，宣讲住建故事，弘扬奋斗精神。物业行业代表、郑州圆方集团党委书记薛荣，环卫行业代表、上海静环环卫分公司公厕监理李影，脱贫攻坚领域代表、云南省住房和城乡建设厅驻村干部娄煜，执行重大任务代表、中建三局火神山与雷神山医院建设项目经理尹典，市政排水行业代表、哈尔滨市排水集团党员志愿服务队队长荀笑红，环卫垃圾分类行业代表、福州市红庙岭垃圾综合处理中心生产科副科长郑贞良六位先进典型分享了在各自平凡岗位上的生动故事，充分展示了住房和城乡建设工作者顽强拼搏、敢打硬仗、能打胜仗的优良作风，精准展现了住房和城乡建设工作者默默无

环卫行业代表、上海静环环卫分公司公厕监理李影在工作一线

闻、担当作为、献身事业的精神品质，取得良好的宣传效果和引领示范带动作用。

积极开展群众性精神文明创建活动。定期召开全系统全国文明单位创建工作推进会，举办系统文明办主任培训班和青年文明号创建集体负责人培训班，保持创建热潮，推动行风改进，群众满意度不断提升。坚持以重点活动提升行业风气，深入开展"垃圾分类进校园"、城管队伍"强基础、转作风、树形象"和"加强物业管理，共建美好家园"活动，效果突出，反响良好，列入中央文明委 2018 年、2021 年 100 项重点活动清单。以庆祝新中国成立 70 周年、建党 100 周年等重大活动为契机，广泛开展"讲文明树新风"、窗口单位和服务行业为民服务创先争优活动，常态组织窗口单位和服务行业开展学习践行雷锋精神、志愿服务活动，在部属主要媒体开设专版，集中宣传一批全国文明单位、全国青年文明号先进事迹，创先争优的行业氛围日趋浓厚。

当前，我国已全面建成小康社会，正阔步行进在全面建设社会主义现代化国家新征程上。站在新的历史起点，住房和城乡建设系统广大干部职工将更加紧密团结在以习近平同志为核心的党中央周围，深入学习贯彻习近平新时代中国特色社会主义思想，大力弘扬伟大建党精神，不忘昨天的苦难辉煌，无愧今天的使命担当，不负明天的伟大梦想，以更加坚定的信心、更加扎实的工作、更加昂扬的精神状态和一往无前的奋斗姿态，不断推进住房和城乡建设事业高质量发展，为实现第二个百年奋斗目标、实现中华民族伟大复兴的中国梦作出新的更大贡献！

第 26 章

住房和城乡建设领域"匠"星璀璨

要更加重视青年人才培养，努力造就一批具有世界影响力的顶尖科技人才，稳定支持一批创新团队，培养更多高素质技术技能人才、能工巧匠、大国工匠。

习近平总书记在中国科学院第二十次院士大会、
中国工程院第十五次院士大会、中国科协第十次
全国代表大会上的讲话（2021 年 5 月 28 日）

器物有形，匠心无界。小到拧上一枚螺丝钉、砌好一块砖石，大到推进"让全体人民住有所居"，绘就"人民城市""美丽乡村"的壮美画卷，都离不开大国工匠、能工巧匠们身体力行的"执着专注、精益求精、一丝不苟、追求卓越"的工匠精神。

党的十八大以来，全国住房和城乡建设领域的奋斗者们，沿着习近平总书记指引的方向坚定前行，在建设社会主义现代化强国的奋进之路上，书写出伟大时代的不朽篇章。

数说

人才是富国之本、兴邦之计，事业发展关键靠人。住房和城乡建设领域从业人数近 8400 万。其中，勘察设计、监理、施工等工程建设领域近 6000 万人，物业服务、房地产开发、房地产经纪等房地产领域近 1400 万人，环卫、园林绿化、市政公用等城市规划建设管理领域近 1000 万人，为推动住房和城乡建设事业高质量发展作出了突出贡献。

大国工匠　奋进中逐梦前行

毕生矢志人居梦

"民惟邦本，本固邦宁，一个民族的发展始终与美好人居环境相伴随，人居建设的最终目标是社会建设。"这是一代建筑大师吴良镛常说的话，这份质朴真挚的民生情怀，也是他面对沧桑巨变而不改的初心。

吴良镛院士

1922 年，吴良镛出生在江苏南京一个知识分子家庭。1940 年 7 月，他所生活的重庆合川城遭日寇空袭，大半座城市被大火吞噬。刚刚高中毕业的他立志成为一名建筑师，用自己的双手重建家园。1946 年，经梁思成推荐，吴良镛被聘为清华大学助教，参与创办清华大学建筑系。此后的 70 余年，吴良镛一直未离开教育岗位。1959 年，在他的倡导下，清华大学创办了建筑设计研究院；1984 年，他创办清华大学建筑与城市研究所，1995 年又创办人居环境研究中心。从天安门广场扩建、人民英雄纪念碑修建，到中央美术学院设计建造等，都凝聚了吴良镛的心血；从建筑设计到城区规划，全国多个城市都留下了他的"手笔"。

"与公共建筑相比，我更在意民居。"

改革开放以来，中国经历了人类历史上规模最大、速度最快、影响最广的城镇化，世界上并没有现成的理论适用于中国。作为中国建筑学与城市规划学的领军者，吴良镛非常重视科学理论体系的构建，不断探索中国特色的建筑与城市理论发展之路。他吸取中华文化精华，融贯多学科研究成果，创造性地提出"广义建筑学"理论，将建筑从单纯的"房子"概念升华为"聚落"概念，并在此基础上，针对城镇化日益加快的现状和建设事业大局，以"人居"为城市核心，创造了"人居环境科学"体系，提出了以城市规划、建筑与园林为核心，整合工程、社会、地理、生态等相关学科的发展模式，填补了中国城镇化建设基础理论空白，为中国城乡建设提供了有力支撑。

从城市规划到建筑设计，再到人居理念，吴良镛的"论文"写满了中国大地。其中，他的规划实践扛鼎之作，非菊儿胡同莫属。菊儿胡同位于北京最古老的街区之一南锣鼓巷东面。昔日的菊儿胡同是积水、漏雨、危房等问题并存的典型老旧社区。因建筑密集，许多家庭没有日照，近 80 人居住的院落只有一个水龙头、一条下水道，厕所在院外，居住环境十分恶劣。1987 年，吴良镛受邀对菊儿胡同"动手术"，带领清华大学建筑学院的师生们在这里开始了危房改造试验工程。他经过仔细研究，提出了居住区的"有机更新"与"新四合院"设计方案。在这样的改造思路下，菊儿胡同吸取了南方住宅"里弄"和北京"鱼骨式"胡同的特点，以通道为骨架,以南北发展形成若干"进院",向东西扩展出不同"跨院",在保证私密性的同时,保留了中国传统住宅重视邻里情谊的精神内核,同时让整个街区向城市开放,给城市交通和居民出行创造了

改造后的菊儿胡同"新四合院"民居

更便利的条件。1994 年末,经过两期工程改造后的菊儿胡同更名为菊儿小区,被重新赋予了生机和活力——住户居住水平得到显著改善,各户都有独立厨卫空间,人均居住面积从原来的 5.3 平方米扩大到 12.4 平方米。在社区整体面貌方面,胡同以南国建筑的粉墙黛瓦与北方古都的暗红色调相结合,与"有天有地,有院有树,有街坊有胡同"的烟火气一起,融入城市的肌理,成为北京城亮丽的风景线。

对菊儿胡同进行的改造试验不仅是建筑改造试验,也是社区建设试验、古老城市有机更新试验。吴良镛在胡同改造中的理念,推动了从"大拆大建"到"有机更新"的城区改造理念转变,逐渐形成了从"个体保护"到"整体保护"的社会共识。在长期参与北京城市总体规划设计中,他坚持"跳出城市看城市",从大区域协同发展的战略角度来做规划。他在京津走廊的基础上,率先提出了京津冀一体化发展的战略思路,在中国城镇化进程加快推进的时代,为长三角、滇西北、三峡工程、南水北调中线工程的区域协同规划贡献了智慧。

2012 年荣获国家最高科学技术奖;2018 年被授予"改革先锋"

"国家最高科学技术奖"获得者吴良镛

称号和奖章；2021年在庆祝中国共产党成立一百周年之际，他又被评为"全国优秀共产党员"……耄耋之年、荣誉等身，吴良镛却丝毫没有停下工作的脚步。作为领衔专家，他参与编制了《北京城市总体规划（2016—2035年）》，为城市发展描绘新蓝图；冲锋在京津冀协同发展理论研究前沿，为推动京津冀协同发展这一国家战略，奠定了扎实的学术与理论基础；呼吁在城市和建筑中要有文化自觉，建议建立"广义的京津冀"的思想，实现"包容式""融合式"发展，让每个地区都能感到"有他自己"。以学术立身，以育人为乐，如今，百岁老人吴良镛每当谈及城市、人居时，眼里依然是坚毅的光芒。

"我毕生追求的，就是要让全社会有良好的与自然相和谐的人居环境，让人们诗意般、画意般地栖居在大地上。"

"和平之盾"染霜白

"一个人活着是为了什么？"60多年前，钱七虎就读于哈尔滨军事工程学院，在一堂革命人生观教育课上开始思考这样的问题。"科技强军、为国铸盾，是我的毕生追求，也是我的幸福所在。"他用一个甲子的奋斗、六十年实践报国，给出了自己的答案。

20世纪60年代，人迹罕至的戈壁深处一声巨响，蘑菇云在空中骤然升起。当人们为核试验成功欢呼庆贺时，一群身着防护服的科研人员冲进核爆现场，年轻的钱七虎就在其中。他进行的核爆炸防护工程研究，开创了我国核生化防护工程这一崭新的学科，

其研究对象和测试方法在国内均属首次。

"门打不开、飞机出不去，就无法反击敌人。必须找出问题，进一步优化设计方案。"在为空军设计飞机洞库防护门时，钱七虎在国内率先引入有限元计算法，还创造性地提出了使用气动式升降门方案。

钱七虎（右）在工作中

没有现成的技术资料，他就自己整理出十多万字的外文资料；没有设备，他来回奔波于北京、上海，利用节假日和别人吃饭睡觉的空隙打"时间差"，"蹭"设备用；为了赶时间，他睡在办公室，吃馒头就咸菜，历时 2 年多，不但成功解决了大型防护门变形控制等设计难题，还成功设计出当时国内跨度最大、抗力最高的飞机洞库防护门。

20 世纪 80 年代以来，世界军事强国开始研制新型钻地弹、钻地核弹，动辄数十米的钻地深度和巨大的爆炸威力，加上精确制导技术的快速发展，让中国防护工程面临"藏不住、抗不住"的新挑战。为此，钱七虎又带领团队开展抗深钻武器防护的系统研究，并提出了建设深地下防护工程的总体构想。经过数十年的研究，他和团队人员攻克了一个又一个难关，构建出破碎区受限内摩擦模型等计算理论和防护技术，实现了深地下防护工程抗钻地核爆理论和技术的突破，为首脑指挥中枢、战略武器安上了"金钟罩"。随着防护工程向地下更深部位开拓发展的需要，钱七虎意识到，中国必须建立并大力发展自己的岩石力学。在他带领团队瞄准前沿、迎难而上的不懈开拓下，如今，无论是理论岩石力

"八一勋章"获得者钱七虎

学，还是地下岩石工程方面，中国在国际范围内都处于领先地位。在新中国的国防建设中，如果说功勋卓著的"两弹一星"元勋们打造的是锋利的矛，那么，以钱七虎为代表的中国防护工程人则为中国国防铸就了一面保卫和平的、坚实的盾。

在军事防护工程之外，钱七虎也时刻关心着国家重大民用设施建设。作为多个国家重大工程的专家组成员，钱七虎在港珠澳大桥、南水北调工程、西气东输工程、能源地下储备等国家重大工程中，提出了切实可行的决策建议和关键性难题的解决方案。此外，他还进行了城市地上地下空间一体化规划的理论体系和实践探索，先后组织、评审了全国20多个重点设防城市的地下空间规划……

奋斗60载，两鬓染霜白。今天，耄耋之年的钱七虎仍以满腔热情履行着自己作为中国工程院院士的职责，积极为决策部门出谋划策。"哪些事情对国家和人民有利，科技工作者的兴趣和爱好就要向哪里聚焦，这是一名科学家应有的情怀和担当。"他经常这样对学生说。

经世致用，敢为人先。党的十八大以来，国家重大战略部署到哪里，住房和城乡建设领域人才工作就跟进到哪里，"头雁效应"就发挥到哪里。装配式建筑、建筑机器人、建筑产业互联网等一批新产品、新业态、新模式初步形成；大兴国际机场、港珠澳大桥等一批代表性工程相继落成；建筑业"走出去"步伐加快，国际竞争力显著增强……这十年，从科技创新到科研成果转化；从突破一批面向国家重大需求的关键核心技术到让中国设计、中国建造、中国超级工程令世界惊叹，离不开以全国工程勘察设计大师为代表的行业领军人才、战略科技人才潜心奋进、不懈努力，离不开一大批创新团队勇争一流、攻坚冲刺。

数说

599 名勘察设计大师、5.2 万名注册建筑师、14.8 万名注册勘察设计工程师、30 万名注册造价工程师、30.4 万名注册监理工程师、310.8 万名注册建造师等住房和城乡建设领域各类高水平技能人才，勇于创新、深入钻研、勤学苦练，推动我国多个专业领域达到世界领先或先进水平。

能工巧匠　淬炼中追求卓越

在吊装工程中成长

2017 年 6 月，胡从柱站在为港珠澳大桥项目回填的人工岛上，指着对面说："那边是香港。"他又指指身边尚在火热施工的珠海口岸旅检大楼："这片钢结构穹顶就是我们负责吊装的。"

1985 年，年仅 17 岁的胡从柱背上行囊，离开大别山老家，来到深圳成了一名施工队学徒工。他参与的第一个工程就是中国第一幢钢结构摩天大楼——深圳发展中心。钢结构安装中有一项"龙头工序"——吊装。胡从柱刚接触这份工作，就对其产生了浓厚的兴趣，每当结束了一天的任务，大家休息的时候，他加班加点抱着专业类书籍仔细研读。为了提高操作技能，遇到复杂的工作，胡从柱总是一遍遍请教熟练工人，时常在吊车上研究到半夜。

吊装工作属于高空作业，是在安全措施不完备情况下的危险

中建钢构港珠澳大桥珠海口岸
项目综合工长胡从柱在全国
"最美职工"发布仪式上

作业，即使不恐高，在高处时内心也还是要经历一番斗争。随着不断登高，胡从柱从适应到热爱，技能不断精进，本领不断提高，不知从什么时候起，他所在单位就流行起这样一句话："哪里项目难做就让胡从柱去。"

2015年，胡从柱参与建设港珠澳大桥珠海口岸项目。该项目的工地属于用砂石回填的人工岛，地基较软，吊车的行进、运输面临很大挑战，胡从柱便铺设路基箱，提前规划行车路线以保证设备正常运输。海岛作业，环境恶劣，4~5级海风让吊装作业受到限制，但这也没有难住胡从柱。

"大跨度工程的钢结构穹顶，如果选择传统的高空原位安装或小单元的二次拼装，则大量的焊接校正等施工作业须在高空进行，施工难度大，安全风险高，同时工程质量难以保障。"胡从柱想到了采用小型设备楼面拼装整体提升的技术，可以有效提高工作效率。

"起！"一声号令，面积2.6万平方米、重达3000多吨的港珠澳大桥珠海口岸大楼钢结构屋面穹顶网架被缓缓提升至30多米高的空中。胡从柱提出的吊装方案，顺利实现了屋面网架安装工作，而一次提升4个足球场大小的钢结构屋面网架，也创下国内同类施工记录之最。30多年来，从一名吊装工人到吊装大班长，再到今天成长为珠海口岸项目综合工长、生产经理，胡从柱在精益求精中实现对自我、对施工技术的超越——先后出色地完成了广州新白云机场异型三维空间曲面结构的曲线滑移、福州奥林匹克体

育中心 "海螺状" 结构屋面的三维弯曲构件吊装等多个高难度、大跨度工程吊装工作。

"每到一个城市，只要有我做的工程，我都会故地重游，再去现场看看。" 2018 年 10 月 23 日，港珠澳大桥顺利通车。建设者们克服了许多世界级难题，集成了世界上最先进的管理技术和经验，保质保量完成了任务。港珠澳大桥一端，造型圆润、环保舒适的珠海口岸旅检大楼与大桥交相辉映……

青春在技能中迸发

"你通过奋发努力，成就的青春事业与党和国家的事业、人民的事业高度契合，这样事业的光谱就更广阔，能量也会更强。" 2013 年 5 月，习近平总书记在座谈中语重心长地对第 41 届世界技能大赛焊接项目银牌获得者裴先峰说。

焊接对手的稳定力要求非常高，也非常考验忍耐力和躯体承受力。实操时，工作服里的汗水从头流到脚，但手也不能有任何抖动。温度高达几百、上千摄氏度的焊花一旦飞溅到皮肤上，可瞬间烫

裴先峰在工作中

出水泡。这些对裴先峰来说，早已是家常便饭。在工作中，为了让焊道更完美，裴先峰不断查阅专业书籍，一遍遍在实践中锻炼，终于熟练掌握了每一层施焊接熔池灭弧的方向、停顿时间、电流大小与形成关系。不断成长的裴先峰，登上了他人生中最重要的一次比赛舞台——被誉为 "世界技能奥林匹克" 的世界技能大赛，并获得银牌，成为 70 多年来在该领域获得奖牌的中国第一人。

继裴先峰实现奖牌零的突破之后，在第43届世界技能大赛上，曾正超实现中国代表团的金牌零突破，成为中国第一个获得焊接项目金牌的选手。之后，中国"技能国手"在世界技能大赛上不断刷新纪录：作为项目赛场中唯一提前"交卷"的选手，崔兆举登上了第44届世界技能大赛最高领奖台，获得了瓷砖贴面项目中国首枚金牌；面对失误，沉心静气、迎难而上，在第45届世界技能大赛上，李俊鸿以材料加工的高精准度、作品的高美观度得到了项目首席专家及教练团队的一致认可，夺取混凝土建筑项目金牌……我国正式加入世界技能组织以来，连续派出技能国手参加了五届世界技能大赛，比赛成绩由第41届大赛的"1银5优胜"到第43届大赛实现金牌"零的突破"，再到第44届、第45届大赛蝉联金牌榜、奖牌榜和团体总分第一，十年间，中国技艺问鼎世界技能之巅。

"希望现在的年轻焊工们都能朝着大国工匠迈进，在时代发展大潮中成长。"随着焊接工艺和设备的不断更新，裴先峰也在严格要求自己常学常新的同时，怀揣着培养更多优秀焊工的愿望，开始了培训一线焊工工作。2017年，在第44届世界技能大赛上，梁智滨用4天时间，以垂直度和平整度不超1毫米误差，砌完了三

世界技能大赛砌筑项目冠军梁智滨
获奖后开展砌筑教学工作

第45届世界技能大赛砌筑项目
金牌获奖者陈子烽

堵"高颜值"墙面,夺得了砌筑项目的冠军。夺冠后的他回到母校,也开始了培养下一代砌筑人才的工作。2019 年,在第 45 届世界技能大赛上,梁智滨培训过的选手陈子烽同样夺得砌筑项目金牌,使中国在该项目比赛中实现了"冠军接力"。

"不惰者,众善之师也。"新时代青年的青春之歌,在技能的淬炼中更嘹亮;匠心的接续与传承,让鲜艳的五星红旗始终在世界舞台上高高飘扬。

为人才成长搭建更广阔舞台

干一行、爱一行,专一行、精一行。2020 年 12 月,习近平总书记在致首届全国职业技能大赛的贺信中指出:"各级党委和政府要高度重视技能人才工作,大力弘扬劳模精神、劳动精神、工匠精神,激励更多劳动者特别是青年一代走技能成才、技能报国之路,培养更多高技能人才和大国工匠,为全面建设社会主义现代化国家提供有力人才保障。"

劳动者素质对一个国家、一个民族发展至关重要,从事住房和城乡建设事业的劳动人口多,技能人才潜力巨大。把技能人才培育好,打造更多更强技能人才队伍,需要为他们提供政策支持,搭建广阔舞台。2015 年,住房和城乡建设部印发通知,加强住房和城乡建设行业职业技能竞赛组织管理工作;2019 年,住房和城乡建设

数说 2017 年以来,全国市长研修学院依托住房和城乡建设部国家级专业技术人员继续教育基地,开始实施行业"万名"总师培训工作。截至 2021 年底,已培训住房城乡建设系统大型规划、设计、施工企业总规划师、总建筑师、总工程师 3300 余人次。

部授予 377 名优秀选手"全国住房和城乡建设行业技术能手"荣
誉称号；2021 年，住房和城乡建设部等 12 部门联合印发《关于加
快培育新时代建筑产业工人队伍的指导意见》，提出深化"放管服"
改革，建立健全符合新时代建筑工人队伍建设要求的体制机制；
2022 年，住房和城乡建设部《关于印发"十四五"建筑业发展规
划的通知》再次提出"鼓励建筑企业培育自有建筑工人"的要求……

在技能人才队伍建设快车道上，具有中国特色的职业技能培
育体系已基本形成，各级各类职业技能竞赛活动在全国广泛开展，
一系列新机制、新实践，不但让广大技能人才拥有更多获得感和
自豪感，也让技能人才在以赛促学、以赛促训中不断涌现，在岗
位练兵、技能比武中脱颖而出。

行而不辍，万里可期。党的十八大以来，我国已建成世界
上最大的职业教育体系，为构建技术人才队伍、促进经济社会
发展和提高国家竞争力提供了有力支撑。截至 2021 年底，全国
技能人才总量超过 2 亿人，高技能人才超过 6000 万人，技能人
才占就业人员总量的比例超过 26%，高技能人才占技能人才的
比例达到 30%，一支知识型、技能型、创新型的技能大军正在
全面建成小康社会、新兴战略产业蓬勃发展的今天不断作出新
的更大贡献。

时代楷模　磨砺中成就伟大

新时代是奋斗者的时代，更是追梦人的舞台。党的十八大以
来，面对错综复杂的国际形势、艰巨繁重的国内改革发展任务，
以习近平同志为核心的党中央团结带领全党全国各族人民砥砺前
行、开拓创新，奋发有为地推进党和国家各项事业，战胜了各种

风险挑战，决胜全面建成小康社会取得了决定性成就，脱贫攻坚战取得了全面胜利，新冠肺炎疫情防控取得了重大战略成果，中华民族伟大复兴向前迈出了新的一大步。

相比于时代的宏伟落笔，普通人的书写更具有直抵人心的力量。在中华民族伟大复兴这一伟大实践中，住房和城乡建设领域涌现出一大批爱岗敬业、锐意进取、勇于担当、无私奉献的先进模范人物。

坚守在平凡岗位上

坚持"扶一把、问一声、望一下、送一程"的上海"80后"公厕管理员李影，用真诚服务把公厕塑造成城市文明窗口；连续 26 年坚守在垃圾填埋第一线的福州市红庙岭垃圾综合处理中心重型机械操作手郑贞良每天处理垃圾上千吨，兑现了自己"宁

郑贞良在操作挖掘机

愿一人脏、换来万家洁"的庄严承诺；打造现代排水班组典范的哈尔滨排水集团党员志愿服务队队长荀笑红，在抗洪战役中连续在齐腰深的积水中坚守近 13 个小时，直至险情排除；北京怀柔区杨宋镇综合执法队队长张春山，以其温情执法、春风化雨暖人心，以接诉即办、认真负责被群众称为"真办事儿的人"……能够站在聚光灯下的毕竟是少数，支撑时代发展的更多是默默无闻的平凡英雄。他们用寻常的言行、真挚的情感，书写了当下属于我们的英雄史诗。

冲锋在脱贫攻坚战场

爬最高的山、走最险的路、去最偏远的村寨，脱贫攻坚战打响以来，住房和城乡建设系统派出多批干部奔赴扶贫一线。他们中有挂职期满毅然投入农村危房改造主战场的山东省平原县王凤楼镇潘庄村第一书记李道伟；有"坚决完成脱贫攻坚任务、帮助贫困群众过上富裕的生活"的大理州祥云县下庄镇挂职副镇长娄煜；有誓言"不漏一户、不落一人"的平顶山市住房和城乡建设局村镇建设科科长孙丕基……几年来，扶贫干部们齐心协力，将一个个扶贫工程从"输血"变成"造血"——推动麻城市通用机场项目、大别山电厂二期项目、青海高原农村清洁能源项目等帮扶项目落地实施；推进健康扶贫，协调北京、上海医疗队多次赴帮扶县"送医上门"；开展产业扶贫，协调技术力量扶持定点帮扶县的中药材种植加工、建筑石材生产等扶贫产业，支持定点帮扶县发展刺绣、手工器具制作等"炕头经济"，带动贫困家庭就地就业增收脱贫。放眼全国，2568 万贫困群众的危房得到改造，2341 万户建档立卡贫困户全部实现住房安全有保障，832 个贫困县全部摘帽，12.8 万个贫困村全部出列……脱贫攻坚的史诗画卷中，心怀"国之大者"的住房和城乡建设系统广大干部职工上下同心、尽锐出战，勇于挑最重的担子、啃最硬的骨头，为人民群众利益，一往无前。

扶贫干部娄煜作为住建系统优秀党员代表
参加中宣部举行"启航百年新征程、
展现住建新担当"中外记者见面会

疫情下的最美"逆行者"

陈卫国作为全国抗击新冠肺炎疫情先进个人，在武汉新冠肺炎疫情最危急的关头临危受命，担任"火神山""雷神山"医院建设现场的总指挥。4万多名在施工现场的作业

陈卫国（右一）在火神山医院建设一线
为党员突击队授旗

人员和管理人员，在 1 亿多网民"云监工"的热切注视中，仅用十余个昼夜便先后交付"火神山""雷神山"两家全功能呼吸系统传染病专科医院，此后，又极速建成方舱医院 16 座。"争取早一分钟建好医院，早一分钟救治病人。"在这场争分夺秒的战役中，陈卫国交出了一份优秀的答卷，建设者与时间赛跑，为武汉实现从"人等床"到"床等人"的转变作出了重大贡献。

新时代是需要英雄产生英雄的时代。2020 年 4 月，习近平总书记在给郑州同方集团全体职工回信中写道："伟大出自平凡，英雄来自人民。"新冠肺炎疫情发生以来，该集团党委书记薛荣带领职工闻令而动、逆行而上，约 1.6 万名集团员工志愿者奋战在 126 家医院。这样的故事还有很多，在全国各地，在身边榜样的带动下，越来越多志愿者投入疫情防控一线，有一分热，发一分光，哪里有需要就奔向哪里，汇聚成中华儿女万众一心、战胜困难的不可阻挡的洪流。

"人无精神则不立，国无精神则不强。唯有精神上站得住、站得稳，一个民族才能在历史洪流中屹立不倒、挺立潮头。"这就是住房和城乡建设系统时代楷模的群像，灿若繁星，用热血与青春、跋涉与担当，与各行各业各条战线的建设者一起，托举起中国的大时代，锻造了大国代代相继的复兴伟力！

图书在版编目（CIP）数据

大美城乡　安居中国 / 住房和城乡建设部编写组
. —北京：中国城市出版社，2022.10
ISBN 978-7-5074-3538-2

Ⅰ.①大… Ⅱ.①住… Ⅲ.①住宅建设—城乡建设—
成就—中国 Ⅳ.① F299.2

中国版本图书馆 CIP 数据核字（2022）第 175883 号

责任编辑：封　毅　陈夕涛　张智芊
书籍设计：张悟静　康　羽
责任校对：姜小莲

大美城乡　安居中国
住房和城乡建设部编写组
*
中国城市出版社出版、发行（北京海淀三里河路 9 号）
各地新华书店、建筑书店经销
北京雅盈中佳图文设计公司制版
北京富诚彩色印刷有限公司印刷
*
开本：787 毫米 ×1092 毫米　1/16　印张：$25\frac{1}{4}$　字数：300 千字
2022 年 10 月第一版　2022 年 10 月第一次印刷
定价：**198.00** 元
ISBN 978-7-5074-3538-2
(904542)